医療現場の行動経済学

すれ違う医者と患者

大竹文雄・平井啓［編著］

東洋経済新報社

はじめに

「残念ですが、もうこれ以上、治療の余地はありません」。久坂部羊著『悪医』の冒頭の文章である。あなたががん患者だったとして、医者からこのように言われたら、大きなショックを受けるだろう。当然、治療の可能性について、何度も問いただすに違いない。

『悪医』の主人公の一人で、外科医の森川良生は、「もうつらい治療を受けなくてもいいということです。残念ですが、余命はおそらく三カ月くらいでしょう。あとは好きなことをして、時間を有意義に使ってください」と説明する。副作用で命を縮めるより、残された時間を悔いのないように使ったほうがいいから、患者のためを思って告げるのだという。

確かに、がんという病気と治療法を熟知し、何度も同じような患者を診てきた医者からみれば当然の判断かもしれない。しかし、そういうことを言われるのは、一人一人の患者にとっては、生涯で初めてのことである。森川医師から治療法がないと言われた、もう一人の主人公であるがん患者の小仲辰郎は、「治療法がないというのは、私にすれば、死ねと言われたも同然なんですよ！」「もう先生には診てもらいません！」と絶望して診察室を飛び出す。医者にとっては合理的で当然の判断でも、患者にはそうではなく「悪医」と受けとられることがある。両者の間には、医療行為の受け止め方に深い溝があるのだ。

医者である森川は、末期がんの患者が、長生きを望みながら、副作用が強く、命を縮める医療を選択するという心理がわからない。この心理は、行動経済学では損失回避として知られている。人は損失を確定することを嫌うあまり、少しでも損失がない可能性を含んだ選択肢を選んでしまう。冷静に考えれば、損失を確定した方が望ましいが、そうはできない。一生に一度しか直面しない問題ならなおさらである。

医者からすれば、どうして患者は、合理的な選択をしてくれないのか理解できない。一方、患者からすれば、どうして医者は統計的な数字をあげるばかりで、意思決定を迫ってくるのか理解できない。なぜこのような医者と患者のすれ違いが生じるのだろうか。

パターナリズムとインフォームド・コンセント

かつての医者は、患者には医学的知識がないことを前提に、医者がよいと思う治療法を選択していた。つまりパターナリズム（温情主義）に基づいて医療行為が行われてきた。患者も医学知識がないので、医者に治療法の選択を任せてきた。かつてなら、がん患者に対して、がんであることを告知しないということは普通であった。

しかし、医学知識が患者にも普及し始めたことなどから、メリットとデメリットの両方が存在する複数の治療法の中から、いずれか一つを選ばなければならないという医療者側の意思決定の内容が患者側にも知られるようになった。もし、患者側も治療法についての情報提供を受けていたならば、患者は自分の好みを反映したよりよい選択ができた可能性がある。つまり、患者が合理的であれば、自分で治療法を選択した方が、満足度も高くなるはずだ。例えば、がんの告知を受けていたならば、残りの時間でやりたいことをするために副作用が少ない治療の方法を患者が選択したかもしれない。ただし、情報提供の仕方によっては、患者が本当に患者本人にとって望ましい意思決定ができない場合もあることは注意すべきである。

現在の医療現場では、インフォームド・コンセントという手法が一般的になっている。インフォームド・コンセントは、もともとは、医者が患者に医療情報を提供して、患者が治療の内容や後遺症・副作用の可能性について十分に理解したうえで、医者と患者が治療の方針について合意して意思決定をしていくというものである。歯を抜くような場合であっても、手術の前に、後遺症や副作用の可能性について知らされて、その上で、同意して署名をする。医療訴訟を予防するという意味もあるだろう。しかし、患者の方からすれば、「x％の確率で○○という後遺症が発生する可能性がある」という説明を受けても、なかなか理解することは難しい。特に、医学的な治療法は、後遺症や副作用が発生する可能性が確率的であり、その確率や深刻さが異なる複数の治療法の中から患者自身が選ぶところに難しさがある。

しかし、現実には、意思決定が非常に複雑で高度なものになっても、医者が患者に情報を提供しさえすれば、患者は合理的な意思決定ができると考えられているように感じられる。これは、伝統的な経済学の人間像が、高い計算力をもち、取得したすべての情報を使って合理的に意思決定するという、ホモエコノミカスとして想定されていたことを思い起こさせる。行動経済学では、人間の意思決定には、合理的な意思決定から系統的に逸脱する傾向、すなわちバイアスが存在すると想定している。そのため、同じ情報であっても、その表現の仕方次第で私たちの意思決定が違ってくることが知られている。医療者がそうした患者の意思決定のバイアスを知っていたならば、患者により合理的な意思決定をうまくさせることができるようになる。また、医療者自身にも様々な意思決定におけるバイアスがある。そうしたバイアスから逃れて、できるだけ合理的な意思決定ができるようにしたい。患者も行動経済学を知ることで、自分自身でよりよい意思決定ができるようになるだろう。

リバタリアン・パターナリズムとシェアード・ディシジョン・メーキング

本人の選択の自由を重視するのがリバタリアンである。しかし、行動経済学が明らかにしてきたように、人間の意思決定が合理的なものから乖離することがあるのも事実である。その場合に、本人の選択の自由を最大限確保したうえで、よりよい選択を促すような仕組みを提供することが望ましいという考え方が、リバタリアン・パターナリズムと呼ばれる考え方である。例えば、ダイエットをしたいと思ってはいるが、ダイエットを先延ばししてしまうという場合に、ダイエットを無理なくさせるような環境を設定していくというものである。ダイエットしないという選択の自由は確保したうえで、ちょっとした仕組みの設定でダイエットを促すのである。

リバタリアン・パターナリズムで、人々の行動変容に用いられる手法の代表的なものにナッジがある。ナッジとは、「軽く肘でつつく」という意味である。例えば、企業年金に全従業員を加入させておいて、制度からの退会を自由にしておくことは、デフォルト（初期設定）から変更しにくいという人の特性を使ったナッジである。この場合、企業年金から退会することも退会しないことも自由である。退会のための手続きが非常に簡単であっても、多くの人は退会しない。逆に、加入しないことがデフォルトで、加入のための手続きをする必要があれば、人々の加入率は低くなってしまう。加入や退会のための手間が非常に小さければ、十分に選択の自由が確保されていると考えられる。それにもかかわらず、私たちの行動はデフォルトに左右される。こうした行動経済学的な特性をうまく利用すれば、私たちの意思決定をよりよいものにして、健康水準を高めることができる。

医療の意思決定においても、インフォームド・コンセントのように、医療者が患者に十分な情報さえ与えれば患者が最適な意思決定をするという前提を見なおし、患者がよりよい意思決定ができるように医療者が患者の意思決定を支援していくという考え方（シェアード・ディシジョン・メーキング）が生まれてきた。したがって、シェアード・ディシジョン・メーキングを行ううえで、行動経済学の考え方を理解しておくことは重要である。

本書の構成

第1部　医療行動経済学とは

本書は、3部から構成されている。第1部では、医療行動経済学の概要が説明されている。第1章では、診療室での患者と医療者の会話をもとに、どのような行動経済学的バイアスが観察されていて、それに医療者はどのような対応をとるかが紹介される。具体的には、「ここまでやって来たのだから続けたい」「まだ大丈夫だからこのままでいい」「今は決めたくない」「『がんが消えた』という広告があった」といった、患者の発言をどのように行動経済学で解釈するかを議論する。この章で、行動経済学を実例から実感してもらえるだろう。

第2章では、行動経済学の枠組みについて、理論とその応用法について説明する。医療行為の効果はほとんどの場合不確実である。どのような治療を行うべきなのかというのは、医療者にとっても患者にとっても不確実性のもとでの意思決定だと言える。そのような場合、私たちは確実性を重視し、損失を過度に嫌うために、非合理的な行動をとりがちである。また、病気の予防や治療の効果はすぐには表れないことが多い。そうすると、私たちは現在の楽しみと将来の健康という異なる時点での比較をして、現在の行動を決めることになる。ところが、私たちは現在を常に重視してしまいがちで、先延ばし行動をとることが多い。これが、医療においては大きな問題となる。さらに、私たちは、周りの行動に影響されるし、様々な認知バイアスの影響も受ける。こうした特性をよく知っておけば、私たちの行動をよりよいものにナッジしていくことができる。

第3章では、医療分野における行動経済学的研究を紹介する。リスクを嫌う人は、健康行動に熱心である傾向があるが、検診受診についてははっきりしないようである。これは、検診を受けても確実に治るわけではないというリスクがあるためだと考えられる。また、せっかちな人や先延ばししがちな人ほど健康的な行動を取らないという研究結果が多い。さらに、行動経済学的特性を利用したナッジは、患者の意思決定に影響を与えることが多くの研究で示されている。そして、ナッジが患者の行動に影響を与えるためには、医療者へのナッジを同時に行うことが有効ではないかと考えられている。

第2部　患者と家族の意思決定

第2部では、主に患者と家族の意思決定のバイアスについて議論する。まず、第4章では、がん治療における患者の意思決定を支援するために行動経済学がどのように応用できるかを議論する。この章では、事例やアンケート調査をもとに、「バイアスを理解することが、がん治療における医療者間の議論や合意形成に役立つ可能性がある」「治療の差し控えや在宅療養を選択する場面ではヒューリスティックスをうまく使う能力があるのは、ソーシャルワーカーや訪問看護師である」「経験ある医療者の場合、無意識に使っているナッジの有効性に気づき、意図的にナッジを使ってみるとよい」「人生の大切な選択をする場面では、情報が多すぎると人間の脳は混乱をきたし、考え違いや判断の誤りが生じる」といった実践的な考察がなされている。

第5章では、ナッジを使ってがん検診の受診率を引き上げる手法とその効果が紹介されている。まず、大腸がん検診の受診率向上には「今年度、大腸がん検診を受診しなければ、来年度は便検査キットが送付されません」という損失フレームのメッセージが有効である。つぎに、乳がん検診の受診率向上には、目標、計画、恐怖心などの違いを踏まえ対象者によって異なるフレーミングのナッジをすることが有効である。さらに、肝がん予防のためには、検査を「受検」する、精密検査を「受診」する、抗ウイルス治療を「受療」するというステップが必要だが、それぞれにナッジは有効である。

第6章では、子宮頸がんの予防行動が日本で進まない理由について、行動経済学的な観点からアンケート調査をもとに分析する。HPVワクチン接種や子宮頸がん検診が進まない理由として利用可能性ヒューリスティックが考えられること、みんながワクチンを接種するまで接種を控える傾向は同調効果などで説明できること、現在の健康状態を参照点にするのではなく、子宮頸がん罹患の重大性を参照点にして人々が考えるようになれば、予防行動が進む可能性があることが明らかにされる。

第7章では、遺族の後悔について行動経済学をもとに議論する。遺族は患者本人の治療法について、様々な後悔をすることが多い。行動経済学の知見からは、「後悔を減らすうえで有効なのは、参照点を状況に即したものに意識的に変えていく」「後悔を引き起こす現在バイアスが自分にあることを自覚して、あらかじめ自分で将来の選択肢を少なくするようなコミットメント手段を使う」「後悔することを恐れすぎない」という3つのヒントが得られる。

第8章では、高齢患者の意思決定支援の方法について紹介する。高齢者は若年成人に比べて認知能力が低下していることが多いので、意思決定を支援することが必要になる。つまり、高齢者と若年成人では意思決定に至る戦略が異なる。高齢者では、効率的に意思決定に至るために、経験を用いて「こうあるだろう」と推測しながらまとめていく傾向にあり、決定にバイアスが生じやすいのである。そのため、高齢患者の意思決定を支援するうえで、バイアスの影響を受けやすいことを踏まえた説明、選択肢の提示が望まれる。

第9章では、臓器提供の意思表示はどうあるべきかを検討する。日本人の多数派は、脳死や心停止になった場合に臓器提供をする意思があるかどうかについて意思表示をしていない。この意思表示は、デフォルトによって大きな影響を受ける。ところが、臓器提供には複数の意思決定者が関与しており、意思の一貫性が想定しづらいことが問題である。そのため、政策的介入にはそれぞれの立場やシステム全体への影響を考慮した倫理的配慮が不可欠だと考えられる。

第3部　医療者の意思決定

第3部では、医療者の意思決定のバイアスを考える。医療者は、医療の専門家なので、常に医学的知識に基づいて最善の意思決定をしているはずだ、と一般には考えられている。患者は非合理な意思決定をすることが多いが、医療者は合理的な意思決定をしていると多くの医療者は考えているだろう。しかし、医療者自身も様々な行動経済学的なバイアスのもとで意思決定をしがちであることを自覚する必要がある。

第10章では、医師が直面する重要な問題として、延命治療について焦点をあてる。人工呼吸管理を一度始めるとやめるのは難しいと言われている。それは、生命維持治療の「差し控え」と「中止」が異なる医療行為に見えるからである。これは、行動経済学的特性に大きく影響を受けているのだ。もう一つ、医療者が生命維持治療を中止することを躊躇する要因として「違法性を問われる恐れ」があげられる。しかし、実際にはこの10年以上の間、警察の介入は行われていない。一方で、厚生労働省や各専門団体によるガイドラインが整備されてきている。生命維持治療の差し控えや中止に関するガイドラインは法的根拠に基づくものではないが、様々な行動経済学的特性に起因する心理的影響を回避・軽減させる役割をもつのである。

第11章では、医療者が行動経済学的なバイアスに陥りやすい状況として、循環器疾患治療を例にあげて分析する。循環器病の急性期は、意思決定（心肺蘇生行為を行うかどうかなど）を合理的に行うことは特に難しく、急性期に対応する医師側の行動経済学的特徴を医師自ら理解しておく必要があること、循環器病の慢性期においては、生活習慣病の観点から行動変容とその持続性が重要であることが、指摘される。

第12章では、医師にも行動経済学的な意思決定のバイアスがあることを説得的に議論する。特に、治療法についてのガイドラインが遵守されていないことが問題である。医師の性別で比べてみると、女性医師は、男性医師に比べてよりガイドラインを遵守する傾向があるなどの特徴があり、女性医師が担当した患者は、男性医師の担当患者に比べて死亡率も低くなっているというアメリカでの実証結果が紹介される。そのため、医師に対するナッジの利用についての研究が期待されている。

第13章では、看護師のバーンアウトについて、行動経済学の観点から議論する。一般には、他人を思いやる気持ちの強い人の方が看護師に向いている、と思われているが、分析結果は、それを否定する。それは、患者の喜びを自分の喜びに感じるような看護師ほどバーンアウトしやすいからであり、そのようなタイプの看護師は、睡眠薬や精神安定剤を常用している傾向がある。この分析結果は、看護師の育成方法や配置のあり方に対して示唆的である。

本書は、医学、公衆衛生学、心理学、人類学、ソーシャル・マーケティング、行動経済学の各分野の研究者が集まって、行動経済学の医療への応用について行ってきた研究会の成果である。本書の副題にあるとおり、医者は患者の意思決定を理解できないことが多い。研究会に参加した医療者の多くは、行動経済学を学んで、患者の意思決定を理解できるようになったという感想をもった。一方で、医療者自身も様々なバイアスに直面している。多くの医療者は、それを認めたがらないが、本書で紹介されたような研究成果に直面すると納得せざるを得ないはずだ。

大阪大学社会経済研究所共同利用・共同研究拠点、サントリー文化財団、大阪大学社会ソリューションイニシアティブ（ＳＳＩ）には、本書の研究プロジェクトにご支援頂いたことを感謝したい。執筆者の一人である佐々木周作さんは多くの原稿に有益なコメントをくださった。共編著者の平井啓さんは、本書の執筆グループのもとになる研究会を組織してくださった。研究会の事務をしてくださった田中奈津紀さん、そして、すばらしい編集をしてくださった矢作知子さんにお礼を申しあげる。

大竹文雄

目次

第7章 どうすれば遺族の後悔を減らせるのか …… 150

第8章 どうすれば高齢患者に適切な意思決定支援ができるのか …… 166

第1部

医療行動経済学とは

第1章

診療現場での会話

【本章のポイント】

- 「ここまでやって来たのだから続けたい」というのはサンクコスト・バイアス。
- 「まだ大丈夫だからこのままでいい」という現状維持バイアス。
- 「今は決めたくない」というのは現在バイアスから発生。
- 「がんが消えた」という広告を優先してしまう利用可能性ヒューリスティック。

主治医「胸に水が溜まって呼吸が苦しいのだと思います。以前にも申し上げましたが、心臓が弱ってきています。」
患者（少しゼーゼーしながら）「トイレに行くのも大変だったので、そうだろうなと思っていました。」
主治医「抗がん治療をこれ以上することは、さらに心臓に負担をかけるので危険だと思います。抗がん治療は中止した方がよいと思います。抗がん治療は中止しても、うまく過ごすことができるように呼吸のきつさの治療は続けていきましょう。」
患者「先生、ちょっと待ってください。確かに心臓が弱っているのだと思いますが、今までも多少の抗がん治療の副作用がありましたけれど大丈夫でしたよ。抗がん治療をしないでこのまま最期を待つなんてできないです。」
主治医「がんでなくて、心臓が原因で倒れてしまいますよ。」
患者「そこを何とかならないでしょうか。お願いします。」
主治医「……。」

1 「ここまでやって来たのだから」：サンクコスト・バイアス

診療現場では、医師と患者の双方が、相手の言っていることをうまく理解する必要がある。ここでは、いくつかの典型的な会話の事例をもとに、行動経済学的な説明と医療者の対応を紹介する。

冒頭の会話は、がん患者と主治医の間で交わされたものである。夫と2人暮らしをしている50代の女性患者は、10年前に乳がんを患い、手術後にホルモン剤を含む抗がん治療を受けてきた。一般に抗がん治療は、ある種類の治療で新たな転移が身体内に出現したら、別の種類の治療薬に変更していくという経過をたどる。この患者は、10年にわたって、新たな転移が身体内に出現するたびに別の種類の治療薬に変更し、今では8種類目の治療薬を投与されている。これまでに抗がん治療によっては、身体のだるさで数日間寝込んだり、関節の痛みでつらかったこともあった。しかし、抗がん治療の種類を変えるたびにがんは小さくなり（がんが消えることはなかったが）、スーパーのレジの仕事を続けながら、10年間病院に通い治療を頑張ってきた。ところが、ここ数か月、抗がん剤の種類を変えてもがんは進行し、さらに持病の心臓の病気の悪化のため、夫に連れ添われ車いすで通院していた。

ある日の来院の際にさらに心不全が悪化しこの患者は入院することとなった。その翌日、主治医から患者に病状説明があったときに交わされたのが冒頭の会話である。

主治医は、患者とこの10年間を振り返り今までの苦労をねぎらいつつ、抗がん治療の中止に対する不安感を傾聴した。そして、長男・次男とともに家族全員の前で病状を説明する場をもうけ、抗がん治療を続けた場合と続けなかった場合のこれからの過ごし方のイメージについて具体的に話した。

この患者が抗がん治療をやめたくない理由に、10年間もつらい治療をして来たのに、それを中止すると、治療が無駄になるという思いがある。これは、行動経済学でサンクコストの誤謬と呼ばれているものの一つである。サンクコストとは、埋没した費用という意味で、過去に支払った費用や努力のうち戻ってこないもののことを言う。例えば、払い戻しと転売が不可能なチケットを購入した場合、その費用はサンクコストである。後からより魅力的な予定が入ってきても、すでにチケットを購入していたからという理由で、コンサートや旅行を選ぶということをしがちである。しかし、チケットを使うと費用が取り戻せるように思うのは間違いで、チケットを使わなくても、使っても、過去に支払ったチケット代が戻ってくるわけではない。本来あるべき選択は、チケットを使ったときの満足度と別のことをしたときの満足度だけを比較して、より満足度の高い方を選んで行動を決めるというものだ。

この患者の場合、10年間の抗がん治療をしたという事実は、これからの治療法を選択する際に医学的には全く無関係な状況になっている。しかし、ここまで治療してきたのだから途中でやめるのはもったいない、という感覚を患者がもっている。過去の抗がん治療はすでにサンクコストになっていて、今考えるべきことは、これから先のことだけということを理解してもらうことである。

この医師は、患者がサンクコストの誤謬に陥っていることを探り出し、患者の不安感を理解した。そして、冷静に判断できる家族とともに、治療における重要なこととして、今後の治療によるプラス面とマイナス面を説明し、抗がん治療を今後行うことで発生するおそれのあるコストを強調した。つまり、患者に対し、過去のコストよりも将来の費用と便益で考えるように促しているのである。

2 「まだ大丈夫」：現状維持バイアス

半年前に肺がん、骨の多発転移の診断を受け、抗がん治療を受けていた60代の女性患者に新たながんの転移が見つかり、2種類目の抗がん治療を開始した。一般に抗がん治療は、ある種類の治療で新たな転移が身体内に出現すると、別の種類の治療薬に変更していくという治療経過となることが多い。この患者の場合、骨の転移も増大し疼痛が出現し始めていた。主治医は、今後、症状が悪化し生活の質が低下する可能性を考え、早いうちから症状緩和専門の医師の同時診察が適当と考え、次回受診時に予約をした。

主治医「骨の痛みが出てきましたね。今後、症状が悪化し生活に支障が出る可能性も考えて、早いうちから症状緩和専門の先生に診察してもらっておいた方がいいですよ。」
患者「先生、骨の痛みはありますけれど、新しい先生に診てもらうまでもないです。」
主治医「これから、骨の痛みが強くなることもありますよ。」
患者「新しい抗がん剤を始めたばかりですよ。まだまだ大丈夫ですよ。先生。」
主治医「……。」

主治医は、「この患者は骨の痛みが出てきたので自身の病状が悪化していることにうすうす気づいているが、それを考えたくないのであろう」と考えた。そこで、「抗がん剤治療が2種類目になった方皆さんに一応お伝えしている」と伝え、「一旦主治医が痛み止めを出して、それでも痛みが改善しなければ専門の先生に診てもらうことにします」という提案をした。

現在の治療法を維持したいというのは、行動経済学でいう現状維持バイアスが発生しているからと考えられる。現在の状態を変えることを私たちが損失とみなしてしまうことが原因の一つである。この場合、現状が判断基準になっているので、標準的な治療法を参照点に変えてもらうことを意図して、「皆さんに一応お伝えしている」という表現や将来の選択にコミットする形にしている。

3 「今は決めたくない」：現在バイアス

危篤状態にある男性が集中治療室で治療をしている状況で、その患者の60歳の妻が今後の説明のために病院に呼び出された。妻は夫の病状を予想はしていたが、少し動揺して待合室で待っていた。そのとき、主治医から「こちらへどうぞ」と、看護師が同席している面談室に案内された。

主治医「ご覧になって感じておられると思いますが、旦那さんは危篤状態です。現在の状態で心臓が止まった場合、私の経験上、心臓マッサージをしても再び動き出すことはほとんどありません。動き出してもすぐにまた止まり、苦痛を増すだけになる可能性が高いと思っています。『心臓マッサージなどの延命処置を行わないで自然な形で最期を迎えることを希望する』という御家族もいらっしゃれば、『心臓が止まったとき、心臓マッサージなどの延命処置を希望する』という御家族もいらっしゃいます。御家族としての御意見はいかがですか？　旦那さんならどう思われると思いますか？」

患者の妻「今決める必要ありますか？　急に言われても決められなくて……。」

主治医「そうですね。では、明日お伺いします。もしそれまでに心臓が止まったときはそのときお尋ねしますね。」

〈そして、次の日〉
主治医「どのようになさるか決めてこられましたか？」
患者の妻「いえ、なかなか責任が重くて決められなくて……。」
主治医「……。」

同席していた看護師は、患者の妻が悲嘆にくれ、延命処置に対する選択が重荷になっていると考えた。このため、看護師は悲嘆にくれる妻のそばでしばらく寄り添うこととした。そのうえで、このままの状態でいてほしいという思いを汲みつつ、「多くの家族が、心臓マッサージなどの延命処置を行わず、苦しくないように対応している」という医療者としての意見を伝えた。

つらい意思決定をしなければならないということは理解しているが、それを先延ばしするという現在バイアスが発生している可能性が高い。明日までに決めてくるという医師との約束はできるが、結果的に意思決定を先延ばししているからである。

「多くの人がこのような意思決定をしている」という表現により、同調性や自分自身の積極的意思決定ではないというデフォルトに近い手法によって、患者の妻の選択負担を減らし、より望ましいと思われる選択肢を選びやすい環境を作っている。

4　「がんが消えた」：利用可能性ヒューリスティック

ある会社の重役を務めている50代の男性に、検診で大腸がん、肝臓の多発転移や、その他お腹の中に肝臓以外の転移も見つかった。この患者は、突然のがんとわかりショックを受けていた。医師からは、「抗がん剤を行っていくが、完全にがんが消えることはない」と言われ、今後の仕事上の不安を抱えていた。そんなとき、新聞広告に「強力免疫力アップ剤○○○を飲んでがんが消えた」と患者の体験談が具体的に掲載されていた。

主治医「来週から入院して、抗がん剤を始めていきましょう。」
患者「先日、新聞で『○○○でがんが消えた』という広告がありました。先生、知っておられます？　体験談が書いてあって、副作用もほとんどないみたいで。なので、抗がん剤はそれでもだめなら挑戦してみたいんです。」
主治医「私はその広告を知りませんが、そんなよくわからないものではなく、有効と証明された医学的根拠がある抗がん剤治療をお勧めしますよ。」
患者「でも、新聞に大きく載っていたのですよ。免疫力でがんが治るって。」
主治医「……。」

同席していた外来看護師は、これらの発言の背景に、突然のがんとわかりショックを受けていることがあると考えた。このため、別室で不安な気持ちを傾聴し、「通常このような広告は誇大広告で、がんに対する効果は証明されておらず、ある特定の患者だけの体験談であることが多いこと、結局はがんが進行して戻ってきた患者を沢山知っていること」を伝えた。そして、新聞広告に掲載されていた錠剤が有害でないことを確認し、とりあえず抗がん剤と併用して行っていく選択肢を患者・主治医に提案した。

このような医学的に証明されている治療法よりも、身近で目立つ情報を優先して意思決定に用いてしまうことは、利用可能性ヒューリスティックによる意思決定だと行動経済学的には考えられている。患者の意思決定を尊重しつつも、正しい情報ではないことに加えて、看護師が具体的に患者を知っているということを示すことで、利用可能性ヒューリスティックをうまく利用して表現している。(1)

（大竹文雄、大谷弘行）

第2章

行動経済学の枠組み

【本章のポイント】

- 不確実性下の意思決定は、確実性効果と損失回避をもとにしたプロスペクト理論を用いて説明。
- 現在と将来の間の選択には、現在バイアスがある。
- 私たちは、自分だけのことしか考えないのではなく、他人のことも考えるという社会的選好をもっている。
- 私たちは、合理的な推論とは系統的に異なる意思決定をする。
- 行動経済学的特性を利用して私たちの行動をよりよくナッジすることができる。

1 人間の意思決定のクセ

正確な医学情報さえ与えられれば、患者は合理的な意思決定ができるという前提で、多くの医師は患者に情報を与えているのではないだろうか。しかし、先に示した事例からもわかるように、多くの患者は、必ずしも医学的に望ましいと思えるような意思決定をしているわけではない。医療者は、患者の意思決定の特性をよく理解して、情報の提供の仕方を考えるべきである。また、患者は、医師から与えられた情報をもとに、適切な意思決定ができるように、陥りがちな意思決定のバイアスを理解しておく必要がある。

人の意思決定には、どのような特徴があるのだろうか。行動経済学は、人間の意思決定のクセを、いくつかの観点で整理してきた。すなわち、確実性効果と損失回避からなりたつプロスペクト理論、時間割引率の特性である現在バイアス、他人の効用や行動に影響を受ける社会的選好、そして、合理的推論とは系統的に異なる直感的意思決定を示す限定合理性の4つである。この章では、これらの考え方をわかりやすく解説し、行動経済学を使ったナッジの手法を紹介する。

2 プロスペクト理論（確実性効果と損失回避）

プロスペクト理論は、カーネマンとトベルスキーによって提唱されたもので、リスクへの態度に関する人々の意思決定の特徴を示したものである。(1) 確実性効果と損失回避という2つの特徴からなりたっている。

確実性効果

医療における意思決定の多くは、不確実性のもとでの意思決定である。ある治療法によって治癒する確率はx％とか、副作用が発生する確率はy％という情報が与えられて、医師も患者も治療方針を決定する。このような確率的な環境での意思決定をする際に、私たちの確率の認識そのものが、客観的な数字から少し異なっているのだ。

つぎの2つのくじから1つのくじを選ぶとき、読者はどちらのくじを好むだろうか。

問題1

A　確率80％で4万円が当たる。

B　１００％確実に3万円が当たる。

多くの実験から、Bの「１００％確実に3万円が当たる」くじを好む人が多いことが知られている。

では、つぎの2つのくじでは、どちらのくじを好むだろうか。

問題2

C　確率20％で4万円が当たる。

D　確率25％で3万円が当たる。

この2つであれば、Cの「確率20％で4万円が当たる」くじを選ぶ人が多いことが知られている。問題1でBを選び、問題2でCを選ぶ人は、伝統的な経済学における合理性の仮定と矛盾している。そのことを示してみよう。x万円のくじに当たったときに感じる満足度を〝満足度（x万円）〟と書くとしたとき、最初の選択でBのくじを選ぶ人は、

満足度（3万円）＞0・8×満足度（4万円）

という好みをもっていると表現できる。

ここで、この式の両辺に0・25をかけても、この関係は変わらないはずである。すなわち、

0・25×満足度（3万円）＞0・2×満足度（4万円）

という関係がなりたっていると予想できる。この式の意味するのは、3万円が25％の確率でもらえる方が、4万円が20％の確率でもらえるよりも嬉しいということだ。つまり、問題1でBを選んだ人は、問題2ではDを選ぶはずである。しかし、実際には、多くの人がCの選択肢を選んでおり、この点が伝統的な経済学の合理性の仮定と矛盾している。

つまり、行動経済学では、客観的確率と主観的確率の間には乖離があると考えられているのだ。具体的には、80％や90％という比較的高い確率のものを主観的にはより低く感じる傾向がある一方で、10％や20％という比較的低い確率をより高く感じる傾向がある。私たちは、このような確率認識のもとで、不確実性が伴う意思決定を行っている。確実なものとわずかに不確実なものでは、確実なものを強く好む傾向があり、これを**確実性効果**と呼ぶ。

カーネマンとトベルスキーによると、私たちの認識する主観的確率と客観的確率は、つぎのように乖離しているという。30％から40％の間では、客観的確率と主観的確率はおおよそ一致する。しかし、確実に発生しないという、0％の状況から小さな確率で発生するという状況のときには、

図2-1　確率加重関数

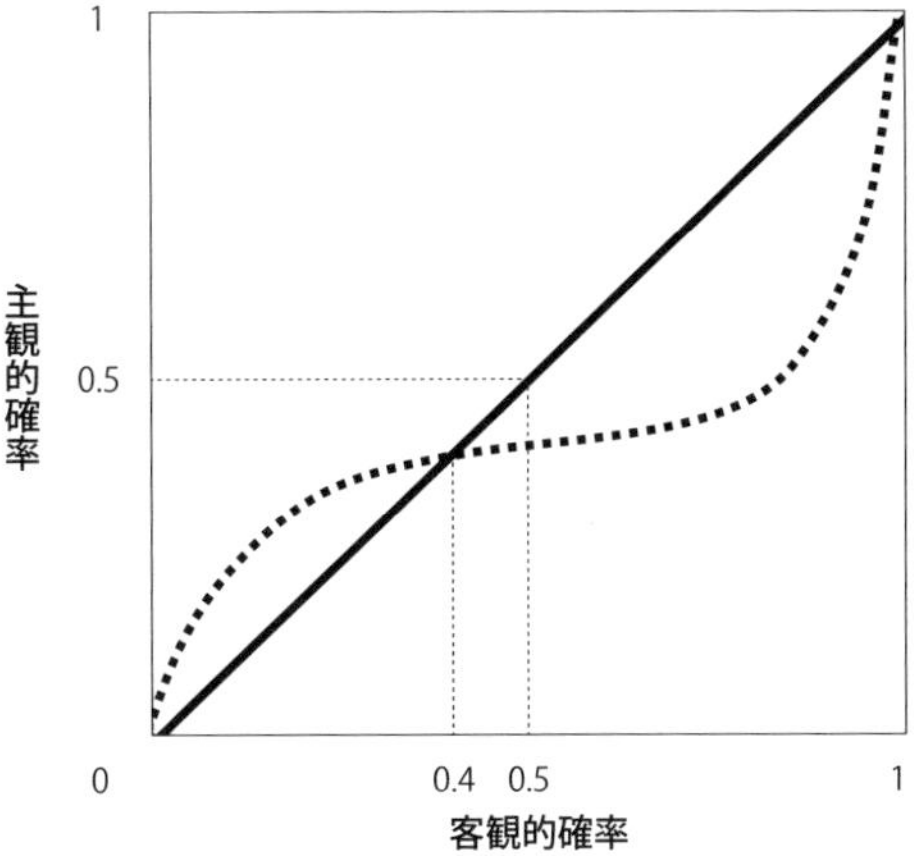

その確率を実際よりも高い確率で発生するように私たちは認識する。逆に、確実に生じるという、100%の状況からわずかにリスクが発生すると、確実性が大幅に低下したように感じるのだ[2]。以上のことを図に表したものが図2−1であり確率加重関数と呼ばれている。

　医療の現場では、このように主観的確率と客観的確率が乖離するような状況で、意思決定を迫られることが多い。例えば、ワクチンの予防接種の副作用が0・01%の確率で発生するとか、後遺症は1%の確率で生じるということが多い。私たちは、このように小さな数字であっても、実際よりも発生率が高いように感じてしまう。もし、小さな確率であるにもかかわらず、それを過大に感じて、合理的な判断をすることが難しいというのであれば、確率で表現することを避けるというのも一つである。例えば、1％の確率で悪い状況が発生するものについては、「100人中99人には副作用が発生しません」という表現の方が、副作用の危険性を小さく感じるのである。

主観的確率と客観的確率の乖離には、自信過剰や楽観と呼ばれるものもある。自らが成功する確率について、客観的な予想よりも高めに予想するものである。特に、自分の能力を過大に認識することで成功確率が高い場合が自信過剰である。自信過剰には、男女差があるという研究結果がある。例えば、トーナメント競争の報酬か出来高払いの報酬かを選択させる研究が多くの国で行われている。先進国で行われた研究の多くは、能力が同じであっても男性の方が女性よりもトーナメント競争による報酬体系を選ぶ傾向があることを示している。その理由には、危険回避度や競争選好の差に加えて、自信過剰の男女差の存在も指摘されている。[3] 同様に、チームからリーダーを選ぶ際にも、男性の方が女性よりも自信過剰であるため、高めの能力があると主張する結果、男性の方が女性よりもリーダーに選ばれやすいという。[4]

損失回避

プロスペクト理論のもう一つの柱は、損失回避である。損失回避を理解してもらうために、コイントスのくじについてどちらを好むのかを考えてもらいたい。

問題3
A　コインを投げて表が出たら2万円もらい、裏が出たら何ももらわない。
B　確実に1万円もらう。

では、つぎの問題はどうだろうか？

問題4
C　コインを投げて表が出たら2万円支払い、裏が出たら何も支払わない。
D　確実に1万円支払う。

このコイントスの質問では、問題3でBを選び、問題4でCを選ぶ人が多い。平均的な利得は、問題3ではどちらの選択肢も1万円の利得であり、問題4ではそれぞれ1万円の損失である。もし、平均利得が同じならリスクが少ない方がいいという**リスク回避的**な好みをもつ人であれば、問題3でも問題4でも確実な選択肢を選ぶはずである。しかし、問題3のような利得局面ではリスクのある選択よりも確実な選択を好む人が、問題4のような損失局面ではリスクが大きい選択肢を選ぶ傾向にあるのだ。つまり、損失局面では、**リスク愛好的**な好みをもつことになる。

では、つぎの場合は、どちらの選択肢を選ぶだろうか。

問題5　あなたの月収が30万円だったとする。

E　コインを投げて表が出たら今月は月収が28万円、裏が出たら30万円のまま。

F　今月の月収は確実に29万円。

問題5は、「○万円支払う」という損失表現でなく、「月収○万円を得る」という利得表現で書かれているところに違いがあるが、問題4と本質的に同じものである。それにもかかわらず、問題4ではCのリスクのある選択肢を選んでいた人でも、問題5ではFの確実な選択肢を選ぶ人が出てくる。

このような私たちの意思決定の特性が損失回避と呼ばれるものであり、図2-2を使って説明されることが多い。この図では、横軸に利得と損失を示している。原点はなんらかの参照点を表している。典型的には、今もっている所得水準を**参照点**とする。右側にいくほど、参照点からの利得が多いことを示している。逆に、左側にいくと参照点と比べて損失が大きくなることを示している。縦軸は、それぞれの利得や損失から得られる価値である。利得を得られれば、嬉しいという正の価値を感じる。それが、原点から上にいくと正の価値が大きくなることが表現される。逆に、原点から下にいくと損失からの負の価値が大きくなることを意味する。

損失回避とは、図2-2において、原点である参照点の左右で、価値を示す曲線の傾きが大きく異なることを言う。具体的には、利得を生じた場合の価値の増え方と損失が生じた場合の価値の

図2-2　プロスペクト理論の価値関数

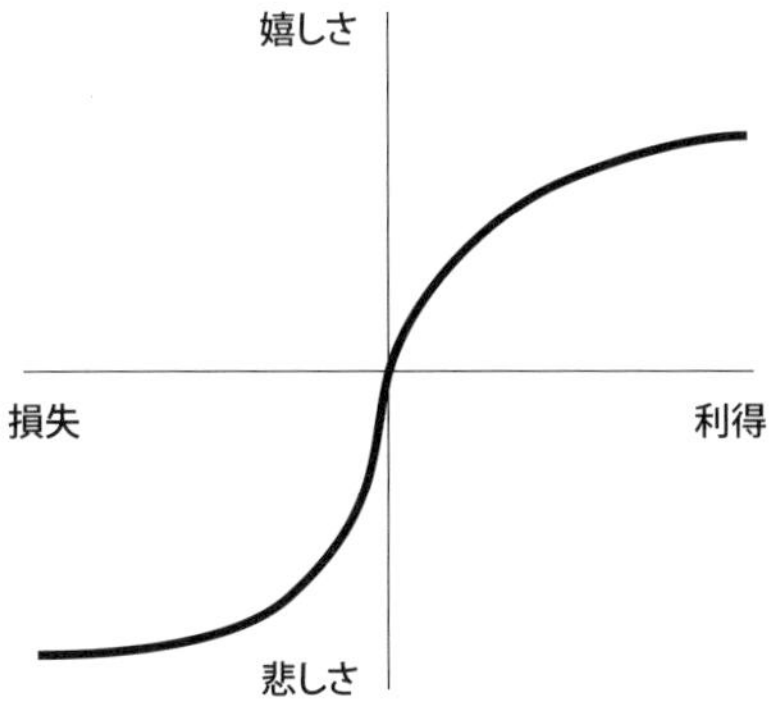

減り方は、後者の方が大きいということである。つまり、利得・損失と価値の関係を示す曲線が原点の右と左で傾きが異なっていて、損失の局面の傾きが大きい。これは、損失の場合は、少しの損失でも大きく価値を失うということを意味する。つまり、利得よりも損失を大きく嫌うということである。これが損失回避である。

伝統的経済学では、消費や余暇の水準そのものから価値を感じるとされる。しかし、プロスペクト理論では、人々は参照点からの差分から価値を感じるとされている。参照点は、通常現在の状況を基準に考えることが多い。しかし、参照点には、自分が購入した価格、自分の過去の所得や消費水準、他人の所得水準や消費水準など様々なものが考えられる。問題5の例で言えば、参照点は、コインを投げる前の所得水準であり、私たちはその水準から所得が増えた額や減った額から価値を感じると考えられている。

人々はこの参照点を上回る利得と、それを下回る損失では、同じ金額の動きであっても損失を大きく嫌うとされている。同じ額の利得と損失では、損失の方を2倍から3倍嫌うということが実験結果から示されている。

損失回避のもう一つの特徴は、利得が増えていった場合も損失が増えていった場合も、増えていくことによる感じ方は小さくなっていくというものである。この特性が、リスクに対する態度の非対称性をもたらす。利得局面ではリスクがあるものよりも確実なものの方を好むというリスク回避的な傾向があるのに対し、損失局面では確実なものよりもリスクがあるものを好むというリスク愛好的だという特徴である。このため、損失を確定するという安全な選択肢よりは、大きな損失があるかもしれないが参照点を維持できるというリスクのある選択肢を選ぶという人間の特性を説明できる。

例として、株式の保有について、購入価格よりも株価が上昇した場合に利益確定はできるけれど、株価が下がった場合に損切りができないという行動は、この損失回避で説明できる。本書の第1章で紹介したような、延命治療から緩和治療になかなか切り替えられない患者や患者家族の意思決定も、損失回避で説明できる可能性がある。

また、参照点を同僚の行動にすれば、同僚から遅れたくないというピア効果や同調性も説明できる。患者の場合、同じ病気の他の患者が参照点になっているのであれば、他の患者の治療法の選択と同じものを選択しやすい、ということにもなる。

フレーミング効果

損失回避や確実性効果などを背景にして、同じ内容であっても表現方法が異なるだけで、人々の意思決定が異なることをフレーミング効果と呼ぶ。

ある手術を行うかどうかについて、つぎの情報が与えられたとき、あなたは手術をすることを選択するだろうか。

A 「術後1か月の生存率は90%です。」

では、つぎの情報が与えられたときのあなたの選択はどうだろう。

B 「術後1か月の死亡率は10%です。」

医療者にこの質問をした場合に、Aの場合なら約80%の人が手術をすると答えたが、Bの場合なら約50%の人しか手術をすると答えなかったという研究がある。[5] AもBも情報としては、同じ内容である。しかし、損失を強調したBの表現の場合には、手術を選びたくないと考えるのである。これは、人々のフレーミングによって死亡率という損失が強調されることで、損失回避行動が引き起こされているのである。

「テストの成績が前回よりも上がれば2000円渡す」と言うのと、「2000円渡すけれど、テストの成績が前回よりも下がればそれを返してもらう」と言うのとでは、実質的には同じ提案を子どもにしている。しかし、後者の方は、損失回避を強調したフレーミングになっている。

現状維持バイアス

現状を変更する方がより望ましい場合でも、現状の維持を好む傾向のことを言う。現状維持バイアスが発生するのは、現状を参照点とみなして、そこから変更することを損失と感じる損失回避が発生していると考えることもできる。

また、現在の状態を所有していると感じて、保有効果というものが発生していると考えることもできる。保有効果とは、すでに所有しているものの価値を高く見積もり、ものを所有する前と所有した後で、そのものに対する価値を変えてしまう特性のことを指す。(6) 例えば、企業が無料で試供品を配布するのは、この保有効果を狙った販売戦略である。同じ治療方法を続けたいという患者の意識も現状維持バイアスの一つである。

3 現在バイアス

肥満は様々な生活習慣病の引き金になると言われている。40歳から74歳の人にメタボリックシンドロームに着目した特定健診が行われているのも生活習慣病を予防するためである。多くの人は、肥満になると将来の健康が悪化する可能性が高まることを知っている。それにもかかわらず、肥満になってしまう人がいる。

伝統的な経済学では、「太った人は合理的な意思決定の結果太っている」と考える。つまり、食事をする際に、もう一口食べると食欲が満たされる嬉しさとそれによって将来太るという損失を天秤にかけて、前者が後者を上回る限り食べ続け、ちょうどバランスするところで食事をやめると考える。その結果、太っているなら、最初から覚悟をしていたことであるので、後悔はしないはずで、それ以上痩せたいとは考えないはずだ。もし、太りたくなかったのであれば、食事をする段階で、カロリー摂取を抑えていたはずだ。

しかし、実際にはダイエットを始めようとしても、今日は食欲を優先し、明日からダイエットをしようといつも考えている人がいる。計画はできるのに、それを実行するときになると、現在の楽しみを優先し、始めるのを先延ばししてしまうという対応である。このような人間の特性は、行動経済学では現在バイアスという概念で理解することが一般的である。

現在バイアスを実感できる質問が、つぎの問題6と問題7である。

問題6
A　今1万円もらう。
B　1週間後に1万100円もらう。

問題7
C　1年後に1万円もらう。
D　1年と1週間後に1万100円もらう。

問題6では選択肢A、問題7では選択肢Dを選ぶ人が多い。まず、1週間待って100円受取額が増えるということは、1週間待てば1%金額が増えることを意味するので、金融商品として考えると非常に高い金利だということになる。しかし、1週間で1%という金利であっても、多くの人はその金利を犠牲にして低い金額であっても現在時点でお金を受け取ることを選ぶ。
一方、1週間における金利が1%というのは同じであっても、それが1年後であれば、1%の金利に満足して、1週間遅い受け取りを選ぶのだ。つまり、遠い将来であれば、忍耐強い選択ができるが、直近のことになるとせっかちになり、低い利得であっても現在手にすることを選ぶのである。

これは2つの高さの異なる木を遠くから見たときと近くから見たときで、2つの木の高さが異なって見えることに似ている。図2-3のように、地点アという遠くから2つの木を見た場合は、より遠くにある背が高い木Bの方が、手前にある背が低い木Aよりも人間の目にも高く見える。しかし、図2-4のように同じ2つの木を低い方の木であるAにもっと近づいて、地点イから見ると、手前のAの木の方が、後ろのBの木よりも高く見えてしまう。

このように遠い将来のことであれば、より高い木が高く見えたのと同じように、少しでも高い金額のものを選択できるのに、近い将来の選択になると金額が少なくてもすぐに手に入るものの方が魅力的になってしまうのである。

遠い将来にダイエットを始めるのであれば、ダイエットを始めることによって得られる将来の健康の価値は大きく感じられる。しかし、今からダイエットを始めるということになれば、将来の健康の価値よりも、今の食事を楽しむ価値の方が大きくなる。

このような現在バイアスは、様々な場面で観察できる。例えば、小学生や中学生の頃に、夏休みの宿題をいつしたかを質問すると多くの人は、夏休みの終わりの方にしたと答える。ところが、夏休みの前に、夏休みの宿題をいつやるつもりだったかを質問すると、多くの人は夏休みの前半にするつもりだったと答えるのである。これも**現在バイアス**から生じる**先延ばし行動**だと解釈できる。時間が経過した以外に、他の環境の変化がないにもかかわらず、選択が変化してしまうこ

図2-3　遠くから見たときの2つの木の高さ

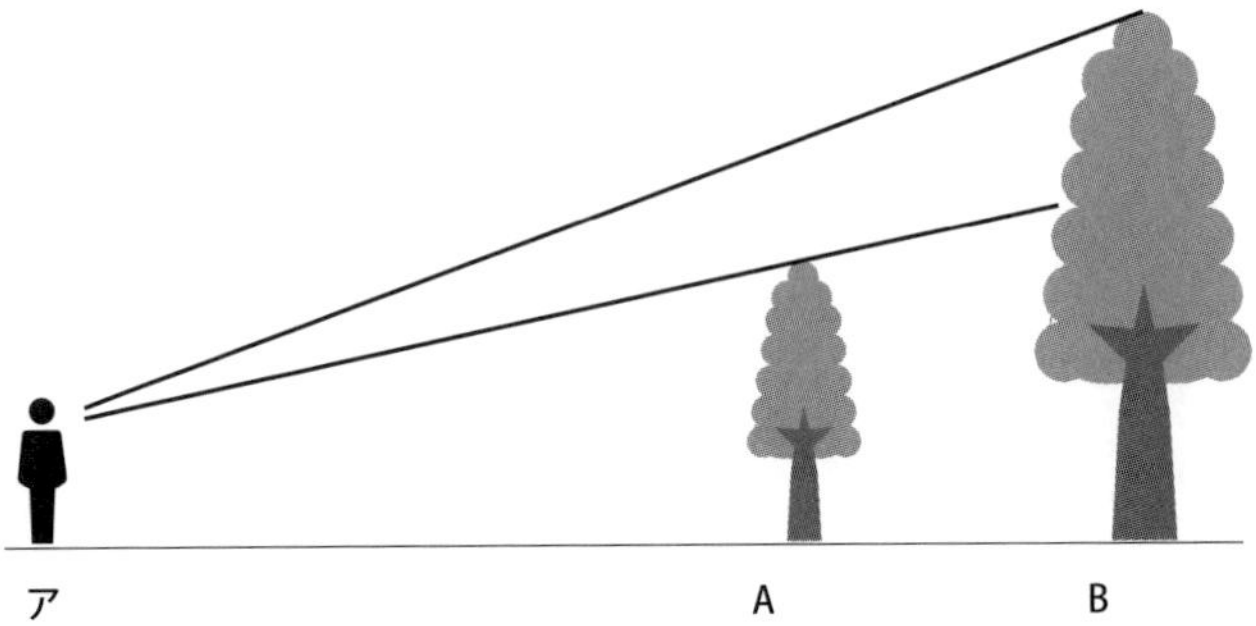

図2-4　近くから見たときの2つの木の高さ

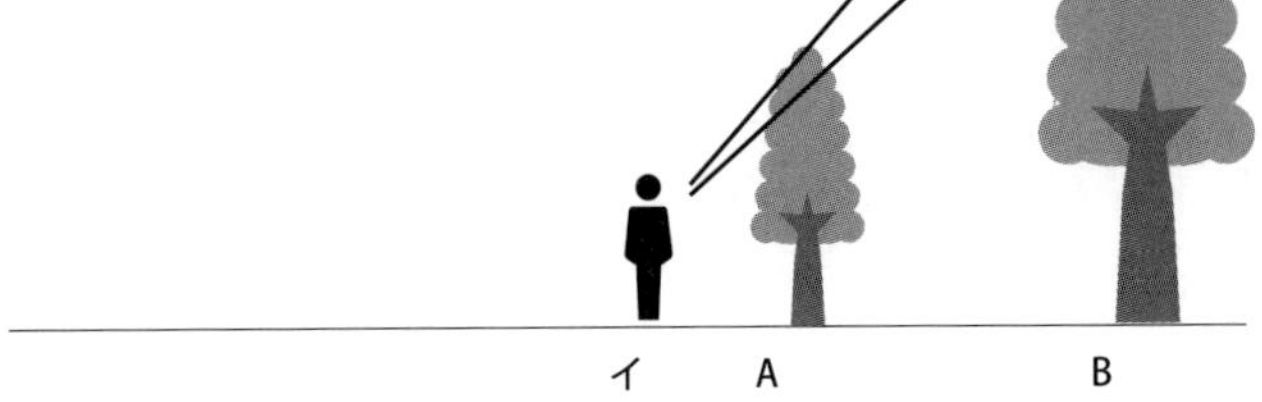

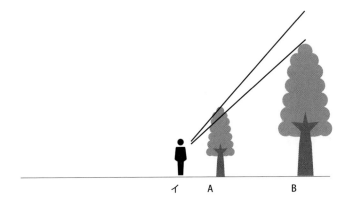

とを時間非整合な意思決定と呼ぶ[7]。

コミットメント手段の利用

ほとんどの人は現在バイアスの傾向がある。しかし、そのすべての人が先延ばし行動を取っているわけではない。先延ばししないように、自分の将来の行動にあらかじめ制約をかけるようなコミットメント手段を利用している人が多いからである。例えば、老後のための貯蓄を計画的にする場合、給与天引型にして、短期間では引き出しすることができない口座に貯蓄することもコミットメントである。また、禁煙やダイエットの目標を周囲に宣言する、タバコやスナック菓子の買い置きをしないこともそれに含まれる。

コミットメント手段の利用は、自分自身に現在バイアスがあり、将来、先延ばし行動を取ってしまうことを知っている場合には、有効な選択である。このように、自分に現在バイアスがあるということを自覚しており、コミットメント手段を利用して、それを防いでいる人のことを、行動経済学では賢明な人と呼ぶ。これに対して、現在バイアスがあるにもかかわらず、自分には現在バイアスがないと思っている人のことを単純な人と呼ぶ。単純な人の場合、先延ばし行動を取ってしまい、忍耐強い計画を立てることはできても、計画を実行する時点になるとその計画を反古にしたり、先延ばししたりして、結果的には近視眼的な行動を取る。

4 社会的選好（利他性・互恵性・不平等回避）

伝統的な経済学では、自分自身の物的・金銭的利得だけを選好する利己的な個人が想定されることが多かった。これに対し、行動経済学では、自分自身の物的・金銭的選好に加えて、他者の物的・金銭的利得への関心を示す選好を人々がもつと想定されている。このような選好は、社会的選好（social preferences）と呼ばれている。[8]

社会的選好には、他人の利得から効用を得るという利他性、親切な行動に対して親切な行動で返すという互恵性、不平等な分配を嫌うという不平等回避などがある。こうした選好が行動経済学で取り入れられてきたのは、多くの実験研究の結果を説明するためである。

最も有名なのは、独裁者ゲームの結果である。[9] 独裁者ゲームとは、一定の金額（例えば1000円）を受け取った人に、その金額から匿名の人に寄付する場合、いくら寄付するかという質問をして寄付してもらう実験である。利己的な人であれば、一円も寄付をしないことになる。ところが、多くの実験結果では、一定の比率の人たちは独裁者ゲームでも一部を寄付することが知られている。

このような実験結果を説明するために、行動経済学では、人々がなんらかの社会的選好をもっていると考えている。よく知られているのは、他人の満足度が上がることが、自分の満足度を高めるという利他性である。利他性には、２つのタイプがある。第一は、**純粋な利他性**と呼ばれているものであり、第二は**ウォーム・グロー**と呼ばれているものである。純粋な利他性は、他人の幸福度が高まることが、自分の幸福度を高めるというものである。一方、ウォーム・グローは、自分が他人のためにする行動や寄付額そのものから幸福感を感じるというものである。

互恵性は、他人が自分に対して親切な行動をしてくれた場合に、それを返すという選好のことを言う。恩恵を与えてくれた人に対して、直接、恩を返す場合は、直接互恵性と呼び、別の人に恩を返すことで間接的に恩を返すことを間接互恵性と呼ぶ。多くの人は、このような互恵性をもっている。贈与を使って人々の意欲を引き出すというのは、互恵性を利用しているとみなすことができる。企業が従業員に対して、世間相場よりも高めの賃金を支払うと、従業員は経営者から贈与をもらったと感じ、その分、熱心に働くようになるという考え方も経済学では知られている。同様に、医療者が通常の職務以上に患者に対して親身になっていると患者が認識すれば、医療者の期待に応えたいと健康行動に積極的になる可能性がある。

さらには、所得の分配が不平等であること自体を嫌うという**不平等回避**と呼ばれる特性も観察されている。自分の所得が高いことは望ましいけれど、他人よりも高いことや低いことが自分の満足度を下げてしまうという傾向である。

5 限定合理性

伝統的経済学では、人間は得られる情報を最大限に用いて合理的な推論に基づいて意思決定すると考えられてきた。しかし、私たちは、意思決定に思考費用がかかることから、直感的に判断することが多いため、系統的に合理的な意思決定と比べて偏った意思決定を行うことが知られている。

論理的には同じ内容であっても、伝達されるときの表現方法の違いによって、伝えられた人の意思決定が異なってくるというフレーミング効果、直感的な意思決定による系統的な意思決定の偏りを表すヒューリスティックス、意思決定の際にその範囲を狭く（ブラケッティング）して考えるメンタル・アカウンティングなどが代表的である。

サンクコスト・バイアス

第1章で紹介したつらい治療を続けてきたからその成果が出てくるまで続けたいという患者の意思決定は、サンクコスト・バイアスと呼ばれている。すでに支払ってしまって回収できない費用のことを、経済学ではサンクコスト（埋没費用）と呼ぶ。回収できない費用なので、これからの意思決定によってサンクコストの額を変更することができない。したがって、合理的な意思決定においては、サンクコストとなったものは考慮する必要がない。ところが、多くの人は、回収できないサンクコストを回収しようとする意思決定をしがちである。

意志力

精神的あるいは肉体的に疲労しているときには、私たちの意思決定能力そのものが低下するということが知られている。例えば、途上国の農家では、収穫後の知的能力の方が、収穫前の知的能力よりも高いという研究がある。これは、金銭的に恵まれていない状況にあると、その日のやりくりに多くの意志力を使ってしまうために、それ以外の知的な意思決定能力が下がってしまうためだと考えられている。そのため、特定の時間には限られた意思決定能力しかもっていないため、定期的に補給する必要がある。患者の多くは、肉体的、精神的に疲労しているので、意思決定の際には、この点を考慮する必要がある。

選択過剰負荷

医療機関や治療法の選択肢が多い場合、どれを選ぶかが困難になり、結局、治療そのものを受けなくなるということがある。つまり、多すぎる選択肢があると、選択することが難しくなるため、選択肢を減らした方が、選択行動そのものを促進する傾向がある。

情報過剰負荷

情報が多すぎると、情報を正しく評価してよい意思決定ができなくなることをいう。医療者は、正確な情報を患者に与えるために、多くの情報を与えて、患者に意思決定をさせようとするが、あまりに情報が多いと患者は、よい意思決定ができなくなることがある。この場合は、重要な情報をわかりやすく提示することを心がける必要がある。

平均への回帰

ランダムな要因で数字が変動している場合、極端に平均から乖離した数字が出た場合、つぎに現れる数字の平均値はその前の試行と変わらないが、数字自体は極端な数字よりも平均値に近くなる確率が高いことは統計的な性質である。しかし、平均値よりも高い数字が出るとつぎは低くなるという因果関係があるように理解してしまいがちである。例えば、健康状況が確率的な変動をしているとすれば、極端に悪化した後は平均的な状況に戻る可能性がもともと高い。しかし、悪化したときに民間療法によって治療した場合、その治療には効果がなかったとしても、健康状態が回復する可能性が高くなるので、民間療法が効果的だったと信じやすい。

メンタル・アカウンティング

私たちは、働いて得たお金も宝くじに当たって得たお金も、お金としては同じであるにもかかわらず、手に入れた方法によってお金の使い方を変える傾向がある。また、食費や娯楽費などの目的で分けてお金を管理していた場合、予定外の事態が生じて全体の使い道を変更した方がいい場合でも、最初に決めた会計の範囲で意思決定を行う傾向がある。同様に、1日単位で収支の計画を立てている場合、それ以上の期間で計画を考えた方が合理的であっても、1日内での収支計画だけを目標にしてしまう。こうした特徴をメンタル・アカウンティングと呼ぶ。

医療における治療の選択の場合、治療方法に関する同意書が細分化されていると、その一つ一つについての意思決定を行ってしまい、パッケージとして治療方法についての意思決定が行われにくくなるというのもメンタル・アカウンティングの影響である。

ヒューリスティックス

ヒューリスティックスとは、近道による意思決定という意味である。正確に計算したり情報を集めたりして、合理的な意思決定を行うことと対照的な意思決定の方法である。ヒューリスティックスの中には様々なものがある。そのいくつかのものを紹介しよう。

利用可能性ヒューリスティック

正確な情報を手に入れないかそうした情報を利用しないで、身近な情報や即座に思い浮かぶような知識をもとに意思決定を行う。例えば、医療者が提示する医学情報ではなく、知り合いの人

表2-1　行動経済学における重要な概念

行動経済学的特性	損失回避 現在バイアス 社会的選好（利他性・互恵性・不平等回避）
限定合理性	サンクコスト・バイアス 意志力 選択過剰負荷 情報過剰負荷 平均への回帰 メンタル・アカウンティング
ヒューリスティックス	利用可能性ヒューリスティック 代表性ヒューリスティック アンカリング効果（係留効果） 極端回避性 同調効果

が使った薬や治療法を信じるのも利用可能性ヒューリスティックである。

代表性ヒューリスティック

意思決定をする際に、統計的推論を用いた合理的意思決定をするのではなく、似たような属性だけをもとに判断することである。例えば、「学生時代に学生運動をしていた女性が現在就いている職業は『銀行員』『フェミニストの銀行員』のどちらの可能性が高いか？」という質問に「フェミニストの銀行員」と答えるような場合である。当然「フェミニストの銀行員」は「銀行員」に含まれる。「銀行員」である確率の方が「フェミニスト」という限定をつけた銀行員である確率よりも高いのは明白である。しかし、学生運動という言葉からフェミニストを連想してしまい、それが含まれた選択肢を選んでしまうのである。医療の研究においては、救急治療室に搬送された患者で40歳前後の人を比べると、40歳を少し超えた人は、40歳未満の人に比べて、虚血性心疾患の検査を受けてそのように診断されることが多いという。ほとんど同じ年齢であるにもかかわらず、30代だと医療者は心筋梗塞を疑いにくいというのも代表性ヒューリスティックの一つだと解釈できる[(10)]。

アンカリング効果（係留効果）

全く無意味な数字であっても、最初に与えられた数字を参照点としてしまい、その数字に意思決定が左右されてしまうことを言う。9×8×7×6×5×4×3×2×1と1×2×3×4×5×6×7×8×9では、前者の数字の方が大きいと判断しがちである。これは、最初の数字に、私たちの意思決定が左右されてしまうからである。高級ブランド品店の店頭に、最高級品が展示してあり高い価格が提示してあると、消費者はその価格にアンカリングされるため、店内の他の商品の価格が安く感じられる。

極端回避性

同種の商品が、上・中・下の3種類あった場合に、多くの人は両端のものを選ばず、真ん中のものを選ぶ傾向がある。

同調効果

私たちは、同僚や隣人の行動を見て、自分の意思決定をする傾向がある。また、他人の行動に同調する傾向がある。

まとめ

表2-1に、ここまで紹介してきた行動経済学で重要な概念を一覧にしている。行動経済学的特性とした人々の選好についての考え方については、損失回避、現在バイアス、社会的選好の3つが伝統的経済学の考え方と異なる点で重要である。また、人々の計算能力に限界があるという意味の限定合理性として重要な概念として、サンクコストの誤謬、意志力、選択過剰負荷、情報過剰負荷、平均への回帰、メンタル・アカウンティングがある。さらに、意思決定におけるヒューリスティックスの代表例として、利用可能性ヒューリスティック、代表性ヒューリスティック、アンカリング効果（係留効果）、極端回避性、同調効果がある。

6 ナッジ

ナッジとは

医療における医師と患者の意思決定には、様々なバイアスが存在することを紹介してきた。このような意思決定の歪みを、行動経済学的特性を用いることで、よりよいものに変えていこうという考え方が「ナッジ」と呼ばれるものである。「ナッジ」は「軽く肘でつつく」という意味の英語である。ノーベル経済学賞受賞者のリチャード・セイラーは、ナッジを「選択を禁じることも、経済的なインセンティブを大きく変えることもなく、人々の行動を予測可能な形で変える選択アーキテクチャーのあらゆる要素を意味する」[11]と定義している。

一般的に、人々の行動を変えようとするとき、法的な規制で罰則を設けて、特定の行動を禁止して選択の自由そのものを奪うか、税や補助金を創設して、金銭的なインセンティブを使うことが多い。もう一つの手段は、教育によって人々の価値観そのものを変更することである。しかし、教育を通じた価値観の形成は、短期的な効果を大きく期待できるものではないし、義務教育年齢の子どもに対しては有効な手段であるかもしれないが、それ以外の年齢層には必ずしも有効な手法ではない。

行動経済学的な手段を用いて、選択の自由を確保しながら、金銭的なインセンティブを用いないで、行動変容を引き起こすことがナッジである。選択の自由を確保した上で人々の行動をよりよいものに変えるための政策的介入を認める立場をリバタリアン・パターナリズムと呼ぶ。コストをかけないと政策的誘導から簡単には逃れることができない状況であれば、それはナッジとは呼べない。ナッジは命令ではないのである。カフェテリアで果物を目の高さに置いて、果物の摂取を促進することは、ナッジである。しかし、健康促進のためにジャンクフードをカフェテリアに置くことを禁止するのはナッジではないのである。

表2-2　目的別のナッジの種類

		意識的	無意識的
望ましい行動の活性化	外的活性化	税制を簡素化し納税促進 ゴミの投棄をしないように標識の設置	多くの人がリサイクル活動をしていると広報 スピード抑制のために錯視を利用した段差表示
自制心の活性化	外的活性化	自動車の省エネ運転を促進するために燃費計をダッシュボードに設置	不健康な食品を手の届きにくいところに入れる
	内的活性化	飲酒運転を避けるために送迎サービスを事前に予約	お金を別勘定に入れて無駄遣いを防ぐ

ナッジの設計

行動変容の特性を考える

うまくナッジを設計することができれば、医療の意思決定において、医師も患者もよりよい意思決定ができる。どうすれば、よいナッジを設計することができるだろうか。ナッジの設計において、一番重要なのは、本人自身が自分の行動変容を強く願っているのか、それとも、本人があまり気にしていなかったことを気づかせて行動変容を起こさせるのか、どちらのパターンなのかを見極めることである（表2-2）。

もし、前者であれば、現在バイアスや自制心の不足が原因となる場合が多い。つまり、もともと理想の行動と現実の行動の間にギャップがあるところに原因がある場合である。この場合には、患者に対し、コミットメント手段を提供したり、自制心を高めたりするようなナッジが有効になる。

コミットメント手段を提供するだけで、人々は、その手段を選ぶようになるはずだ。貯蓄を増やしたいということであれば、給与からの天引貯金制度やクレジットカードの上限設定がこのタイプのナッジである。体重を減らすために、毎日運動することをコミットし、運動しない日があれば1日あたりいくらかのお金を支払うというコミットメントは、運動によって体重を減らしたいという人には、とても有効なナッジである。しかし、このコミットメント手段は、本人が特に望んでいない行動を健康のために促進するという場合には、使うことはできない。

また、行動変容を意識的に行わせるのか、無意識的に行わせるのかによってもナッジの作成方針は変わってくる。本人自身が行動変容を起こしたいと思っていても、コミットメント手段を新たに取ること自体も現状維持バイアスのために難しいというのであれば、**デフォルト設定**を変更することが有効になる。本人が明示的な意思表示をしない場合は、コミットメント手段を利用することに同意したとみなして、それを利用したくなければ簡単に利用を中断することができるようにすればいい。代表的な例に、臓器提供の意思表示がある。多くの人たちは、「脳死と判定されれば、（どちらかと言うと）臓器を提供したい」と考えている。それにもかかわらず、実際に提供意思を示している人の割合は、〝提供しない〟がデフォルトで、提供したい場合に意思表示をする必要がある日本のような国々では10％前後と低くなっている。逆に〝提供する〟がデフォルトになっているフランスのような国々では１００％に迫る水準である。

一方、理想的あるいは規範的な行動を活性化したいという場合には、人々がもともと気にしていない行動について変容させる必要がある。もともと人々はそのような行動を意識していないため、自分から望んで、その行動を変えるためのナッジを設定することはない。この場合、政府などの外的な主体がナッジを設定する必要があり、それが有効だと考えられている。一方で、人々の意識を喚起させるような手法と、人々には無意識のまま行動を変容させる手法もある。ゴミの不法投棄を減らしたい場合、「ゴミの不法投棄をやめましょう！」という標識を設置することは、外的強制を使った意識的なナッジである。道路にゴミ箱まで足跡の絵を描くことや、不法投棄が多い場所にお地蔵さんや鳥居を設置することは無意識的なナッジである。

ナッジの選び方

ナッジを選ぶためには、前述のように意思決定の状況を分析して、どのような行動経済学的なボトルネックがあるのかを分析する必要がある（表2−3）。具体的には、つぎのような観点でチェックすべきである。第一に、本人は、自分がしなければならないことを知っていて、それが達成できないのか？　それとも望ましい行動そのものを活性化すべきなのか？　第二に、自分自身でナッジを課するだけ十分に動機づけられているか？　第三に、情報を正しく認知することができれば行動は引き起こされるのか？　それとも認知的な負荷が過剰でできないのか？　第四に、引き起こしたい行動と競合的な行動が存在するために目的の行動ができないのか、単に惰性のためにできないのか？　競合する行動を抑制すべきか、目標行動を促進すべきなのか？

表2-3　意思決定のボトルネック

1	本人は、自分がしなければならないことを知っていて、それが達成できないのか？　それとも望ましい行動そのものを活性化すべきなのか？
2	自分自身でナッジを課するだけ十分に動機づけられているか？
3	情報を正しく認知することができれば行動は引き起こされるのか？　それとも認知的な負荷が過剰でできないのか？
4	引き起こしたい行動と競合的な行動が存在するために目的の行動ができないのか、単に惰性のためにできないのか？　競合する行動を抑制すべきか、目標行動を促進すべきなのか？

こうしたボトルネックの特徴を明らかにできれば、それを引き起こしている行動経済学的特徴に応じて適切なナッジを選択すればいい。しかし、問題の状況によっては、利用可能なナッジに制約がある場合も多い。デフォルトの導入やデフォルトの変更が有効だと考えられる場合であっても、それがそもそも可能な選択肢かどうか、という問題もある。

また、もともと複雑な意思決定を必要とするために、そのような行動が取られていないのであれば、意思決定に関わるプロセスを単純にすることができるのかどうか、ということも検討すべきである。さらには、ＩＴなどの利用によって、個人が意思決定する面倒さを減らすことが可能であれば、その利用可能性を検討する必要がある。

どのようなナッジを優先すべきかについては、意思決定の上位にあるボトルネックを解決するようなナッジを選択することが最も重要である。自制心を高めるためのナッジは、もともとそのような行動を取りたいと思っている人だけにしか効果がないので、デフォルト設定型のナッジに比べると効果が得られる人は限られる。逆に、デフォルトを利用したナッジは、多くの人に効果があるが、誰に対しても同程度の効果しかない。そして、ナッジが長期的にも効果があるか、よりよい習慣を形成することができるかという観点も優先順位を考えるうえでは重要である。

（大竹文雄、佐々木周作）

第3章

医療行動経済学の現状

【本章のポイント】

- リスクを嫌う人は一般的に積極的な健康行動を取りやすいが、検診受診についてははっきりしない。検診を受けることにもリスクが伴うためだと考えられる。
- せっかちな人や先延ばししがちな人ほど積極的な健康行動を取らない。
- 行動経済学的特性を利用したナッジは患者の行動変容を促す。
- ナッジが患者行動により強く影響を与えるには、医療者へのナッジを同時に行うことが有効ではないか。

1 行動経済学的特性と健康行動の関係

リスクを嫌う人ほど健康的な行動を取る

医療健康行動に関する行動経済学の研究は、近年、急速に進んでいる。医療現場の問題意識に直結した研究が多く、その成果がそのまま診療に使えるものや、ナッジを設計するときのヒントになるものまである。

医療行動経済学の研究には大きく2つのタイプがある。一つは、意思決定上の行動経済学的なクセが積極的な医療健康行動を取りやすくしたり、逆に、阻んだりしていることを明らかにする研究である。もう一つは、人の行動経済学的なクセを逆に利用して、積極的な医療健康行動を促進しようとする、ナッジの研究である。

前者のタイプの、行動経済学的な特性と医療健康行動の関係を明らかにした研究を紹介しよう。医療健康行動は、基本的に不確実性下の意思決定であるので、リスクに対する態度と医療健康行動には密接な関係があると考えられてきた。実際にプロスペクト理論に見られるリスクに対する態度のうち、特に、リスクを回避しようとする傾向と様々な医療健康行動の間に特徴的な関係があることがわかってきた。

具体的には、リスク回避的な人ほど、タバコを吸わなかったり、深酒をしなかったり(1)、肥満でなかったり、シートベルトを着用したりする傾向があるという。[2] また、慢性的な疾患をもちにくいし、[3] 血圧の管理をきちんとしたり、歯磨きのときにデンタル・フロスも使う傾向がある。[4] つまり、リスクを嫌う人ほど不健康な選択を避けて、積極的な医療健康行動を取りやすいということである。金銭的なリスクを嫌う傾向から、健康リスクを嫌う傾向が予測できるのである。

リスク回避傾向とは、平均的な利益は高いけれど同時に利益が0になるようなリスクも伴う選択肢よりも、平均的な利益は低いけれど安全確実な選択肢を好むということである。これを医療健康行動に当てはめて考えてみると、タバコを吸ったり、深酒したり、食べすぎたりという行動は、「その行動から期待される満足度は高いけれど、健康を害する可能性も高い」という選択をすることと同じである。そのため、リスク回避的な人は、そのような健康リスクのある行動は取らず、「平均的な満足度は低いけれど、健康を悪化させる可能性も低い」選択肢の方を好むのだろう。

ただし、すべての医療健康行動について、同じ傾向が観察されてきたわけではない。南フロリダ大学のガブリエル・ピコーネたちは、リスク回避的な人が乳がん検診を受診しにくい、という驚きの研究結果を報告した。[5]

リスク回避的な人であれば、あらかじめ検診を受診してリスクヘッジするはずだと想像できるので、これは予想外の結果である。彼らは次のように理由を説明する。乳がん検診の受診は、「乳がんの発見が遅れることで生じる健康リスク」を低下させる一方で、「乳がんが見つかって治療した結果、その治療が失敗する可能性もある」という別のリスクに直面させる側面をもつ。そのため、検診受診は医療健康リスクを下げるだけではないというのだ。そして、検診受診にリスクを低める効果と高める効果という2種類の効果が存在するならば、リスク回避的な人にとって乳がん検診を受診することよりも受診しないことの方が満足度は高くなる場合が出てくる、と説明した。彼らと同様の結果は、フランス[6]や日本[7]のデータを使ったときにも発見されている。

安全な選択肢とリスクのある選択肢ではなく、検診をするしないにかかわらず両方の選択肢にリスクが存在するという状況だと、リスク回避的な人ほど積極的な医療健康行動を取る、とは必ずしも言えないようだ。

せっかちな人や先延ばししがちな人ほど健康的な行動を取らない

次に、将来の利益を割り引いて評価するという時間割引率が大きな人、つまり、せっかちな人や、現在バイアスのために先延ばし傾向が強い人の医療健康行動の特徴を見ていこう。これまでに、数々の研究から、せっかちな人や先延ばし傾向の強い人ほど積極的な医療健康行動を取らないことがわかってきた。

例えば、せっかちな人ほどタバコを吸ったり、肥満になったりしがちのようだ[8]。また、様々な種類の検診や予防接種（歯科検診、乳がん検診、子宮頸がん検査、インフルエンザワクチンなど）に参加しにくい、という結果も報告されている[9]。さらに、近年では、食事制限や運動療法などの医師からの指示をなかなか守れないということにも、せっかちさが影響していると言われている[10]。

物事を先延ばししがちな人ほど、同じようにタバコを吸ったり、[11] BMI値が高く、肥満傾向にあったりすることがわかっている。[12] また、自前の歯の本数が少なかったり、[13] 乳がん検診を受診する可能性が低かったりする。[14] これらの傾向は、特に、自分が先延ばし傾向をもつことを理解していない、〝単純〟な人たちの間で強く観察されてきた。

なぜ、せっかちな人や先延ばし傾向の強い人は、積極的な医療健康行動を取らないのだろうか。禁煙や検診受診をすれば健康状態の改善や、病気の進行が止まるという利益を見込める。しかし、その利益は、行動を取った時点ですぐに発生するのではなく、将来時点で発生することが多い。一方、タバコをやめることに精神的な辛さを感じたり、検診受診にお金や時間がかかったりするという費用は、それらの行動と同じ時点で発生する。せっかちな人は、将米の健康的な状態の価値を大きく割り引いて評価するため、現在時点で発生する費用の方を大きく感じてしまう。その結果、積極的な医療健康行動を取らない。

また、先延ばし傾向の強い人は、来年から禁煙しよう、ダイエットしようというように、遠い将来時点での健康状態を重視した選択をする。ただし、これは、健康行動の費用が生ずるのも将来時点であるし、健康状態が改善するのもそのまた将来の時点であるというように、費用と利益のどちらも将来の出来事になっている。先延ばし傾向の強い人は、こうした将来時点間の選択では忍耐強い選択ができる。しかし、いざ、その時が訪れると、夏休みの宿題などと同じように以前決めた健康行動を実行できず先延ばししてしまう。

しかし、これらの傾向と異なる研究結果もやはりある。例えば、男性のための前立腺がん検査については、せっかちな人ほどむしろ受診しやすいことを示した研究がある。[15] また、数々の研究を整理して総合的に分析してみたときには、せっかちさや先延ばし傾向などの行動経済学的な特性は、喫煙や肥満のような習慣的な行動には大きな影響があるが、検診受診のような健康予防行動との関係性は比較的薄い可能性が指摘されている。[16]

まとめると、リスクを回避したい人ほど積極的な医療健康行動を取りやすいという傾向や、せっかちな人・先延ばししがちな人ほど逆に取りにくいという傾向が、様々な医療健康分野で観察されていることがわかった。ただし、一部の医療健康行動では、一般的な傾向とは真逆の結果が見つかる可能性や、行動経済学的な特性がどのくらい行動に影響するかが異なる可能性もある。

行動経済学の知見を使って、医療現場における患者や医療者の意思決定を整理するときには、これまでの研究の内容を吟味したあと、それぞれの現場における特徴と照らし合わせながら、より当てはまりのよさそうな説明を丁寧に選ぶことが大事だろう。

2 ナッジの研究

ここからは、人の行動経済学的な特性を利用して、積極的な医療健康行動を促進しようとする、ナッジの研究を紹介していこう。本節で取り上げるナッジの研究の多くは、せっかちであったり、先延ばし傾向が強かったりするために、タバコをやめられなかったり、ダイエットを継続できなかったり、健康診断を受診できなかったりする人を主な対象にしている。彼らに積極的な医療健康行動を選択してもらうには、どのような工夫が有効なのかを紹介する。

その前に、患者の行動を変えることを目的とした医療者や政府の作為的な介入に否定的な考え方について議論しておこう。伝統的な経済学では、せっかちなために結果として不健康になったとしても、本人にとっては自発的で合理的な選択の結果なのだから、あらかじめ介入して彼らの行動を変える必要はない、と基本的に考えられてきた。しかし、その伝統的な経済学であっても、本人の行動が他人に経済的な損失をもたらすような〝負の外部性〟を生むものならば、彼らに介入することを正当化できるとしている。実際に、医療費は本人だけでなく、公的な医療保険制度によって負担されている。ある人が不健康な生活をして医療費がより多くなった場合、その医療費は本人だけでなく、社会全体で負担していることになる。したがって、政府が介入して彼らの行動を変えることについて、政策的な意義が認められる。

また、行動経済学では、特に現在バイアスによる先延ばし傾向が原因で積極的な医療健康行動が取られていなかった場合は、介入して彼らの行動を変えることには、本人がもともと望んでいたことが達成できるという意味で、彼ら自身にとってもメリットがある、と考えられている。

次に、人々の行動に影響を与えるための政策介入の倫理的問題について議論する。ナッジとしてよく知られている方法の一つに、デフォルト設定の変更がある。これは、人々の選択行動を大きく変える可能性があることが指摘されている。ここで、デフォルト設定に影響された場合の選択と人々がしっかりと考えた場合の選択の間に大きな差が〝ない〟のであれば、倫理的にそれほど問題がないと考えてよいだろう。しかし、熟考した場合の選択がデフォルト設定に影響されたものと全く異なるなら、倫理的な問題が生じる。例えば、患者が病気と治療法に関する情報を与えられ、十分な説明を受けて、しっかりした理解のもとで選択する治療法と、医療者がデフォルトとして提案する治療法が異なっているなら、それは倫理的に大きな問題となる。大切なことは、時間的余裕がなく、不安を感じているなかで、よく理解できずに意思決定をしなければならない状況に患者がある場合とそうでない場合で患者の意思決定が異なるときに、合理的な判断により近い治療法の方をデフォルトに設定して提案することである。

現在の利益を追加して行動を変える

せっかちな人が積極的な医療健康行動を選択できないのは、将来時点で発生する健康上の利益を割り引いて評価して、現時点で発生する費用の方が大きくなってしまうからである。したがって、彼らの行動を変えるには、何らかの工夫を施して、現在および将来の利益をより大きくしたり、現在の費用をより小さくしたりすることが効果的ではないか、と考えられる。その工夫の一つに、現在の利益を新しく追加する、という方法がある。せっかちさによって将来時点の利益が

表3-1　宝くじが減量に与える効果

	宝くじのないグループ	宝くじのあるグループ
減量の程度	マイナス1.8kg	マイナス5.9kg
目標体重を達成した割合	10.5%	53.6%

（出所）Volpp et al.（2008）を元に筆者作成.

たとえ割り引いて評価されていても、現在の利益が追加されているので、利益の合計が費用を上回る可能性が高くなる。

この工夫の効果を確かめるために、ペンシルバニア大学のケヴィン・ボルプたちは、次のような実験を行った。[17] 彼らは、まず、健康増進のための減量プログラムを実施するとして、BMI値が30～40の範囲の人を数十名集めた。そして、参加者に、プログラムの開始から4か月後までに目標体重を下回ることを目指そうと言い、そのために毎日体重を計測して報告するように指示した。

ここで、ボルプたちは、参加者に賞金が当たる宝くじを提供することで、彼らの目標減量体重を達成する確率が高まるかを検証している。賞金の当たる宝くじが、追加される現在の利益に当たるわけである。検証には、施策の効果を正確に測るための方法として推奨されている、ランダム化比較試験[18]を採用した。具体的には、参加者を無作為にグループ分けした後、1つのグループの参加者だけに2桁の数字を割り当てた。減量プログラムの期間中は毎日、プログラム実施者側が無作為に数字を選び、その数字と一致する数字が割り当てられていて、かつ、その日にきちんと体重を報告していた参加者に10～100ドルを賞金として渡すことにした。ボルプたちによると、このグループの参加者は、体重を測定して報告するという選択肢を選んだときには、平均的に、1日当たり3ドルの利益が追加されていることになっているという。

結果を見ると、ボルプたちの狙い通り、宝くじが提供されたグループの方が、提供されなかったグループに比べ、減量の程度や目標減量体重を達成した割合が高くなった（表3－1）。減量の程度は前者がマイナス5・9kgで、後者（マイナス1・8kg）の約3倍の水準だった。

宝くじのような金銭的インセンティブを提供して、現在利益を追加する戦略は、体重管理による減量プログラムだけでなく、処方薬の服用の順守[19]やインフルエンザワクチンの接種[20]でも効果があるとされている。

ただし、このような金銭的なインセンティブの提供がナッジなのか、という点については議論がある。シカゴ大学のリチャード・セイラーたちは、ナッジの定義に「経済的なインセンティブを大きく変えることなく」という条件を含めているからだ。一方で彼らも、ナッジの事例として、1日数ドル程度のお金を渡す政策を紹介しているので、1日平均的に3ドルが当たる宝くじも彼らの言うナッジの範囲内だろうと考えて紹介している。

追加する現在の利益は、金銭的なものでなくても効果があるかもしれない。その候補の一つに、他人がどうしているか、という情報の提供がある。多くの人が処方薬をきちんと服用している、予防接種をしているという情報には、誰もが皆その選択肢を選ぶべきだという社会規範を形成する効果がある。行動経済学では、他人の行動が参照点になって、その行動に従わないと人は損失を感じると言われていて、そのために、多くの人がこの社会規範に従うことを好むと考えられている。あなた以外のほとんどの人が積極的な医療健康行動を取っている、と伝えることで、受け取る側もその行動を選択するときに、「みんなと同じ行動を取っているのだ」という満足感を即時的に感じるはずだ。実際に、友人から「インフルエンザワクチンを接種すべきだ」というタイトルの付いた電子メールを受け取ると友人以外からのメールに比べてそのメールを開いてくれる確率が高まったと報告する研究がある。[21]

損失フレームで失われる利益の大きさを強調する

新しく現在の利益を追加するのではなく、将来時点の利益を強調して大きく見せる、という方法もある。そのときに使えるのが、損失回避という人の行動経済学的な特性である。一般的に私たちは、利益に比べて損失を2・5倍に感じると言われている。同じ100円の変化でも、「100円得した」ときに得る満足感より「100円損した」ときの喪失感の方が大きいのだ。この損失回避を踏まえると、「○○すれば、将来あなたの健康状態はこれだけよくなります」という利得フレームの勧誘文句よりも、「○○しなければ、健康状態はこれだけ悪くなります」という損失フレームの勧誘文句の方が効果的だろうと想像される。

ドイツで、歯科医が検診日を通知するためのダイレクト・メールを送るときに、どのようなメッセージを添えることが歯科検診の受診率を向上させるかを検証した研究がある。[22] そのなかで、損失フレームのメッセージの効果が大きいかを確かめた。具体的には、約1000人の患者を無作為に4つのグループに分け、ダイレクト・メールの内容をつぎのように変更して送った。あるグループには、綺麗な歯の写真付きの利得フレームのメールを送った。別のグループには、虫歯で苦しんでいる人の写真を掲載した、損失フレームのメールを送った。また、比較対象として、単に検診日を通知するだけのグループやダイレクト・メールを送付しないグループも設けた。

ただし、残念ながら、彼らの結果は期待通りではなかった。損失フレームのダイレクト・メールは、全くメールを送付しない場合に比べると効果はあったが、それよりも単に検診日を通知する場合や女性の綺麗な歯の写真付きの利得フレームのメールの方が効果は大きかった。

実は、関連する過去の研究を整理して総合的に分析した研究から、損失フレームのメッセージが必ずしも最大の効果を発揮しないことがわかってきている。[23] 効果を発揮するための場面設定が限定されているのか、あるいは、他の工夫と組み合わせて活用することが重要なのかもしれない。

他の工夫との組み合わせ案として、現在の利益を追加したうえで、損失回避を活用して、将来の利益ではなく現在の利益を強調する、という案がある。英国の行動経済学洞察チームのマイケル・ハルスウォースたちは、外来患者による病院予約が無断キャンセルされがち、という問題を解決するために、患者宛てに事前送付するSMSメッセージ上で次のようなランダム化比較試験を実施した。[24] 具体的には、約1万人の外来患者を無作為に振り分けて、あるグループには予約日を

図3-1　損失回避メッセージが無断キャンセル行動に与える効果

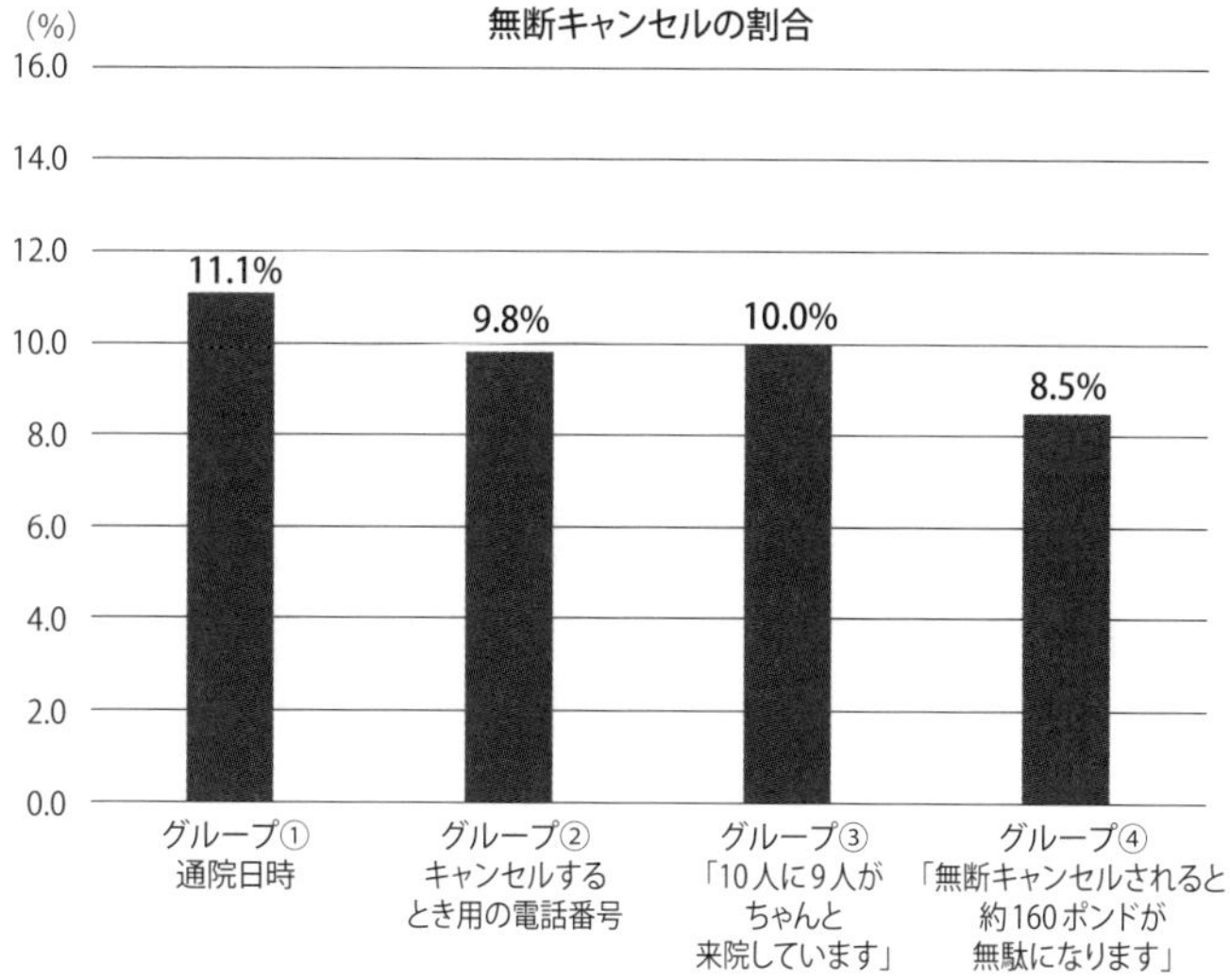

（出所）Hallsworth et al.（2015）を元に筆者作成.

通知するメッセージとキャンセルする場合には事前に連絡してほしいというメッセージを送付した。また別のグループには、その基本メッセージに、「無断キャンセルされると約160ポンドが無駄になります」という文面を追加した。後者の追加メッセージは、「予約日にきちんと来院されると約160ポンドが有効活用されます」というように利得フレームでも表現できたはずだが、実際に使われたものは損失回避を活用した損失フレームの表現になっている。

結果として、無断キャンセルが発生した割合は、損失回避により現在の損失を強調した文面が送付されたグループで8・5％であり、数値として最も低かった（図3－1）。基本のメッセージが送付されたグループ（11・1％）を比較対象として差の検定をしたときにも、統計的に意味のある水準で低いことがわかった。

損失回避の別の応用例は、すでに紹介したボルプたちの研究の中でも行われている。彼らは、減量プログラム研究で、宝くじの提供だけでなく「預入契約」を課すことの効果も検証した。具体的には、無作為に振り分けたあるグループの参加者に毎日3ドルのお金を預け入れることを義務付けた。そのお金は積み立てられ、もしも4か月後に減量目標体重を達成していれば倍額になって戻ってくるが、もしも達成できなければ預け入れたお金をすべて失う、というルールが課された。結果、預入契約が課されたグループで、減量の程度や目標減量体重を達成した割合が高くなった。減量の程度はマイナス6・3kgであり、これは宝くじを提供したグループ（マイナス5・9kg）と変わらない水準である。

コミットメント手段を提供する

これまで、現在の利益を新しく追加したり、強調したりすることによって、その場で、患者自身に積極的な医療健康行動を選ぶように促す工夫を紹介してきた。一方で、前もってその選択肢を選んでおいて、後日その選択が変わってしまわないような工夫を施す、コミットメントという方法もある。特に、現在バイアスによる先延ばし傾向をもつ人は、将来時点の行動についてはあらかじめ忍耐強い選択肢を選ぶことが知られている。彼らの事前の選択を固定できるようなコミッ

図3-2　コミットメントがワクチン接種に与える効果

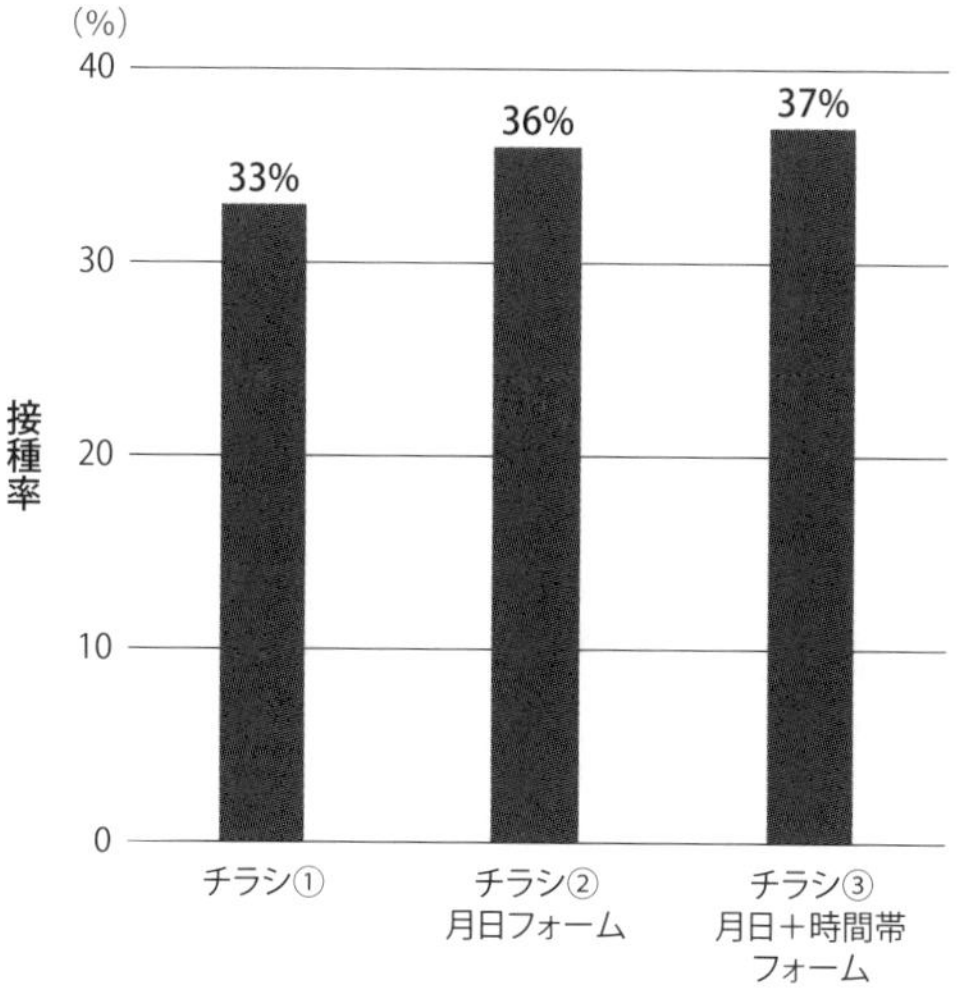

（出所）Milkman et al.（2011）を元に筆者作成.

トメント手段には、どのようなものがあるだろうか？

　インフルエンザワクチンの接種を促すことを目的に、ペンシルバニア大学のキャサリーン・ミルクマンたちは、ある会社と協力して次のようなランダム化比較試験を実施した[25]。約３０００名の社員をランダムに３つのグループに振り分けて、ワクチンの提供日を通知するチラシのデザインを少しずつ変更して送った。１つ目のグループ宛てのチラシには、単にワクチンの提供日だけを掲載したが、２つ目のグループ宛てのチラシには、提供日の情報とともに、スケジュールを立てるために接種する月と日を書き込むためのフォームを設けた。さらに、３つ目のグループ宛てのチラシには、月日だけでなく、時間帯まで書き込むためのフォームを設けた。

興味深いことだが、ワクチンの接種率は、時間帯まで書き込むことを促した3つ目のグループで最も高く、1つ目のグループに比べて4・0%ほど高くなった（図3−2）。2つ目・3つ目のグループでは、そのグループの参加者が実際にフォームに書き込むように強制したわけではないし、実際に書き込んでいるかの確認もしていない。彼らにデザインの工夫だけで詳細なスケジュールを組むように働きかけたことが心理的な強制力となり、前もって選択した行動を遵守させたのだろう。

このようなコミットメント手段は、患者の無断キャンセルや遅刻を防ぐことにも有効のようだ。外来患者自身に次回の予約日時をカードに記入させることで、患者が無断キャンセルや遅刻をする割合を18・0%下落させられることを示した研究がある。[26] さらに、それまでは無断キャンセルの人数を掲示していたところを予約をしてきちんと来た人の数の掲示に変更したうえで、予約日時カードに自ら記入させた場合には、その割合が31・7%も下落することがわかった。つまり、能動的なコミットメント手段の提供と社会規範の強調の両方で介入することがナッジとして大きな効果をもたらした。

デフォルト設定を変更する

事前のタイミングであっても、望ましい選択肢を選べなかったり、どちらかを選ぶこと自体が難しかったりする場合がある。例えば、コミットメント手段を有効活用できる人は、自分に現在バイアスがあることを認識している、賢明な人に限られる。よって、現在バイアスを自認しない、単純な人の行動を変容させることは難しいだろう。また、通常は賢明な人も、問題が難しい・未経験である・自分自身の好みがわからないなどのときは、事前のタイミングであっても選択できない可能性がある。そのような場面だと、すでに紹介したような誘導形式のコミットメント手段では効果がないかもしれない。

どんな人たちに対してもある程度効果的ではないか、と考えられてきたのが、多くの人が望ましいと考える選択肢をデフォルト設定にしておく、という工夫である。最も有名な例が臓器提供の意思表示である。[27] 提供意思を示している人の割合は、「提供しない」がデフォルトで、提供したい場合に意思表示をする必要がある日本のような国々では10％前後と低く、逆に「提供する」がデフォルトになっているフランスのような国々では１００％に迫る水準である。

デフォルト設定の変更が緩和治療か延命治療かを選択する意思決定に対して影響を与えるのではないか、という問いを英国の行動経済学洞察チームのスコット・ハルパーンたちは検証している。[28] 患者と患者家族に対して、医師が将来緩和治療への切り替えを提案したときに彼らがどうしたいかを計画しておくことを促す、という場面設定である。そのとき、無作為に振り分けたあるグループには、「緩和治療を選択する」をデフォルトに設定した資料を提供して、どちらがよいかを選択してください、と伝えた。別のグループには、「延命治療を選択する」をデフォルトに設定した

図3-3　デフォルト設定が緩和治療の選択に与える効果

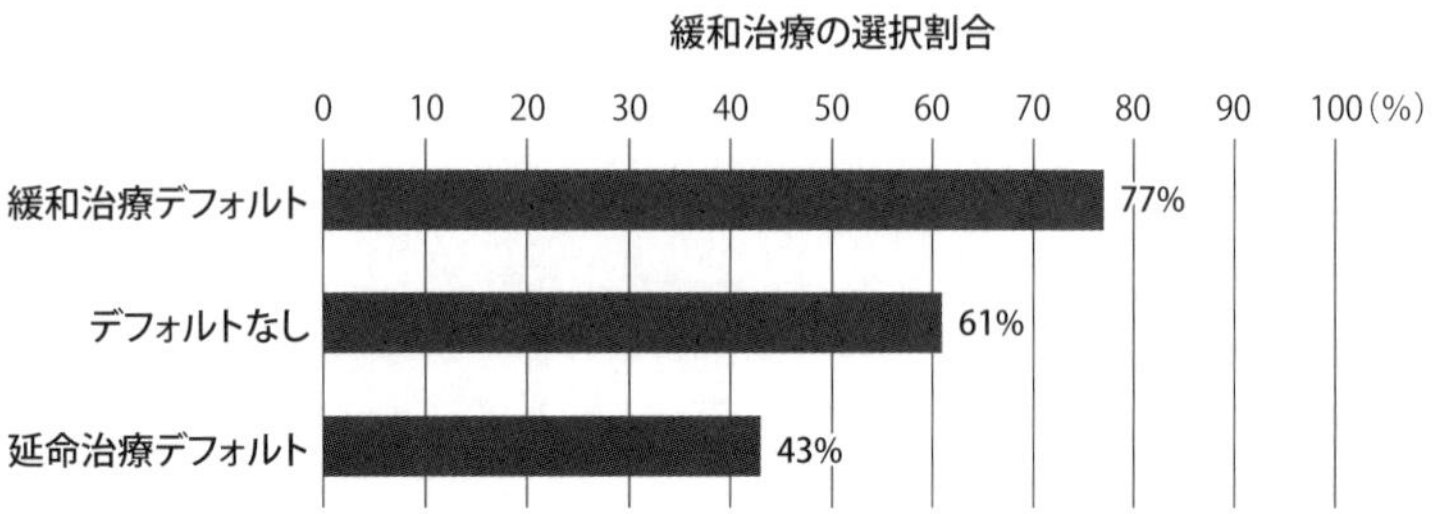

（出所）Halpern et al.（2013）を元に筆者作成．

資料を提供し、また別のグループには、どちらも選択されていない資料を提供した。すべてのグループに対して、医師は、両方の選択肢を家族と相談しながら時間をかけて検討することを推奨した。

図3-3より、まず、どちらも選択されていない資料を受け取ったグループでは、結果として緩和治療を選択した人の割合は61％であった。次に、延命治療がデフォルトだったグループでは、その割合が43％だったのに対して、緩和治療がデフォルトだったグループでは77％になっていた。

この結果をどのように解釈して、そして、どのように実務に活用できるかを検討するときには十分慎重になる必要があるが、少なくとも、緩和治療か延命治療かを選択する意思決定にもデフォルト設定の違いが影響する、ということは言える。また、デフォルトなしのグループにおいても約60％の人たちが緩和治療を望んだことを踏まえると、もしも延命治療をデフォルトに設定して患者や患者家族とコミュニケーションをとった場合は、そのうちの少なくない割合の人たちが延命治療を選んでしまう可能性がある、ということも言えるだろう。

さらに、スコット・ハルパーンたちは、フォローアップのため、患者たちの選択が完了した後で研究の意図を開示して、彼らに選択を変更する機会を提供している。しかし、そこでも、ほとんどの患者が元の選択から変更しなかったと報告されている。また、2つのうちどちらの治療法を選んだとしても、選択後時点の満足度には差がなかった。以上から、彼らの研究では、デフォルト設定に変更を施すことで患者が慎重に考えた場合の選択肢の方にうまく誘導できている、と解釈してよいかもしれない。

3 医療行動経済学のこれから

医療健康分野の行動経済学は、今後、どのような方向に進んでいくだろうか。一つの方向性は、様々な医療健康分野のトピックで行動経済学的な特性の影響を検証していく、というものである。過去の研究を見てみると、喫煙や肥満のような習慣性の強い行動と行動経済学的な特性に関する研究が多く行われてきた。それに続いて、ワクチン接種や検診受診のような健康予防行動を対象にした研究が進められているが、それらの意思決定の特徴を探究する余地は大きい。本書では、乳がん・大腸がん検診、子宮頸がんワクチン、循環器疾患、延命治療の中止・緩和ケア、遺族の後悔、臓器提供などの個別具体的な場面に基づき、関係者の意思決定を行動経済学的な観点から整理した。行動経済学的な特性は、人々の価値観や文化にも依存する。病気によってはリスクの大きさも時間的な経過も異なるので、行動経済学的なバイアスの特徴も異なってくることが十分に考えられる。医療健康問題の対象別に分析を進めることが必要である。

次に、患者や患者家族だけでなく、医師や看護師などの医療者を対象にして、彼らの行動経済学的な特性や、その特性と医療行動・看護行動との関係を調べていくことも重要だ。最新の研究では、医師と患者の間でリスクに対する態度には大きな違いはないが、時間割引率については医師よりも患者の方がせっかちなことが報告されている。[29]つまり、医師は患者よりも忍耐強いが、一方で同じようにリスク回避的かもしれない。このような研究は、インフォームド・コンセントにおいて、医師と患者の認識のギャップを埋めようとするときに必要となるだろう。また、誤診や医療事故など、医療者の行動の結果を読み解くことにも役立つかもしれない。

さらに、長期的かつ安定的に効果を発揮するナッジの開発も進められるべきだ。最近、ナッジが有効でない場合があることが指摘されている。[30]ナッジは、時として、効果が短期的だったり、人々を混乱させてしまい、想定しない抵抗や効果を生んでしまったりする。また、患者を対象にナッジの介入を行うだけでは効果が小さい場合があること、[31]医師と患者の両方に介入を行うと効果が十分に大きくなることがわかってきている。[32]例えば、心血管系疾患リスクを抱える患者にスタチンの服用を促したいときに、患者だけに金銭的インセンティブを提供しても成果指標は改善しないこと、医療者と患者の両方に提供することで、きちんとした服用が促されて、成果指標であるリポ蛋白コレステロール値が下落することが報告されている。薬の服用は、せっかちさや先延ばし傾向など患者の行動経済学的特性だけによって阻害されるわけではなく、患者がこれまでに薬の副作用に苦しんできた経験をもつことを考慮して医師が処方をためらうなど、医師側の要因にも影響を受ける。よって、時として、患者と医療者の両方に働きかけることが必要になる。

最後に、これらの方向性は、主に海外の研究動向から示唆されるものである。今後の方向性とともに、過去の研究のうち日本でまだ実施されていないものを踏まえながら、日本国内の研究事例や実践事例を積み重ねていくことが重要である。

（佐々木周作、大竹文雄）

第2部

患者と家族の意思決定

第4章
どうすればがん治療で適切な意思決定支援ができるのか

【本章のポイント】

● バイアスを理解することが、がん治療における医療者間の議論や合意形成に役立つ。
● 治療の差し控えや在宅療養を選択する場面では、ヒューリスティックスをうまく使う能力があるのは、ソーシャルワーカーや訪問看護師ではないか。
● 経験ある医療者の場合、無意識に使っているナッジの有効性に気づき、意図的にナッジを使ってみるとよい。
● 人生の大切な選択をする場面では、情報が多すぎると人間の脳は混乱をきたし、考え違いや判断の誤りが生じる可能性がある。

1 がん治療における意思決定とその支援

医師「検査の結果初期の卵巣がんだということがわかりました。あなたの病状ですと、まずは手術をしてから、抗がん剤を使うというのが標準的な治療の方法になります。抗がん剤には脱毛や吐き気といったような副作用もありますが、その点については可能な限り薬で対応していきます。転移もなく、がんを治すことを十分目指せる状況ですので、がんばって一緒に治療していきましょう。」
患者「……。」
医師「(迷うような局面ではないだろう。きちんと話すべきことは話したし、とくに問題なく標準治療に進めるはず。)」
患者「すみません、ちょっと考えさせてください……。」

がん治療にあたる医療者は、がん患者やその家族に対して、病状を告げること、および、その後の方針について話し合うことを日常的に行っているが、多くの場合、それぞれの医療者の経験に基づいた手法が用いられている。そして経験豊かな医療者は、真心をこめれば、相手に気持ちが伝わり、よい意思決定ができると信じている。はたして、それは本当なのだろうか？
一定の期間、がん治療に携わっている医療者は、十分に丁寧に説明したつもりでも、患者にわかってもらえなかったり、予想外の返答をされることをしばしば経験する。しかし、多くの医療者はそれが偶然のこと、すなわち相手（患者や家族）が（理解力が）悪かったと片づけてしまっていて、そこに一定の理由があることに目を向けないことが多い。

インフォームド・コンセント（以下、ＩＣ）とは、日本語で「説明と同意」と訳されている。きちんとした説明を丁寧に行い、同意を得なさいという意味である。ＩＣの概念が普及する前の、かつての医療者と患者の関係は、「黙って俺についてこい」的なパターナリズム（父権主義）であった。医療の専門家である医師は、医療のことをよく知らない患者自身のためによりよい選択をしているので、患者はそれに従うべきだという考えである。しかし、実際には、医療者の決定は、それぞれの患者の事情や希望に十分に配慮するものではなく、時に横暴な面もあった。その反省のもとに、説明して、患者に治療法の選択権を与えるという「自律原則」を保証する方向になった。世の中に患者の権利という考え方が広まり、医療者による横暴を抑止することに貢献した、という意味でＩＣの普及には一定の評価ができる。

ＩＣの導入後、患者の権利は確立される方向にあるが、一方で、説明だけして、後の意思決定は患者や家族にゆだねてしまうインフォームド・チョイスの傾向が強まってきた。しかし、この意思決定の方法は、人間は合理的に判断し、選択可能な生き物であるという考えに基づいており、その考えは伝統的な経済学理論における人間観と同じである。近年、多くの研究により、人間は必ずしも目の前にある情報を的確に処理し、より合理的に意思決定をしているわけではないことが明らかにされている。とくに医療についての知識や経験が欠如している患者やその家族が（さらに当事者であるというバイアスがある中で）合理的に考えるという前提には無理がある。

そこで、最近になり、医療者と患者の意思決定は、ともに行うべきものとして、共有意思決定あるいは協働的意思決定（シェアード・ディシジョン・メーキング）という概念が導入されてきた。[1] 患者やその家族は、医療の知識に明るくなく、医療者からの丁寧な説明においても、十分にその内容を理解できるわけではない。これまでの報告では、医師による1回の十分な説明ののちに、患者が自身の病状を理解しているのはおよそ60％であり、さらに投薬された薬剤の副作用にいたってはおよそ4割しか理解していないことがわかっている。[2] このようにＩＣの原則のもとでの患者の意思決定には大きな欠陥があるとわかりながらも、医療者は説明し、自律原則を守っていれば、説明責任を果たしたと考えて、訴訟などの難を逃れられるとしてきたのだ。

共有意思決定の概念は、知識や理解力に乏しい患者やその家族とともに、専門家として、たとえて言うならソムリエのように意思決定支援をしていこうという考え方である。共有意思決定の考え方は、人間の意思決定には様々なバイアスがあり合理性には限定があるという行動経済学の考え方と対応している。

2 がん治療の現場における事例

では、実際のがん治療の現場で起こる様々な「予想外の選択」は、行動経済学の考え方を用いることでどのように理解することができるのだろうか？　この節では、実際の臨床例を取り上げ、そこでどのようなことが起こっていたのか、行動経済学の考え方を用いて考えていきたい。

事例A：家族の反対により患者への病状説明が遅れたケース

52歳の女性患者が、直腸がん再発（肝転移、がん性胸腹水）と診断され、全身化学療法を3サイクルし、部分寛解（partial response; PR）であった。

しかし、4サイクル目以降、病勢が増悪し、がん性腹膜炎による腸閉塞を発症し、入院となった。腹水貯留が明らかであったため、腹水穿刺を行い、淡血性の腹水3000mlが排出された。疼痛コントロールのためにフェンタニル（医療用麻薬）とアセトアミノフェン（解熱鎮痛剤）の投与を開始した。その後、疼痛コントロールが十分でないためフェンタニルを増量したが[3]、制御が不十分であるため、オキシコドン（医療用麻薬）に切り替えた結果、持続痛がほぼない状態にまで制御できた[4]。

この時点で家族にがんに対する積極的治療を行わないというベスト・サポーティブ・ケア（Best

Supportive Care）および蘇生術を行わないこと（Do Not Attempt Rescue; DNAR）を説明し、了承を得たが、家族から「本人には治療ができないことを説明しないでほしい」との強い希望があった。徐々に病勢は進行し、疼痛管理も困難になってきたので、鎮痛補助薬としてリドカインやケタミンを用いている。

入院より1か月以上が経過し、ようやく家族より、本人への病状の説明を希望されたため、担当医より患者への病状説明と、がんに対する積極的治療を行わないというベスト・サポーティブ・ケアおよび蘇生術を行わない方針を説明した。患者は、自覚症状の悪化から、想定していたようで、「友達とカラオケに行きたい」と希望した。担当医より外出を許可し、緩和ケアチームの指導のもとで、Patient control anesthesia（PCA）[5]での外出を計画した。しかし、家族より「付き添いの都合がつかない」という理由により、外出がかなわず、亡くなった。

行動経済学的解釈：先延ばし

本事例では、担当医から患者への病状説明が、家族によって「**先延ばし**（第2章参照）」されてしまった結果、終末期の患者が、残された時間をどのように過ごすかの意思決定をするタイミングを逃してしまっている。

本事例のような「悪い知らせを伝える」手法については、厚生労働省の通知に基づき全国で開催される緩和ケア研修会（PEACE）だけでなくコミュニケーションスキルを学ぶ研修会が数多く開催されている。これらの研修会のプログラムにおいては、患者が何を望んでいるかについての日本での意向調査をもとに作成された日本人のためのコミュニケーショントレーニングツールが用いられている。具体的には、患者が望む「支持的な場所の設定」「悪い知らせの伝え方」「付加的な状況」「情緒的サポート」という4つの概念で成り立っており、これらの項目の頭文字をとって「SHARE」とそのプログラムを呼んでいる。(6) SHAREは、がん医療において、医師が患者に悪い知らせを伝える際の効果的なコミュニケーションを実践するための態度や行動を示しているものである。

しかし、このプログラムにおいては、伝え方は実践できても、いつ、誰に伝えるかは、担当医にゆだねられることとなり、本事例のように、患者が意思決定可能で、実現可能な選択肢を複数持っているという、適切な時期に説明ができないということが生じてしまう。

本事例では、家族が説明のタイミングを「先延ばし」しているが、「悪い知らせを伝える」ことを「先延ばし」しようとする傾向は、家族だけでなく患者自身や医療者にも存在する。

大切なことは、将来のことなら人間は望ましい行動を計画できても、いざ行動すべき時が訪れたらその実行を先延ばししようとする傾向（**現在バイアス**）や、これまで投資した費用（がん治療でいえば、これまで行ってきた治療）をもったいないと感じて、あきらめきれない気持ち（**サンクコスト・バイアス**、第2章参照）があり、合理的な意思決定を邪魔してしまっているということを知っておくことである。

ICの考え方が広く普及して、患者や家族に十分な情報提供がされて、患者が自分のことを自分で選択するという自律原則に基づくことができるようになった。これは、正しく詳しい情報をもらえれば、人間は合理的に判断できるはずだという伝統的な経済学の人間像と対応している。しかし、実際には人間は、与えられた情報をもとに科学的根拠やいつも変わらぬアルゴリズムを用いて、「合理的」な意思決定をしているのではなく、さまざまなバイアスがあることが行動経済学では明らかにされてきている。

事例B：ベスト・サポーティブ・ケアへの移行が推奨される場面で免疫療法を希望したケース

看護師をしている46歳の女性患者が、乳がんを再発し骨転移した。A市内の小規模な病院の病棟勤務で夜勤がある。3年前に手術、術後放射線療法、化学療法を行い、術後にタモキシフェン（ホルモン療法の薬）内服を継続中であった。1か月前から腰痛と左下肢に軽いしびれが出現していたが、仕事で忙しく、以前から腰椎ヘルニアも指摘されており、同じような症状を経験していたため、気にしていなかった。しかし、このところ、左下肢に力が入らなくなって、転びそうになった。

定期受診の際に、担当医に症状を伝えたところ、骨転移が疑われ、画像診断の結果、腰椎転移の確定診断に至った。この時点で左下肢はすでに軽い運動麻痺が生じており、緊急で放射線療法が必要と担当医は判断した。(7) 同時に、胸椎にも転移、左鎖骨上リンパ節転移、多発肝転移が見つかっている。

担当医は、骨転移への放射線療法とともに、全身化学療法を勧めた。家族は、夫(48歳、消防士)、長女(21歳、私立大学生)、長男(17歳、県立高校在学中で、来春に受験を控えている)である。夫は、夜勤が多いうえに、職場の同僚との付き合いも頻繁で、家事や子供のことは患者自身が行っている。

患者本人は、「長女は就活、長男は受験を控えているので、世話をしてやりたい」と思っている。また、生活費、住宅ローンや2人の教育費は夫の収入だけでは捻出できないという経済的問題がある。

病状説明を行い同意のうえ、放射線療法と化学療法を行い、6か月が経過した。肝転移は個数、サイズともに徐々に増悪し、採血上も肝酵素上昇を認めている。最近、上腹部に内臓痛も出現している。骨転移は放射線療法を照射した部位は維持できているが、脊髄膜に播種を認めるようになった。

左下肢の軽度の麻痺はあるが、看護師の仕事は、勤務先の配慮で、外来勤務としてもらい継続していた。夫にもある程度協力してもらっているが、子供たちは患者に対する依存度が強く、患者も子供たちのことは自分でしてやりたいと責任感を持っている。

通勤は、なんとか軽自動車を運転できている。セレコキシブおよびアセトアミノフェン(鎮痛薬)を内服して、中等度以上であった痛みが、半分ぐらいに軽減しているが、買い物なども自動車は

欠かせず、満足ではない。(8)

担当医は麻薬の導入を考えているが、患者は自動車の運転ができなくなると、生活ができなくなると考えている。担当医は、ベスト・サポーティブ・ケアを進めるべき局面と考えている。６か月前のときには、化学療法の説明をしたものの、「治らない」病気であるという説明はしていなかった。患者が看護師なので、だいたい理解しているだろうと考えていた。しかし、積極的治療ができなくなっているという認識は患者にはなく、また受験と就職を控えている子供たちを自分が支えるためにも、死ぬわけにはいかないという思いが強く、どんな治療でも受けようと考えている。

一方、担当医は、患者の余命が月単位であると考えており、長男の受験まで日常生活動作が自立して行える状態を保って生存できているかはわからないと予測している。そこで、担当医は、上記の考えを踏まえて病状説明を行った。「全身化学療法を行ったが、病状は増悪しており、髄膜播種もあり、積極的治療の方法がない」ということを伝えた。

患者は、その説明を受けインターネットで調べたところ、東京のクリニックで第５世代の免疫療法(9)があることを知った。そこで外来受付に対して、そのクリニックへの診療情報提供書の発行の請求を行った。

担当医もインターネットで調べてみたところ、そのクリニックの平均的な治療法は、２週間ごとのワクチン投与(10)であった。１クールにつきワクチンを６回投与するという。治療費は１クールで３００万円＋αであった。

行動経済学的解釈①：損失回避

がん治療に携わる医療者であれば、本事例に似た経験をした人も多いと考えられる。その都度、「どうして？」という気持ちに医療者はなる。当初は、医療者は自身の説明の至らなさに目を向けて、落胆したり、怒りを感じたりすることが多い。そして、こういった経験を多く積んだ医療者の中には、次第に一定の割合でこういった患者がいることに慣れてきて、その仕組みを理解することをあきらめてしまう者もいる。しかし、このような医療者の落胆・怒り・あきらめは、決して患者の幸福にはつながらない。

本事例は、行動経済学の**損失回避**と呼ばれる人間の行動特性で説明することができる。がん終末期の患者にとって緩和ケアを選択することは、ある意味で損失を確定することと同じである。第2章で説明されたように、人は**参照点**からの利得や損失をもとに価値を感じると行動経済学では考えられている。現在の健康状況を参照点として考えると、がん終末期の患者は、たとえ積極的治療が失敗して大きな損失を被るとしても、1％でも健康状態を維持できる可能性があるならその選択肢を選ぶ、というようにリスク愛好的になっているのだと考えられる。これが、リスクの大きな積極的医療を選ぶことについての行動経済学的な解釈である。

行動経済学的解釈②：ヒューリスティックス

また、本事例では、高額な免疫療法クリニックなどの広告に用いられている「少数の法則」や

「利用可能性」によるバイアスが影響している。

小さな標本では、大きな標本に比べて極端なケースが発生した場合の平均値への影響が大きいため、極端なケースを過剰に信頼してしまう。例えば、ある医師がここ最近の当直のたびに困難な症例にあたることが続くと「彼はよく引く」と表現する。これは、少数の経験をもとに判断をしたことから生じている。その日に病院に運ばれる患者が誰で、何人いるかということと誰が当直者であるかは、偶然であり、両者の間になんの因果関係もない。より多くの期間で計測すれば、特定の担当医師と困難な症例との間に相関がないことが示せる。

利用可能性ヒューリスティックとは、すぐに手にはいる情報を重視してそれだけで判断してしまうことを言う。関連した意思決定の特性として**代表性ヒューリスティック**がある。これは、最も代表的に見える結果と人物描写が結びつくと、合理的推論ではなく他の要素を無視して、つじつまの合ったストーリーに基づいて判断してしまうことである。つじつまの合ったストーリーの大半は、必ずしも最も起こりやすいわけではないが、もっともらしくは見える。よく注意していないと、一貫性やもっともらしさと起こりやすさ（確率）を混同してしまう。

例えば、進行・再発がん患者において、実際には摘出術を考えない方がよい場合でも、手術を担当する医師が、「すべての臓器をいったん体外に取り出して腫瘍を切除し、大血管を人工血管に置換して、再度、腹腔内に自家移植する方法がある（ある有名なドラマであったシーンである）」と説明する場合に、その手順の一つ一つの説明が具体的であればあるほど、「起こりやすそう」ととらえてしまう。

とくに経験豊富な医療者は、自身の医療に自信があり、選択肢としては「論理的可能性」でしかないものを、「実現可能性」のある選択肢としてとらえがちである。(11) また、その「論理的可能性」を説明する言葉を豊富にもっており、現実にはありそうもないことを、もっともらしく説明しうることにあまり気がついていないことも多い。詳しく言葉にできることと、実現性（確率）の間には関連性がないこともある。

一方で、終末期における、患者の健康や幸福を実現するための、「実現可能性」のある選択肢、ベスト・サポーティブ・ケアについては、担当医の多くは説明できるほどの言葉を持ち合わせていない。そのため、担当医による積極的治療の差し控えや、ベスト・サポーティブ・ケアについての説明はもっともらしくなく、患者にとって魅力的なものにはなっていない可能性がある。利用可能性ヒューリスティックや代表性ヒューリスティックを、より望ましい患者の意思決定にうまく使う能力をもっているのは、緩和ケアの現状をよく知った医療ソーシャルワーカー（ＭＳＷ）や在宅医や訪問看護師などだと考えられる。したがって、適切な意思決定支援には、医師と患者だけでなく、その場に応じた知識や言葉を持ち合わせた別の登場人物、すなわち、ＭＳＷや在宅医、訪問看護師などが必要だと言える。

事例C：医学的に推奨される治療を拒むケース

61歳の主婦の女性は、子宮頸がんのＩＢ2期であった。夫は64歳で会社経営、長女（29歳）は結婚して、遠方のＢ市に在住、2児をもうけている。次女（27歳）は未婚だが、現在、海外勤務でしばらく帰国の予定はない。

3年前に、他院で右乳がんの治療を受けている。右乳房切除と腋窩センチネルリンパ節生検を受け、術後に化学療法と放射線療法を行う予定であったが、「死んでも化学療法は受けたくない」と本人が主張したため、放射線療法のみが行われた。ホルモン受容体はＥＲ、ＰＲともに陰性であり、ホルモン治療の適応はなかった。現在までのところ、乳がんの再発は認めていない。

近くのクリニックにて行った子宮頸部細胞診で、扁平上皮がんの疑いとされ総合病院産婦人科に紹介となった。紹介後に行われた検査では、子宮頸がんＩＢ1期の診断であった[12]。担当医が、手術療法として広汎子宮全摘術の説明をし、患者からの同意を受け、手術を実施した。手術は問題なく行われ、術後経過も良好であった。

術後の病理診断[13]を受け、担当医は再発リスクが中程度であることを説明した。そのうえで、ガイドライン上は放射線療法あるいは化学放射線療法が推奨されているが、広汎子宮全摘後に放射線療法を行うと浮腫や腸閉塞などの晩期合併症が起こりやすいため、このような場合には化学療法を勧めていると説明した[14]。

しかし、患者は「抗がん剤は死んでも打ちたくない」と今回も主張したため、術後放射線治療が実施された。その後、患者に子宮頸がんの再発は認めていないが、下肢のリンパ浮腫が著しく、蜂窩織炎（皮膚の感染）も併発し、予定外の受診や入院を繰り返している。そのたびに下肢は腫れあがって、象皮症（皮膚が分厚くなる状態）を呈し、日常生活が著しく阻害されている。今となっては、抗がん剤治療の方がよかったのではないかと患者は後悔している。

行動経済学的解釈：フレーミング

本事例では、**フレーミング**について考えたい（第2章参照）。ここでは、手術の説明と、化学療法の説明が、別の時期に、別のフレームとして行われて、その都度、選択をさせていることが、このような不幸な結末を招いたと考えられる。

現代の医療では、医療者が病状を説明し、治療法を提示し、その同意を取る際には、必ず同意書を作成し、患者とその家族にサインを求めることになっている。説明と同意、すなわち、ＩＣである。この同意書の存在により、私たち医療者は、患者や家族が同意書にサインをすることが、彼らが納得していることであると置き換えて認識している。

人間が心から納得しているかは、他人からはわからない。病状説明や治療方針は、長年にわたり経験と学習と研究を続けてきた医療者だからこそ、十分に理解できることであって、患者や家族が同程度に納得できていると判断する方がむしろ甘い考え方である。医療者は、うすうすそのことをわかっているからこそ、同意書にサインさせることで、当座の結論に置き換えようとしている。

近年、同意書の種類は増加の一途をたどっており、細分化も甚だしくなっている。患者や家族は手術、化学療法、輸血、せん妄、血栓予防、行動抑制、入院費の支払い、入院中の療養に協力的であること、など様々な同意書にサインをさせられることになっている。

この細分化が、一つ一つのことを狭くフレーミングしていて、各々の事柄について、その都度、別々に選択させるという現象を発生させている。同意書を細分化すれば、一つ一つの事柄について、オーダーメイドできるという利点もある。しかし、同意書の細分化が物事を包括的にとらえることを難しくさせるという弊害は大きい。「木を見て、森を見ず」ということである。

行動経済学では、人間は本来の考えるべき範囲よりも狭い範囲で意思決定しがちなことを**メンタル・アカウンティング**と呼ぶ。例えば、1年以上の期間を考えて意思決定すべきものを1日だけで帳尻を合わせる必要があると考えたり、食費として考えていたお金は食費としてしか使えないと考えたりするのはメンタル・アカウンティングである。本事例では、個々の治療法を一つずつ提案するのではなく、「拡大手術とそれに引き続く術後化学療法の両方をするかどうか？」という提案を最初にして、どうしても受け入れがたいのであれば、次善の策として「(拡大手術はせずに)放射線単独療法もできますよ」というシナリオが成立するだろう。(15)

医療者が勝手に、「進行がんの患者というものは手術を受けたら、化学療法を受けるという標準治療を受けるのが当然で、丁寧に説明さえすれば、合理的に判断して、標準治療のレールに乗るはずである」と考えるのは、誤った見通しなのである。

3 行動経済学的アプローチを用いたがん患者の意思決定支援

以上見てきたように、がん治療の現場で生じる「予想外の選択」は、行動経済学の考え方を適用することである程度理解することができる。では、患者の選択の背景を理解したとして、医療者は行動経済学的な考え方をどのように意思決定支援に活用することができるのだろうか?

患者が有するバイアスの理解

先ほどの事例で紹介したように、患者は様々なバイアスを有しており、それが治療選択に影響を与えている。そのこと自体を理解することそのものが、まずは有効であると考えられる。なぜならば、「なぜこの患者はこんなに何度説明してもわからないのか?」という疑問は、時として患者に対する医師のネガティブな感情を引き出すからである。こうした感情は、患者の理解を得ることをあきらめてしまうことにつながると考えられる。行動経済学的な意思決定のバイアスについて知識をもっていることで、まずは患者の選択において起こっている出来事を客観的に理解することにより、患者との関係性を維持することの助けになるだろう。

数値のもつ意味の違いについても同様のことが言える。英国で行われた調査において、とある治療によって得られる効果が最低何％であればその治療を受けるか／勧めるか、ということを患者と医師に尋ねたところ、その判断基準となるパーセンテージは患者の方が医師よりも低かった。この結果はつまり、医師が推奨しないレベルの確率であっても治療を希望する患者が存在する、ということを意味している。(16)

このように、同じ数字を見ていても、その数字から受け取る意味は医師と患者とでは異なっている。これは先に紹介した事例Bのケースにも当てはまる。この場合、そこで起こっていることは、「伝えた医学的根拠（エビデンス）を理解していない」のではなく「理解はしているが、捉え方が医師とは異なる」ということになる。したがって、正確な「数値」をいくら追加で説明したとしても、状況は改善しない。

患者とのコミュニケーションにおいて「何か不思議なこと」が起こっているとき、そこには合理的には説明がつかない、感情やバイアスといった要因が影響している可能性がある。まずはそのことに気づき、一歩ひいたところから、患者の考えていることを理解しようと努めることが、解決のための糸口になる可能性がある。

医師が有するバイアスの理解

ところで、バイアスを有しているのは患者だけではない。往々にして医師の側にもバイアスが生じる。これはごく自然なことであり、必ずしも悪いこと、改善すべきことというわけではない。しかし、自身のバイアスに気づくというのは容易なことではない。そこで、意識的に振り返ってみることが役立つこともある。

例えば、先ほど紹介した調査では、患者と医師の比較だけではなく、その治療を専門とする医師と、そうでない医師との比較も行っている。[17]その結果、その治療を専門としない医師と比べ、専門医の方が、治療の効果が低くても治療を推奨する傾向にあることが明らかにされた。つまり、背景にある専門知識や経験、置かれている立場などによって、医師によっても判断が異なるということが生じるのである。

また、臨床場面において、「ここまでせっかく治療を続けてきたのに今あきらめるのはもったいない」といった感情を、患者だけでなく医師が抱くことはないだろうか？　他にも、「以前似たような病状の患者で奇跡的な回復が見られたから、もしかしたら目の前のこの人にも同じことが起きるかもしれない」という気持ちや、「以前余命の話をしたらうつになってしまった患者がいたから、この人にもその話をするのはまだやめておこう」という気持ちになったことはないだろうか？　これらは、サンクコスト・バイアス、利用可能性ヒューリスティックの例である。このようなバイアスによって、医師自身の判断が影響を受けることもある。

バイアスの影響を受けずに、常に客観的で合理的な判断をすべきである、ということではない。医師の臨床経験やそこから生まれる勘と言われるものは専門家としてのスキルの一つだろう。しかし、例えばチーム内で意見の相違が生じている場合、その背景にこうした個人的なバイアスが影響を与えているとすれば、その点について理解することが、医療者間での有益なディスカッションや、合意形成のための一歩として役立つ可能性は高い。

フレーミングの影響

以上、行動経済学的な視点から、患者や医師自身の判断についてとらえることそのものが、どのように役立つか、ということについて述べてきた。しかし、より積極的な活用の仕方もある。例えばフレーミングの仕組みを理解することで、データの示し方に工夫をこらすことができる可能性がある。

人間には一般的に、損失を回避しようとする傾向がある、ということについてはすでに第２章で解説されている。行動経済学的な観点のうち、すでに医療現場に応用する試みが多くなされているのが、このフレーミングの活用だろう。複数の研究の結果をまとめてフレーミングの効果について検証した研究からは、利得の側面から情報を提示する場合、損失の側面から同じ情報を提示する場合と比較して、皮膚がんの予防や、禁煙、運動などの健康行動が促進されるということが示されている。(18)

がん患者を対象として筆者らが行った研究においては、「この治療を受けると90％の人が治ります」という文章を提示した場合と「この治療を受けても10％の人は治りません」という文章を提示した場合とでは、「治療を受ける」と回答した人の割合が前者の方が10％程度多かった。もちろん2つの文章は、同じことを意味している。この結果は、90％という数値を、70％、50％、30％、10％と変化させた場合も同じだった。

また同じ調査において、「治療を受けた場合5年後に再発している確率は10％、治療を受けなかった場合に再発している確率は12・5％」と仮定したとある治療Aについては、「治療を受けた場合5年後に再発している確率は10％、治療を受けなかった場合に再発している確率は1・25倍になります」という文章を提示した場合に、「治療を受ける」という回答が最も多くなった。(19)

一方で、「治療を受けた場合5年後に再発している確率は70％、治療を受けなかった場合に再発している確率は87・5％」と仮定したとある治療Bについては、「治療を受けなかった場合5年後に再発している確率は87・5％、治療を受けた場合に再発している確率は0・8倍になります」という文章を提示した場合に、「治療を受ける」という回答が最も多くなった。この2つの治療は、いずれも治療を受けなかった場合、治療を受けた場合と比べて再発率が1・25倍になる、という設定にしてある。しかし、治療後の再発率が低い治療Aの場合、「悪いことが1・25倍になる」という損失を強調したメッセージの影響が大きくなっていた。一方で治療後の再発率が高い治療Bの場合、再発率87・5％という「悪いことが0・8倍になる」との利得を強調したメッセージの影響が大きくなっていた。いずれも「損失回避」という人間の特性によるものである、という意味では共通しているが、このように、もともと置かれている状況によっても、フレームの効果は異なる可能性があると考えられる。

数多くある行動経済学的なアプローチの中で、フレーミングが先陣を切って医療分野に導入されている理由は、その簡便さ、そして、伝える情報の中身を変える必要がない、という点にあるのではないだろうか。同じ情報を伝える際、その表現の仕方次第で、医師が伝えたいメッセージがより的確に伝わるのだとしたら、臨床に積極的に取り入れる意義があると言える。

ナッジの活用

次に、もう一歩踏み込んだアプローチについて述べる。ナッジとは、第2章に詳しく説明があるとおり、相手の行動を促すためのちょっとしたきっかけのことを指す。実際の臨床現場で行われているコミュニケーションの中には、すでにナッジが数多く含まれている。例えば「私があなたと同じ状況だったら、治療を受けると思います」「あなたと同じ病状の患者さんの多くがこの治療を受けることを選ばれます」といったことを伝えたことはないだろうか？　これらも医療コミュニケーションにおけるナッジの一種であると考えられる。しかし、医療コミュニケーションという文脈でナッジの効果を検証した研究はほとんどない。ここには医療においてナッジを活用することへの倫理的な抵抗などがあると考えられるが、この点については第5節でふれたい。

ところで、実際の医療現場においては、これらのナッジが複雑に組み合わされて提供されることが多い。しかし、医療におけるナッジに関する研究は少なく、重ねれば重ねるほど効果があるのか、あるいはそうでないのか、といった点についてはわかっていない。そこで筆者らは、がん医療におけるコミュニケーションにナッジの効果を検証する第一歩として、考え得るナッジを細かく分解し、それぞれがどのように患者の選択と関連するのか、ということを調べるために、仮想的なシナリオを用いた調査を行った。[20]

調査に用いたシナリオは、「がん治療を続けてきたが、医学的に治癒を目指すことのできる治療はすべて効果がなくなった。現在痛みや息苦しさなどの身体症状は薬で十分にコントロールされており、自宅での日常生活が可能。治療を受けると、吐き気やだるさ、脱毛などの副作用が生じる」という設定である。これはすなわち、これ以上がんを小さくしたり余命を延ばしたりすることを目的とした治療を続けることは、デメリットの方が大きく、治療を中止して残された時間を有意義に過ごすことを考えることが、医学的には推奨される、という状況である。

このシナリオを提示したうえで、これに続く医師からの説明によって対象者の回答がどのように異なるかを検証した。比較対象としては（「したがって、残念ですが、がんに対する治療をこれ以上行うことはできません」と治療の中止をデフォルトとして設定した）説明を用い、ナッジを加えた説明の場合と「治療を受ける」と回答する人の割合が異なるかどうかを検証した。その結果、「治療をしないことで、副作用がなくなるだけでなく、退院してご自宅で過ごしたり、外出したりすることができるようになります」という患者自身の利得を付加した場合と、「治療を受ける場合、社会保険料（国への負担）が1000万円かかります」という社会的な負担に言及した場合において、比

表4-1　ナッジを用いた説明の例

比較対象	**「治療中止」のデフォルト設定** **残念ですが、がんに対する治療をこれ以上行うことはできません。**もしどうしてもということであれば治療Cもありますが、医学的に十分な効果は示されておらず、副作用が生じます
ナッジを用いた説明	**①直接推奨** 治療Cという方法もありますが、医学的に十分な効果は示されておらず、副作用が生じます。**以上の話をまとめると、残念ですが、私としては、これ以上の治療を行わないことがあなたにとって最善の選択だと考えます**
	②規範の提示 治療Cという方法もありますが、医学的に十分な効果は示されておらず、副作用が生じます。**あなたと同じような状況では、多くの患者さんが、これ以上の治療をしないことを選ばれています**
	③利得の提示 治療Cという方法もありますが、医学的に十分な効果は示されておらず、副作用が生じます。**治療をしないことで、副作用がなくなるだけでなく、退院してご自宅で過ごしたり、外出したりすることができるようになります**
	④利得の提示（他者） 治療Cという方法もありますが、医学的に十分な効果は示されておらず、副作用が生じます。治療をしないことで、副作用がなくなるだけでなく、退院してご自宅で過ごしたり、外出したりすることができるようになります。**そうすることで、あなただけでなく、ご家族にとっても良い時間を過ごすことができると考えられます**
	⑤社会的な負担 治療Cという方法もありますが、医学的に十分な効果は示されておらず、副作用が生じます。**なお、治療を受ける場合、社会保険料（国への負担）が1,000万円かかります**

較対象の説明よりも「治療を受ける」と回答した患者の割合が低い傾向にあることがわかった。

この結果は、「利己的な動機づけ」と「損失回避」という観点から理解することができる。利己的な動機づけにより意思決定が行われる場合、人は自分にとっての利益を最大に、そして損失を最小にしようとする。つまり、患者自身のメリットに関する説明は、「患者にとって治療をやめることが利益になる」という理解を促し、社会負担に関する説明は、「患者にとって治療を受けることが損失、すなわち社会に迷惑をかけることになる」という理解を促したものと考えることができるだろう。

一方で患者自身の利得に加えて、家族の利益についても言及した説明では、比較対象の説明との間に違いがみられなかった。なぜだろうか？　これは、家族にとっての利得が、直接的に患者にとっての利得として感じられにくかったためではないかと考えられる。これは推測の域を出ないが、もしも逆に「治療を続けることは家族にとっても負担になります」というように家族にとっての損失を提示したとしたら、社会負担の説明と同様に、患者自身にとっての損失、すなわち家族に迷惑をかけるということ、として理解され、結果が変わっていたかもしれない。

医療コミュニケーションにおいてナッジを活用するという試みは検討が始まったばかりであり、実際に臨床での活用を推奨できるようになるまでには、まだ時間がかかるだろう。しかし、各医師が、自身のふだんのコミュニケーションを振り返り、無意識的に使用しているナッジが有効に機能していると感じられた場合には、意図的に活用してみるというのもよいかもしれない。

4 がん患者の意思決定支援に行動経済学的アプローチを用いることの有用性

例えば、がん患者の終末期において、臨死期に心肺蘇生などの医療行為を差し控える選択をする場合において、「する」と「しない」を同列に並べて患者や家族に選択を迫る方法、いわゆるインフォームド・チョイスを用いることは極めて残酷であると言える。

わが国でも一時、有名となったアメリカの哲学者のマイケル・サンデルは、人間の責務は3つに大別できるとしている。(21)

1つ目は自然的責務であり、普遍的で、合意を必要としないものである。例えば、敬意をもって人と接し、正義を行い、残虐な行為をしない、などである。

2つ目は自発的責務で、個別的であり、合意から生じるものである。私たちが、他者の善（言い換えれば利益）を気に掛けるかどうかは、そうすることに同意したか、また、誰と同意したかによる。これは医療者が、患者やその家族に対して、説明して同意（ＩＣ）を得ようとするものにあたる。この責務の考えに従うと、医療者は、同意書による契約のもとで医療行為を行うのだととらえる考え方につながる。

3つ目は連帯の責務で、個別的だが、同意を必要としないものである。一定の歴史を共有する人間に対する責任と言える。私たちは、選択とは無関係な理由で連帯や成員の責務を負うことがある。これは家族が背負っているものである。1つ目の責務と同様に、同意を必要としない点で、道徳や規範としてとらえられるものにあたる。

同じ疾患を俯瞰している医療者と家族であっても、そこに背負う責務は全く異なっていることを医療者は認識すべきであろう。家族が、どういったことに責任を感じていて、何をもって責任を果たそうとしているのかということに目を向けなければならない。

がんの進行による臨死期にあたって、胸を押す、喉に管を入れて人工呼吸器で呼吸をさせる、心臓を動かす薬を注射するような蘇生行為を家族は希望した方がいいのか？という場面では家族は2つの連帯の責務を感じていると考えられる。

1つ目は少しでも長生きしてほしいと願うことが、家族としてあるべき姿であるという責務を感じること（道徳感情[22]）である。この道徳感情は、医療者の側にもあるはずである。医療者として、たとえ1分1秒でも生存期間を延ばすことが正義であるという考え方は、偏った道徳感情だと感じる。

2つ目は、死に目に会えないのは不孝であるという道徳感情である。そして、医療者には、この家族の道徳感情に最大限、配慮しなければならない（適合性）という道徳感情がある。しかし、このようなスピリチュアルな問題に、家族が最も患者のそばにいるべき瞬間は、科学的根拠に基づいた心肺停止の瞬間であるという（功利主義的な）価値観を持ち込むことが本当にいいのだろうか？

1つ目の道徳感情に対しては、「患者さん自身の苦痛のことを一番に考えた方がいいんじゃないでしょうか？」と問うことで家族として道徳的にあるべき姿を見直してもらうことができる。

2つ目の道徳感情については、「確約はできませんが、兆候があったときにはお知らせするよう努力します」と約束することと、死亡確認はそろうべき人がそろってから行うことであろう。

このように、「蘇生しない」をデフォルトとして設定すること（ナッジ）で、終末期の患者の幸福とともに家族の道徳感情にも配慮した意思決定支援ができるだろう。

5 がん患者の意思決定支援に行動経済学的アプローチを用いることの倫理性

最後に、がん患者の意思決定支援において行動経済学的アプローチ、とくにここではナッジを用いることの倫理性にふれたいと思う。

まず、ナッジを用いることそのものが、患者にとって侵襲となる場合がある。先にあげた筆者らの研究では、あわせて「この説明を読んでどう感じたか」という印象についても尋ねていた。[23] その結果、「残念ですが、がんに対する治療をこれ以上行うことはできません」と治療中止をデフォルトとして設定するような説明や、「以上の話をまとめると、残念ですが、私としては、これ以上の治療を行わないことがあなたにとって最善の選択だと考えます」と医師が直接的な表現で治療中止を推奨する説明を示された場合、「見捨てられたように感じた」「つらいと感じた」という回答の得点が高かった。また先に述べた社会的な負担を示した説明においては、「見捨てられたように感じた」「説明に改善の必要性があると感じた」という回答の得点が高かった。医学的によいと考えられる方針を医師が勧めるということは、有効な場合もあるだろう。また社会的負担に言及することは、この調査においても「治療を中止する」という医学的に望ましい選択を増やす傾向にあることが示された。しかし、これらの説明を行うことそのものが、患者にとって心理的な負担を与える可能性がある、ということには注意が必要であろう。

また、ナッジが、患者の意思を誘導するものであって、倫理的ではないという反論は多い。確かに、科学的根拠に乏しく、倫理的な考察の手順が全く踏まれていない手法や結論をデフォルトに設定して、選択する側が無知であるのをいいことに、選択させる側に有利な条件のもとで、ナッジによる意思決定支援が行われるとしたら、それは、歴史の批判にさらされた、かつてのパターナリズムに逆戻りしてしまうことになる。

実は、私たちの生活の中で、選択をしなければならない局面はたくさんある。思い返してみてほしい。私たちは1日を、「選ぶ」ということをせずに、終えることなどできるだろうか？「生きる」ということは「選ぶ」ことである。とはいえ、私たちのすべての行為が能動的な「選択」をもって行われているわけではない。もし、すべての行為をあらかじめ「選択」して行わねばならないとしたら、こんなに窮屈なことはない。「真剣に考えず、なんとなくそうしている」ことがたくさんあることに気がつくだろう。そして、その瞬間、瞬間で、実際に行った行為以外の、別の行為を行うことはできなかったか？　と考えてみる。これを「他行為可能性」と呼ぶ。

私たちは、常に「他行為可能性」をはらみつつも、実際には一つの行為を行っている。しかし、そこで明らかな「選択」はしていない。[24]人間の行為の多くには「習慣」というものがあり、他にも習慣以外の「なんとなく」している行為も多くある。[25]実は、日常生活の中には、なんとなくそうしているというヒューリスティックス（第2章参照）による選択があふれていて、おかげで私たちは、些末なことにはとらわれずに生活できているのである。行動経済学は新しい学問であるが、そこで扱われているのは人間本来の意思決定であり、新しく生み出されたものではない。

患者やその家族は、医療者から、がんを告知されて、病状を理解し、治療法の選択を迫られる。もちろん、この場合は「真剣に考えて、選択する」ことが必要である。しかし、ここまで書いたように、多くの人間は、「真剣に考えて、選択する」ことに慣れ親しんではいない。それは、医療者とて同じことである。

残念ながら、医療者は患者とは他人である。そして、医療者は医療に関する知識が豊富にあり、患者が置かれているケースでは、どういった選択をすればいいかの判断をする能力が高い。しかし、それは、あくまでも長い目で見て、今の快楽を抑えて、将来に振り分けるという形[26]のパターナリズムであると言える。このような判断は、当事者には難しく、他人ゆえにできることなのである。

一方で、本人に決めさせさえすれば、医療倫理における「自律原則」が保持されて、倫理的であるといえるのだろうか？　ジョン・スチュワート・ミルは「自由論」の中で、「愚行権」というものを提唱した[27]。それは、「人間にとって自己決定権はもっとも守られるべきである以上、たとえそれが愚かな行為であるとしても、世の中から自己決定権が失われるよりはましである。そして、愚行はやがて、自然淘汰されるはずだ」という考えなのである。現在の医療倫理の4原則[28]における「自律原則」はこの考えに基づいている。

しかし、医療者と患者の関係の中で、「愚行はやがて、自然淘汰される」のだから、やりたいようにやらせておこうという考えが、およそ、倫理的でないことに多くの人は同意するだろう。

ミルは、とんでもなく冷たい人のように思われるかもしれないが、彼の時代は人々の自由がようやく大切にされ始めたときであり、そこには、人間が長い歴史を経て、苦労してようやく手にした「自由」を失ってはならないという強い思いがある。そして、彼は、「自由論」の中で、愚行権について述べた後に、以下のように記している。

その人が本人の不始末のせいで生活に苦しむことになっても、だからといって、もっと苦しめてやろうとか思わないようにしよう。その人を罰したいと望むのではなく、本人の行為が本人にもたらしかねない災いをいかに避け、いかに解消するかを教えてあげて、その罰を軽くしてあげるよう努力したい。

（中略）

われわれがその人にやってよいと思われる一番ひどいことは、その人に何もいわず好きにさせておくことである。

患者やその家族は、医療に関する十分な知識がない。いくら時間をかけても、医療者が学んできたコストを上回ることは不可能である。だからといって、説明しなくていいわけではない。説明と同意は「患者の権利」を守るために社会から要請される必須事項である。しかし、実はより多くの情報を与えれば与えるほど、日頃はヒューリスティックスやナッジによる選択に慣れ親しんでいる人間の脳は、混乱をきたし、人生の大切な選択に考え違いや誤りが生じることは当然の結果なのだ。これを放置して、自己決定権さえ守られていればいいというのは、もはや倫理的とは言えない。また、ナッジが、意思決定者の「したくないこと」まで、逆方向に誘導できるのかというと、それはこれまでの研究で否定されている。「したくない」ことなら、明確に拒否できる権利は担保されているのである。[29]

（堀謙輔、吉田沙蘭）

第5章

どうすればがん検診の受診率を上げられるのか

【本章のポイント】

- 大腸がん検診の受診率向上に「今年度、大腸がん検診を受診しなければ、来年度は便検査キットが送付されません」という損失フレームのメッセージが有効。
- 乳がん検診の受診率向上には、目標、計画、恐怖心などの違いによって異なるフレーミングのナッジをすることが有効。
- 肝がん予防のためには、検査を「受検」する、精密検査を「受診」する、抗ウイルス治療を「受療」するというステップが必要だが、それぞれにナッジは有効。

保健師「がん検診受けていますか?」
住民「いえ、受けていません。でも最近、テレビで芸能人が乳がんで亡くなったとかやってたし、私も受けないといけないですよね。今年はちゃんと受けようと思います。」
(1年後)
保健師「1年前、がん検診を受けるとおっしゃってましたけど、受けられましたか?」
住民「いえ、まだです。受けようとは思っているんですけど、なかなか時間がなくて。どこでやっているかわからないし。」
保健師「市から、がん検診のお知らせが送られていると思いますが、ご覧になりましたか?」
住民「届いていましたが、なんか難しそうなことが書いてあって、ちゃんと見てません。まあ特に悪いところもないし、今検診を受けなくても、すぐにどうにかなるものでもないから、大丈夫でしょう。来年は受けると思います。」

1 がん検診総論:行動経済学的観点からみる公衆衛生と行動変容の考え方

がん検診をなぜ受けないといけないのか?

冒頭のような会話は、日常的に交わされている。そもそも、なぜ、がん検診を受けないといけないのか？　それは、がん検診を受診することで、がんによる死亡率の低下が見込めるからである。日本では、日本というコミュニティ全体の利益のために、政策的な対策として集団を対象にがん検診を行うことになっている。このように、コミュニティ全体の健康的な利益を目指したがん検診を対策型がん検診という。

政策としてのがん検診は、「がん検診を受けることで死亡率が減少する」ということについての確固としたエビデンス（実験研究・介入研究の成果）があったとしても、がん検診による利益ががん検診による不利益を上回るときにのみ、そのがん検診が行われるべきものとして推奨される。現在、対策型がん検診として受診が推奨されているのは、乳がん、子宮頸がん、胃がん、肺がん、大腸がんであり、さらにその方法も一部のものに限られている。例えば、乳がん検診の場合は、マンモグラフィ検査と視触診の組み合わせ等が推奨されている。

エビデンスのあるがん検診であっても、それが正しい方法で実施されないと本来見つけられるべきがんを見つけることができず、検診受診ががんによる死亡率の減少につながらなくなる。例えば、マンモグラフィ検査の画像を正しく読影できる医師がいないとその検査に意味がなくなる。これをがん検診の精度管理という(1)。

さらに、ある自治体が、エビデンスのある有効な方法で正しくがん検診を実施できる体制を整備したとしても、それを受ける人が少なければ、その地域のがんの死亡率を減少させることはできない。よって、「がんによる死亡率の低下」という目的のためには、「がん検診を受診していない人」が「がん検診を受診する」という行動変容を起こす必要があり、がん検診を主催する国や自治体は、がん検診の受診率向上に取り組まなければならない。すなわち、ある1つのコミュニティで「がんによる死亡率が減少する」くらいの規模で、がん検診を受診するという個人の行動変容を生じさせるためには、個人の自己決定に頼るだけでは不十分であり、自治体などのコミュニティから個人に積極的な働きかけ（介入）を行うことが必要になる。

リバタリアン・パターナリズム

政府やコミュニティなどの個人を越える存在が行う介入を正当化する考え方として、行動経済学では、「リバタリアン・パターナリズム」という概念がある。リバタリアン・パターナリズムとは、望ましい選択の方向性が明らかな場合、その選択肢を選びやすくする設計を導入しつつも、それを選択したくない場合、その選択を拒絶する自由を与えられるべきであるという考え方である(2)。がん検診の文脈で説明すれば、がん検診を受けたくないという意思をもつ人にがん検診を無理に受けさせようとは考えないが、がん検診を受けたいという人の行動をそっと後押しする政策は、リバタリアン・パターナリズムの政策だと言える。

がん検診の場合、その対象となる本人にとって、がんの不利益はがんに罹患して初めて認識される。そのため、がん検診を受ける前後の時点においては、がん検診を受診することの利得が、将来発生するために大きく割り引かれて小さくなってしまう。逆に、仕事を休まなければいけなかったり、検診で痛い思いをしたりするといった不利益、すなわち損失は検診前後の時点で発生するので大きく認識されることになる。そのため、リバタリアンの考えに基づき完全に個人の自由意思での選択とすると、多くの人はがん検診を受診するということを積極的に選択しなくなる。あるいは、がん検診を受ける価値があると思っている人であっても現在バイアスのために、受診を先延ばしすることになる。

一方で、リバタリアン・パターナリズムの考え方に基づけば、対策型がん検診において、「人々がより長生きし、より健康で、よりよい暮らしを送れるようにするため」にがん検診を受診するという選択を、人々に積極的に働きかけ、選びやすくするという対策や制度の導入が正当化できる。

ただし、リバタリアン・パターナリズムのもとでは「がん検診を受診したくない」という意思と「がん検診を受診しない」という選択は当然尊重されなければいけない。特に、ナッジとして有効だとされているデフォルト設定をがん検診に用いる場合には、前述のようにがん検診のもたらす長期的な利益や不利益に対する誤解などについて十分に説明する必要がある。

「ナッジ」と行動変容、ソーシャルマーケティング

がん検診受診率の向上政策は、リバタリアン・パターナリズムに基づいて行われていると考えられる。ただし、健康行動の「行動変容」に関しては、様々な理論やモデルが開発されており、

欧米ではがん予防の分野において、行動科学の理論とその技法が活用されている。

米国国立がん研究所（ＮＣＩ）は、「健康増進のための効果的プログラムには様々なレベルでの行動変容が含まれる」とし、行動変容に適応されるいくつかの主要な健康行動のモデルと理論が紹介されている。[3] この中で、行動変容に関する代表的な理論として、トランスセオレティカル・モデル（Trans-theoretical model）がある。[4] この理論は、行動を「何もしていない」「何かをはじめた状態」の2つではなく、行動変容のような変化に対して「ほとんど関心のない」前熟考期（無関心）、「関心があるが実際の変化はまだ先だと思っている」熟考期（関心期）、「関心があり準備中である」準備期、「新しい行動をはじめたばかり」の実行期、「行動変容を継続している」維持期の5つのステージがあり、人は行動変容のステージを1つずつしか上がることができず、またステージごとに必要な介入方法が違うと考えるものである。「ほとんど関心のない」前熟考期の対象者の行動変容を引き起こすには、適切な情報をインプットし、関心を高める介入が必要である。これに対し、「新しい行動をはじめたばかり」の実行期の対象者には、新しい行動を定着させるために、継続への動機づけを高めるための正のフィードバックを行うような介入が適用される。つまり、トランスセオレティカル・モデルは、望ましい行動の定着をアウトカムとして設計された、対象者の様々な特性にあわせて行動変容が起きやすいようにするための仕組みのパッケージであると言える。

このように考えると、トランスセオレティカル・モデルも、本書の第2章で示した「軽く肘でつつく」という意味の「ナッジ」[5] の1つの形態であると考えることができる。

行動変容に関するもう1つの重要な枠組みは、ソーシャルマーケティングである。ソーシャルマーケティングとは、企業のマーケティングで使われる様々な手法を社会的な課題の解決に用いるものである。具体的には、対象者をその特性や特徴に基づいてグループ分けをして、対象者の特徴・特性を考慮したメッセージを作成するというマーケティング技術を用いて、対象者の自発的な行動を促すようなプログラムを計画する一連のプロセスのことをいう。[6] 望ましい健康行動を定義することができれば、ソーシャルマーケティングの方法は「ナッジ」を具体化する方法と考えることができる。

また、対象者の特徴・特性を考慮する際には、第2章に示した様々な種類の「バイアス」と健康行動の間の関連性を検討し、健康行動を特徴づけている「バイアス」を特定していく。そうすることによって、対象者をグループ化することができる。これをソーシャルマーケティングでは、対象者セグメンテーションと呼んでいる。さらに、対象者の特徴に合わせて行動変容に有効なメッセージを作成する際には、1つの事実に対して複数の「フレーミング効果」を狙い、メッセージを作り分けていく。

がん検診の行動変容に行動経済学を応用する

本章では、がんによる死亡率の減少を目的に、検査や検診の受検・受診行動を促す行動変容に対して、損失回避、ナッジ、フレーミング効果などの行動経済学的概念をどのように応用できるかを、実際に受診率が向上することを示した大腸がん検診、乳がん検診、肝がん予防のための肝炎ウイルス検査に関する地域介入研究の事例を紹介しながら、考察する。

（平井啓）

2 大腸がん検診における損失フレームを用いた受診勧奨

大腸がん検診の必要性

日本で大腸がんによって亡くなる人は毎年5・3万人と非常に多く、日本人のがん死亡の第2位、特に女性のがん死亡の第1位となっている[7]。大腸がんでは、がん検診の有効性が特に高く、がん検診を受けて見つけることができれば早期に治療ができ、完治を見込めるという病気である。日本でがん検診を実施している主体は、各地域の自治体である。国のがん対策推進基本計画でがん検診の受診率を50％にすることが決まり、各自治体は、受診率を上げることに取り組んできた。しかしながら、大腸がん検診の受診率は41・5％[8]と依然として低く、先進国の中で最低レベルにある。

内閣府が行った「がん対策に関する世論調査」（2017年度）によれば、がん検診を受けない理由には「受ける時間がないから」「健康状態に自信があり、必要性を感じないから」「心配なときはいつでも医療機関を受診できるから」などが多く、がん検診を受けない「強い理由」は見当たらない。ほとんどの人はがんになることを怖いと感じ、がん検診は受けた方がよいことをわかってはいるが、がんになる可能性は未来に起きうる不利益である一方、がん検診をいま受けに行くことは目の前で生じる不利益（面倒くささ）であるため、将来の不利益を割り引いて感じるので、がん検診に足が向かないという状況が生じている。しかしながら、実際にがんで亡くなるとなると、「なぜもっと早く見つけなかったのか」と悔やむケースが多い。いかにして「自覚症状もなく、毎日の生活に忙しくしている一見健康な人」にがん検診を定期的に受診してもらうように行動を促すことができるかというのは、社会全体が高齢化しがんの好発年齢である60～70代の国民が増えた近年、非常に重要な課題である。

大腸がん検診は、便検査であるため苦痛もなく短時間でできるだけでなく、死亡率減少の効果が高く、大腸がんで亡くなる人を減らすためには非常に有効ながん検診である。しかし、その効果の高さは、「毎年受診すること」が前提となっている。ところが、実際には「数年に1度受けることはあるが、毎年ではない」という人が多いというのが現状である。この不定期受診者は「大腸がん検診は毎年受けないといけない」ことを単によく知らなかったり、「受けないといけないことはわかっているが、面倒くさい」というケースが多いと予想される。そのため、数年に1度しか受けないこれら不定期受診者は、「自分ではがん検診をきちんと受けているつもりになっている」ので、仮にこれらの人が進行がんになって亡くなった場合には、がん検診を全く受けてきていない人やその必要性を無視し続けてきた人が大腸がんで亡くなった場合に比べ、その損失や後悔が大きくなると考えられる。つまり、「たまに大腸がん検診を受診する人」を、「毎年大腸がん検診を受診する人」に行動変容していくことは本人にも望ましい政策介入である。

東京都八王子市では、昨年度の大腸がん検診受診者に対して、年度の検診開始前の5月末に便検査キットを自動的に送るという仕組みを採用している。通常、大腸がん検診の受診を希望する人は近所の医療機関に電話予約をしたうえで便検査キットを自分で取りに行かなくてはならない。八王子市の仕組みのように、申し込みをせずとも便検査キットが送付されてくるというのは、それだけで、検査キットを取りに行く手間が減るため受診につながりやすいと思われる。つまり、受診率向上のためには、大腸がん検診の対象となる住民全員（40歳以上の男女）に便検査キットの事前送付をすることである程度の効果があるかもしれない。しかし、中核市である八王子市の場合、送付対象人数すなわち40歳以上の人口が約34万人と膨大であるうえ、そのうちの約4割は職場の検診で大腸がん検診をすでに受診していると予想されるため全員に便検査キットを送付しても無駄になってしまう可能性が高い。したがって、事業の予算効率を高めるためには、「便検査キットを送付すれば使ってくれる可能性が高い人」に対象を絞り込んだうえでその対象者に便検査キットを送付する必要がある。「便検査キットを送付すれば使ってくれる可能性が高い人」というのは、前年度の大腸がん検診受診者である。一般的に、これまで市の大腸がん検診を一度も受けた記録がない人は、よほどの無関心層か、あるいは職場で大腸がん検診を受診している人であり、市からの受診勧奨で受診に導くことができる確率は低い。そのため、八王子市では前年度の大腸がん検診受診者に便検査キットの自動送付を２０１６年より行っている。

しかし、便検査キットの送付が有効だとはいっても、便検査キットを送付すれば前年度受診者が全員受診するわけではない。便検査キットを送付した人のうち実際に受診した人は約７割にとどまっていた。そこで、２０１６年度に八王子市では、「5月に便検査キットを送付したにもかかわらず10月時点で未受診の人」を対象に大腸がん検診の受診勧奨事業を行うこととした。具体的には、便検査キットの送付者リストの中から未受診者を抽出しその人を対象に受診を促すはがきを送付することで受診勧奨を行い、受診勧奨を行った人のうち何人が検診が終了する翌年1月末までに受診したかを検証した。

その受診勧奨はがきのメッセージとして2つのパターンを用いた。パターンAは「今年度も大腸がん検診を受診すれば、来年度も便検査キットを送付します」、パターンBは「今年度に大腸がん検診を受診しなければ、来年度は便検査キットが送付されません」というものである（図5−1）。

未受診者３８９９名を無作為に2群に割り付け、それぞれのグループにパターンAとパターンBと異なるメッセージを送付し、２０１７年の1月末の時点の受診者数でそれぞれのメッセージの効果を検証した。結果として、勧奨通知送付前受診者を除きパターンAを送付した１７６１名のうち３９９名（受診率22・7％）が大腸がん検診を受診したのに対し、パターンBを送付した１７６７名のうち５２８名（受診率29・9％）が大腸がん検診を受診した。

図5-1　大腸がん検診受診勧奨はがきの2種類のメッセージ

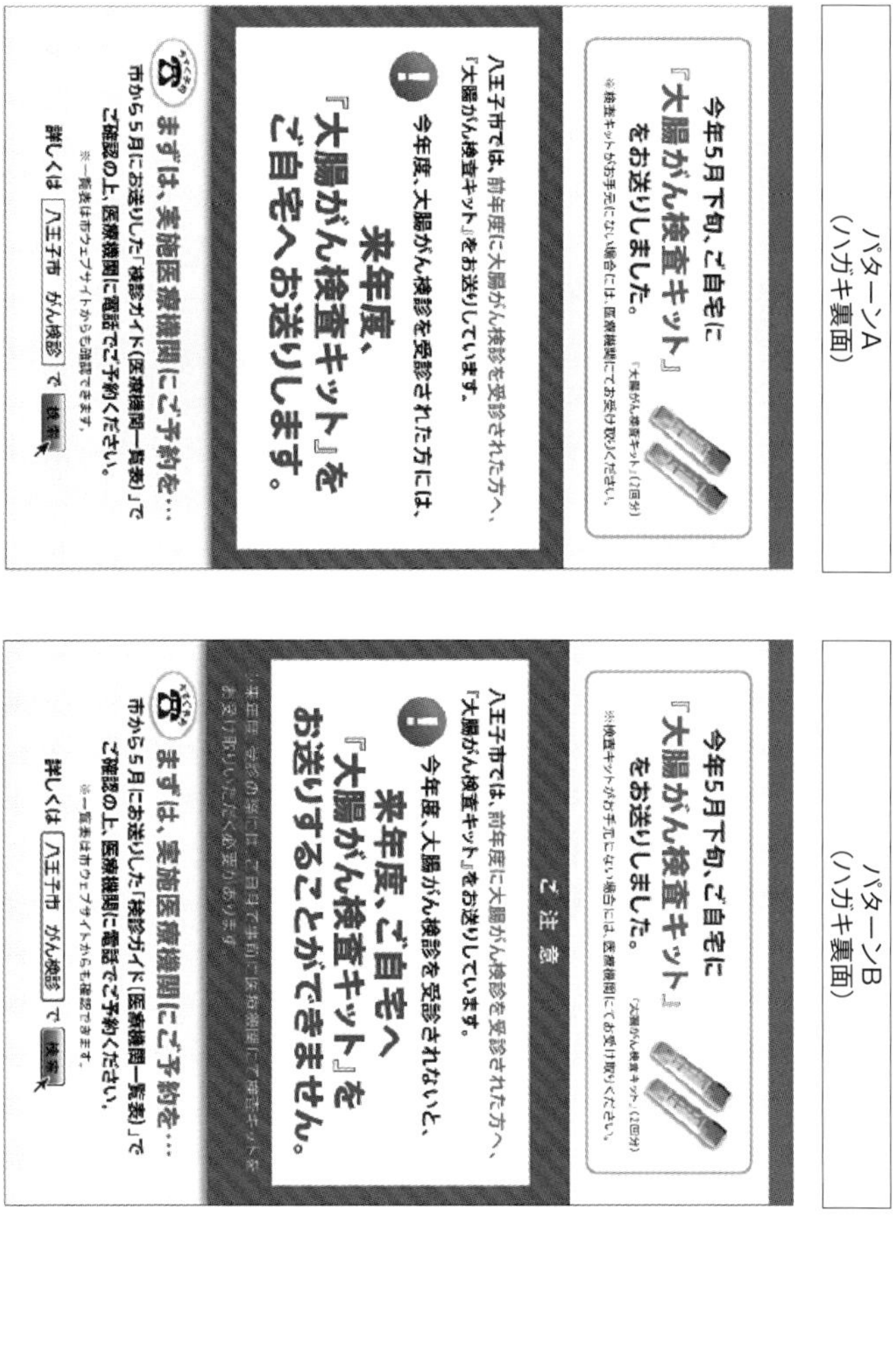
パターンA
（ハガキ裏面）
今年5月下旬、ご自宅に
『大腸がん検査キット』
をお送りしました。
※検査キットがお手元にない場合には、医療機関にてお受け取りください。
『大腸がん検査キット』（2回分）
八王子市では、前年度に大腸がん検診を受診された方へ、『大腸がん検査キット』をお送りしています。
今年度、大腸がん検診を受診された方には、
来年度、
『大腸がん検査キット』を
ご自宅へお送りします。
まずは、実施医療機関にご予約を…
市から5月にお送りした「検診ガイド（医療機関一覧表）」でご確認の上、医療機関に電話でご予約ください。
※一覧表は市ウェブサイトからも確認できます。
詳しくは 八王子市 がん検診 で 検索
パターンB
（ハガキ裏面）
今年5月下旬、ご自宅に
『大腸がん検査キット』
をお送りしました。
※検査キットがお手元にない場合には、医療機関にてお受け取りください。
『大腸がん検査キット』（2回分）
八王子市では、前年度に大腸がん検診を受診された方へ、『大腸がん検査キット』をお送りしています。
今年度、大腸がん検診を受診されないと、
来年度、ご自宅へ
『大腸がん検査キット』を
お送りすることができません。
ご注意
まずは、実施医療機関にご予約を…
市から5月にお送りした「検診ガイド（医療機関一覧表）」でご確認の上、医療機関に電話でご予約ください。
※一覧表は市ウェブサイトからも確認できます。
詳しくは 八王子市 がん検診 で 検索

損失フレーミングによる行動の継続化

この取り組みの結果は、第2章で説明されたプロスペクト理論の損失回避性から解釈することができる。パターンAのメッセージは、大腸がん検診を受診することで利得を継続的に得られる利得フレーム・メッセージである。一方、パターンBのメッセージは、これまで提供されていた「便検査キットの自動送付」という行政サービスが今年度の自分の行動によっては提供されなくなるという、損失を強調した損失フレーム・メッセージである。受診をしないことで、次の年から得られたかもしれない行政サービスが受けられなくなるという損失が確定してしまうことになる。このメッセージは、便検査キットの自動送付がデフォルトであることを強調しつつも、自らがそれを返送するという行動を取らないことで、デフォルトが消失することを示したものである。対象者の多くは、便検査キットの自動送付による検診が受けられなくなるという現時点の損失を回避したいと感じ、大腸がん検診の受診を申し込んだと考えられる。

通常のヘルスプロモーションで用いられるフレーミング効果を狙った損失フレーム・メッセージは、対象者に対して「放置すると病気になる」というような将来的な損失を伝えることで説得しようというものが多い。しかし、この取り組みでは、対象者に対して、現時点に近い短期的な損失を具体的に提示することで、意思決定と行動変容を導いている。このことは、健康行動の行動変容において、損失フレームを用いたフレーミング効果をより具体的に設計する際の大きな示唆を得るものであると考えられる。特に、行動変容のターゲットとなる対象にとって何が損失になるかを明らかとし、その内容をメッセージのフレームに用いることで行動変容のためのコミュニケーションを具体的に設計することが可能となる。望ましい健康行動が明らかな場合は、このような損失回避のためのフレームを細かく組み合わせ、その健康行動を「ナッジ」し続けることで、維持や継続的な変容に用いることができるのではないかと考えられる。

（福吉潤）

3 乳がん検診受診の行動変容：行動変容モデル・ナッジ・フレーミング効果

乳がん検診の普及啓発運動である「ピンクリボンキャンペーン」を含む様々な取り組みによって、乳がんや乳がん検診自体の認識は非常に高くなっていたが、日本における実際の検診受診率は2007年の時点で20・3％であり、イギリス73・8％、アメリカ51・0％、韓国45・8％と比較するととても低かった。(9) そこで、2008年に定められたがん対策基本計画においては目標となる受診率が50％と設定され、それを受けた厚生労働省の研究班(10)が、行動変容の理論とフレーミング効果を応用した、乳がん検診の受診率向上のための研究を行った。

乳がん検診受診行動の行動変容のための介入研究

まず、われわれの研究グループでは、行動変容の理論であるトランスセオレティカル・モデル理論を用い、乳がん検診の対象者の心理・行動特性を把握するためのインタビュー調査と質問紙調査を行った。その結果、「乳がん検診に行くつもり」という目標の有無に関する目標意図と、「いつどこで検診を受けるか計画がある」という乳がん検診を受診するための具体的な計画に関する意図である実行意図、[11]さらにがん罹患への恐怖・不安（Cancer worry）が関係し、[12]この3つの要因を組み合わせることで、乳がん検診の対象者を5つのセグメントに分割できることが明らかにされた。第一は、すでに乳がん検診の継続受診者であるセグメントである。第二は、すでにいつ、どこに検診を受けに行くかを決めている実行意図ありのセグメントである。第三は、「がん検診に行くつもりである（目標意図あり）が、具体的にいつ、どこへ行くかは決めていない（実行意図なし）」というセグメントである。第四は、「がん検診に行くつもりはない（計画意図なし）。なぜならがん罹患が心配であり、それが見つかるのが怖い（がん罹患への恐怖・不安が高い）」と思っているセグメントである。第五は、「がん検診に行くつもりはない（計画意図なし）。なぜならがん罹患について全く心配していない（がん罹患への恐怖・不安が低い）」と思っているセグメントである。同じ対象の追跡調査の結果、これらのセグメントの違いにより、1年後の実際の乳がん検診の受診率が異なり、先のセグメントの順番で受診率が下がっていくことがわかった。[13]

乳がん検診の受診率を上げるためには、異なる心理・行動特性のセグメントに対して、異なる働きかけが必要になると考えられる。そこで、セグメントごとに、それぞれの特徴を踏まえて作成した、乳がん検診の受診を呼びかける（受診勧奨）異なるメッセージを送り分け、受診率の比較を行う地域介入研究を実施した。[14] この地域介入研究は、ある都市部の自治体で行われ、過去2年間の乳がん検診受診経験のない51〜59歳（55歳を除く）の1859名の女性を対象として、過去2年以内に受診経験のある継続受診者のセグメントは介入の対象としなかった。すでに乳がん検診を受診する可能性が高く介入の必要性の低い実行意図ありのセグメントと実行意図なし・計画意図ありのセグメントは統合しセグメントAとした。計画意図なし・がん罹患への恐怖・不安が高いセグメントをセグメントBとし、計画意図なし・がん罹患への恐怖・不安が低いセグメントをセグメントCとした。セグメントA・B・Cのそれぞれに対して、3種類の異なる乳がん検診の受診勧奨のためのメッセージを含むリーフレットを作成した（図5-2）。

メッセージの作成は、形成的調査と呼ばれるソーシャルマーケティングの手法を用いた。あらかじめセグメントごとに抽出した対象者にインタビューを行い、メッセージに対する反応を確認しながら効果的と考えられるメッセージを開発していった。

セグメントAに対するリーフレットは、がん検診の受診の手順のフローや連絡先を明記し、**実行意図**が高まるような内容とした。セグメントBに対するリーフレットは、「日本人女性の20人に1人が乳がんになる」という罹患可能性を示しつつ、「乳がんは早期のうちに発見して治療をすれば90％治る」という乳がん検診を受けることによる利得を伝える**利得フレーム・メッセージ**とした。

図5-2 乳がん検診受診率向上のための介入研究結果

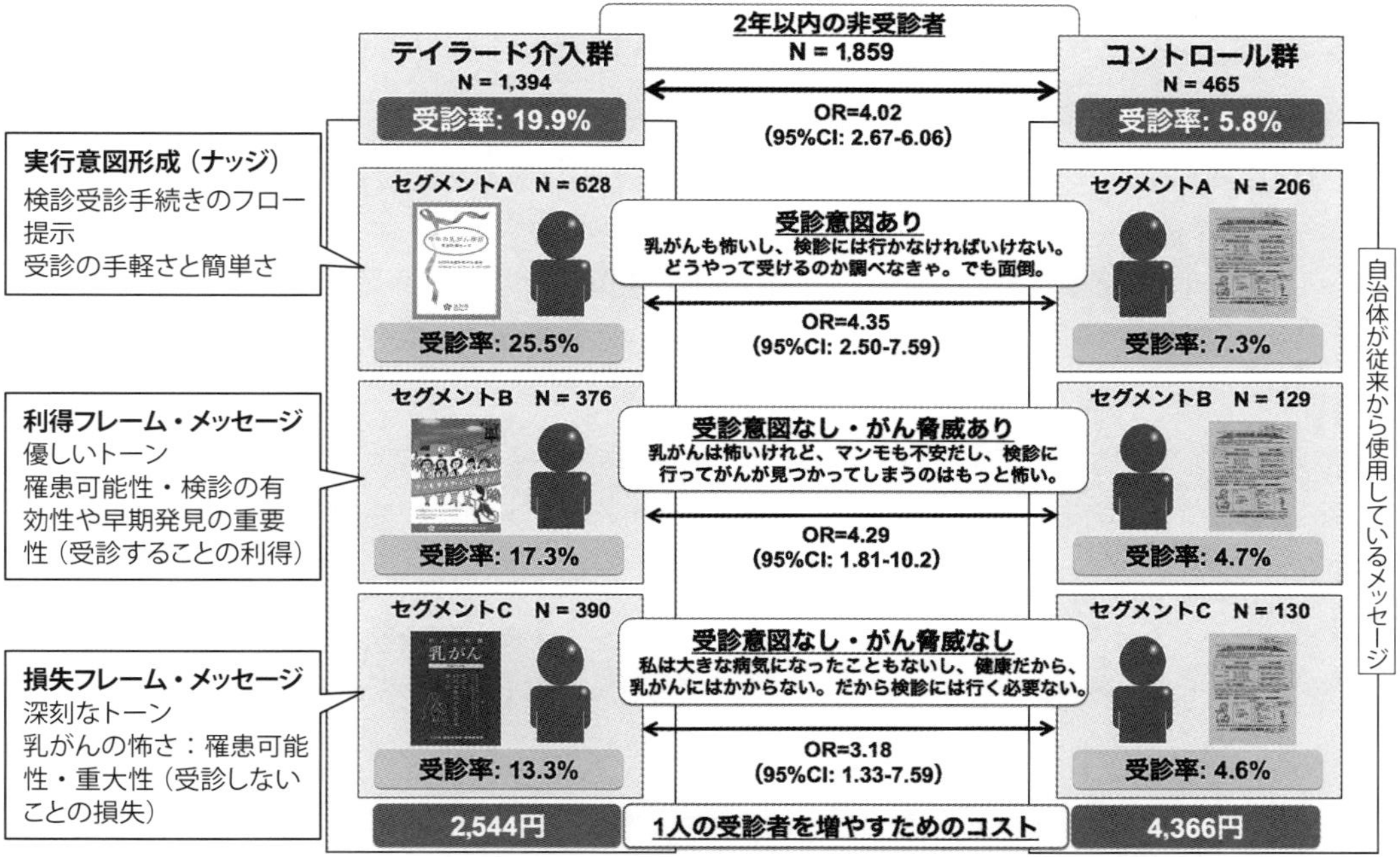

セグメントCに対するリーフレットは、セグメントBと同様に乳がんへの罹患可能性を示しつつ、「発見が遅れ、手遅れになることもあるため、毎年1万人以上の日本人女性が乳がんで命を落としている」という乳がん検診を受けないことによる損失を伝える**損失フレーム・メッセージ**を用い、さらに濃い青色でレントゲン写真を使用することで深刻さを強調するデザインのリーフレットとした。ポジティブフレームとネガティブフレームは、第2章にあるプロスペクト理論におけるフレーミング効果を期待したものである。

実際にこの3種類のメッセージをそれぞれ対応するセグメントA・B・Cに送付したテイラード介入群と、研究対象地域で従来用いられていたコントロールメッセージを同じくセグメントA・B・Cに送付したコントロール群のその年度中の乳がん検診の受診率を比較した。その結果、テイラード介入群（19・9％）の方がコントロール群（5・8％）に比べて受診率が有意に高いことが明らかになった[15]（図5−2）。

実行意図の形成による「ナッジ」

この介入研究で行ったことを行動経済学の概念を用いて整理してみる。まず、セグメントAは、乳がん検診の重要性をすでに理解しているが、受診に対する煩わしさを感じていた。そのため、このセグメントに対しては、がんに対する罹患可能性と重大性、がん検診を受けることでの便益に関する情報は最小限としつつ、「実行意図」の形成につながるように検査手順のフロー図式化と連絡先を明記する内容のリーフレットを作成した。これは、がん検診の受診の申し込みをするという行動をデフォルトとして設定し、それが選択しやすいように提示する情報を整理し示したナッジの応用であると言える。

今回のリーフレットでは、自分が利用可能な検診機関を記入する欄を設けたが、おそらく実際に使用した人は少ないと思われる。しかし、どのような手順でがん検診を受けるかについてリーフレットの情報を整理し、強調したことは実行意図の形成に貢献したと考えられる。

また、このセグメントAの人たちは、「今年こそは乳がん検診に行こうと思っていたが、結局行かなかった」という第2章に示された現在バイアスの高い人たちであると考えることができる。現在バイアスをもつ人を導くには、コミットメント手段が有効であるとされているが、実行意図形成を目的とした情報提供の設計も対象者のコミットメントを高める手段であると言える。この地域介入研究では、リーフレットのデザインによりそれを実現しようとしたが、webとの連動やスマートフォンを用いた情報提供などコミットメントを高めることができるより効果的な方法を考えることも可能なのではないかと考えられる。

フレーミング効果と参照点

この介入研究では、フレーミング効果を狙って、がん罹患への恐怖・不安が高いセグメントBに対して、「乳がんは早期のうちに発見して治療をすれば90%治る」という乳がん検診を受けることによる利得を伝える**利得フレーム**を、がん罹患への恐怖・不安が低いセグメントCに対して、「(検診を受けないことで)毎年1万人以上の日本人女性が乳がんで命を落としている」という乳がん検診を受けないことによる損失を伝える**損失フレーム**を用いた。

この中で、がん罹患への恐怖・不安の高さの違いは、それぞれのセグメントで、価値の基準となる参照点が異なることに対応していると考えられる(図5-3)。セグメントBは、「自分はひょっとしたらがんに罹患するかもしれない」というネガティブな状況を参照点としており、乳がん検診を受けないことでがん罹患の可能性に直面せずにいられるということを利得として捉えていたと考えられる。そこで、乳がん検診を受けることで利得が生じることを示す必要があった。このセグメントに対して、セグメントCで用いたような損失フレームを用いると、がんに対する恐怖心を高めるようなよりネガティブな感情を生じさせる可能性があり、その使用はできるだけ避けた方がよいと考えられる。

一方で、セグメントCは、「自分は健康であり、病気になるはずはない」というポジティブな状態を参照点としており、乳がん検診を受けることを利得でなく、現在の生活に新たなコスト(検診を受けるための時間や費用等)を生じさせる損失の対象と捉えていたと考えられる。そのため、「日本人女性の20人に1人が乳がんになる」という乳がんの罹患リスクをはっきりと伝えることで、「自分は健康であり、病気になるはずはない」という参照点を「自分はひょっとしたらがんに罹患しているかもしれない」に転換することを期待したメッセージを入れた。それに加えて「発見が

図5-3　乳がん検診受診におけるフレーミング効果

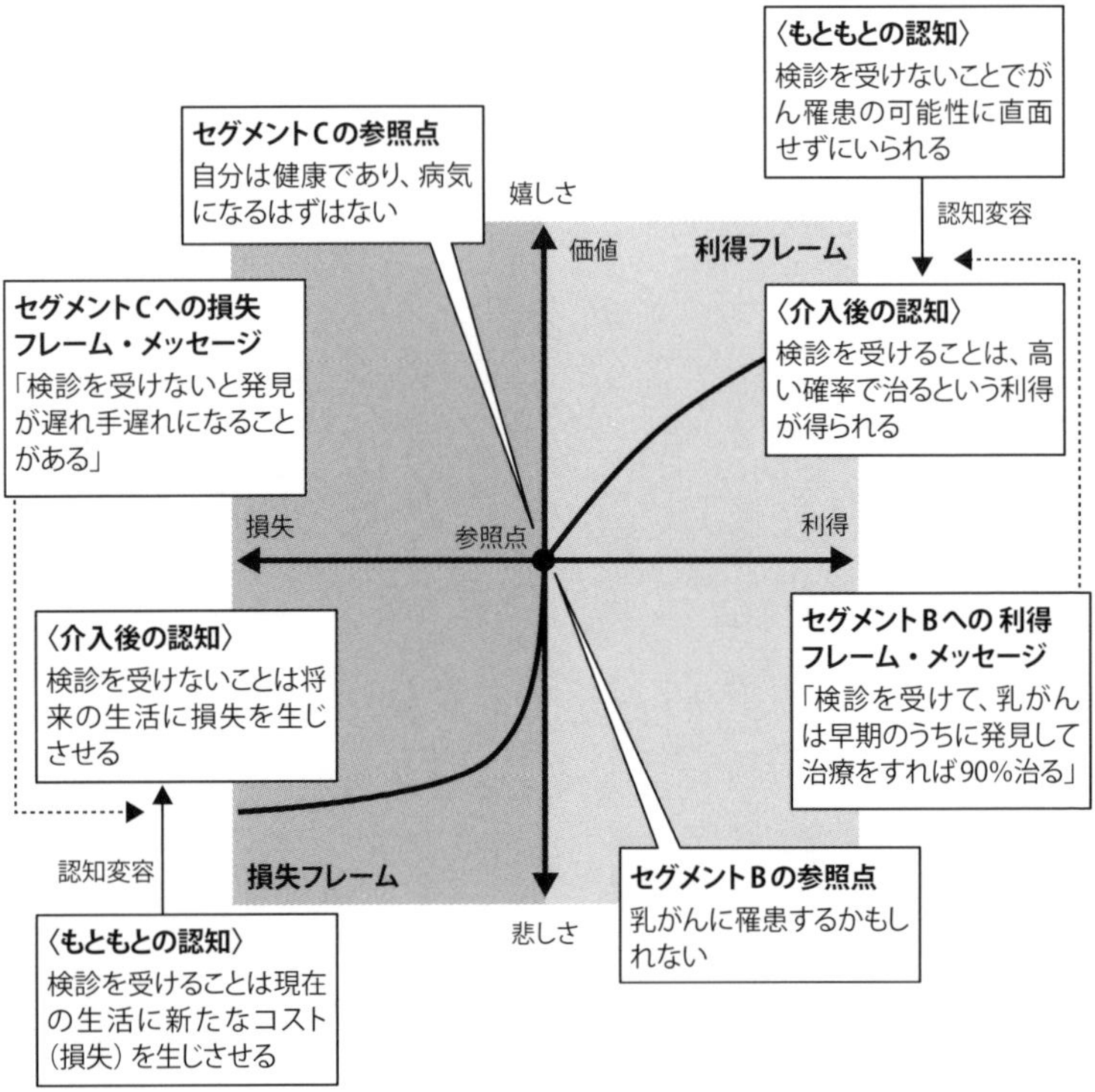

遅れ、手遅れになることもあるため、毎年1万人以上の日本人女性が 乳がんで命を落としている」という乳がん検診を受けないことで生じる損失をダイレクトに伝えたのである。しかし、実際の介入の結果でもこのセグメントCの受診率が最も低かったことから、1つのメッセージだけで、自らの罹患リスクを自覚し、検診を受けないことで生じる長期的な損失を認識することは難しかったのではないかと考えられる。セグメントCのような人たちに対しては、より大きくそのリスクを認識してもらうために、「20人に1人が乳がんになる」としていた罹患リスクの示し方を、例えば、人口10万人の都市に住む人を対象とする場合には、「あなたの住む町では、5000人が乳がんになる」というような罹患リスクを示すというメッセージの方が効果的かもしれない。また、実用可能性は低いが、「この機会を逃すともうがん検診を受けることはできません」のような短期的な損失を明確に示すようなメッセージが効果的かもしれない。いずれも今後の行動経済学的研究により、その有効性を確かめていく必要がある。

（平井啓、石川善樹）

4 肝がん予防のための肝炎ウイルス検査：佐賀県肝炎ウイルスキャンペーン

肝がん予防のための肝炎ウイルス治療の受療

肝臓に発生するがんである肝がんには、いくつかの種類があるが、主要なものに肝細胞がんがある。肝細胞がんの主な原因は飲酒などの生活習慣ではなく、約8割がウイルス性肝炎である。内訳はC型肝炎ウイルス感染によるC型肝炎が約6割、B型肝炎ウイルス感染によるB型肝炎が約2割である。したがって、肝がんの死亡率を減少させるためには、つぎの3ステップを速やかに進めることが必要である。第一に、肝炎ウイルスの感染を調べる検査として血液検査である肝炎ウイルス検査を「受検」する。第二に、検査が陽性でウイルス感染が疑われれば、精密検査を「受診」する。第三に、そこで感染が確認されれば、抗ウイルス薬による抗ウイルス治療を「受療」する。[16] 特に肝がんの原因の最多を占めるC型肝炎は、血液の接触が少ない一般的な生活である場合、日常生活においての感染リスクは激減している。検査と精密検査の2つのステップで感染が確認された場合、C型肝炎は治療薬の劇的な進歩によって副作用が比較的少ない飲み薬のみの2〜3か月の治療期間で、95%以上の可能性で体内からウイルス排除ができるようになっている。したがって、地域における公衆衛生学的な対策として、この3つのステップを確実に進めるようにすることがC型肝炎からの肝がんを減らすうえで重要である。

図5-4 メディアミックスと多職種協働の情報発信による肝炎ウイルス検査の受検者の増加

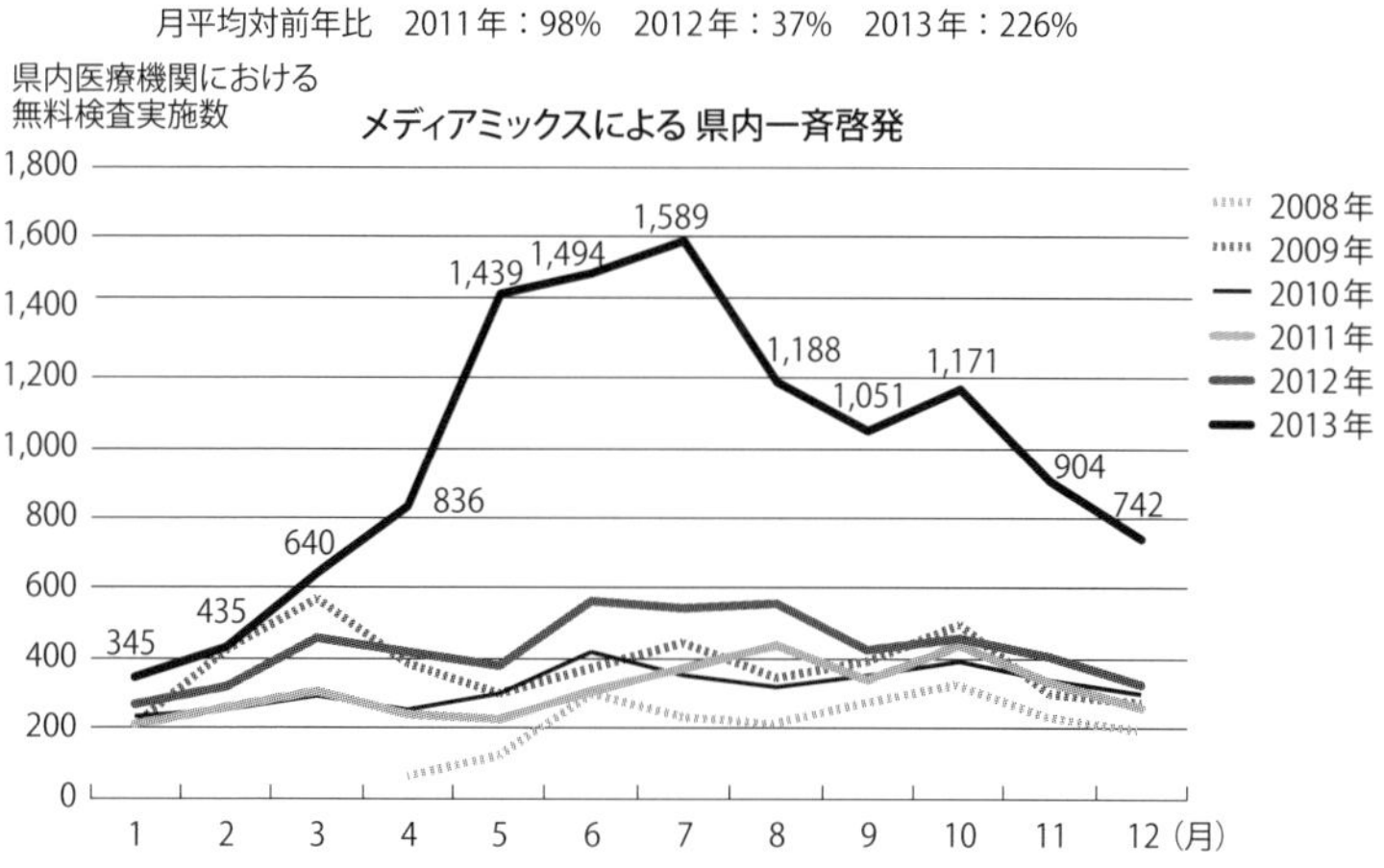

（出所）佐賀県健康増進課.

肝炎ウイルス検査「受検」を地域で促進

佐賀県は肝がん死亡率が全国でも高い県であり、死亡率のワースト1位が2017年時点で18年連続であるため、これまでも様々な対策が講じられてきた。例えば、本県では全国に先駆け1990年から佐賀県肝疾患検診事業が開始されてきた。それにもかかわらず、肝炎ウイルス検査受検率は県民の50％程度で、特に40～50代の働く世代の受検率の低迷が問題であった。そこで2013年から県が中心となって、県全体で集中して民間企業やメディアを含む多職種協働による啓発活動を行った。具体的には、無関心な県民にも関心をもってもらうように、地元のタレントを起用した広報を行ってきた。事前調査によって明らかとなった効果的なメッセージの発信、「自分ごと化」しやすいように地元の農業や漁業従事者や地元企業などの出演協力のもとで方言を用いた親近感のある内容のTVコマーシャル6種類の放映、県内5000か所で作成したポスター掲示、様々な場所やイベントでの講演による啓発などを行った。その結果、2013年には肝炎ウイルス検査受検率が上昇し、前年度と比べ肝炎ウイルスの無料検査の受検者数は大幅に増加した[17]（図5－4）。

これらの取り組みから、実際の受検では、採血検査に対する受検者のハードルが高いというわけではなく、受検行動の「ナッジ」となるような情報を対象者にとってできるだけ身近となるように複数の手段を使って広く発信し、その地域での社会規範を形成させたことが重要であったと考えられる。

陽性指摘後の精密検査「受診」促進

2015年における佐賀県の無料検査において、新たに医療機関検査と職域検査では88名のHCV（C型肝炎ウイルス）抗体陽性が指摘された。そのうち精密検査を受診したのは、45・5％（40名）にとどまり、陽性指摘後の精密検査の受診率の向上が重要な課題であることが判明した[18]。その原因を明らかにするために、県が把握するHCV抗体陽性者801名に対してアンケート調査を実施した。その結果、精密検査の受診率を引き上げるためには、C型肝炎ウイルスの感染に対する重大性の認識を陽性者がもつこと、家族や周囲の医療者から受診勧奨がなされることが必要だということが判明した。

より具体的に、アンケートで判明したのは、つぎの5点である。第一に、陽性者の89％は自分がC型肝炎ウイルスに感染していることを認知していたが、8％は感染していることを覚えていなかった。第二に、精密検査の受診があると回答した603名のうちの62％は、家族や周囲の医療者から「症状がなくても精密検査の受診が必要である」ことを伝えられており、周囲からの何らかの受診勧奨があったことが推定された。第三に、精密検査受診がない56名では周囲からの勧奨があったことを覚えているのは36％にとどまった。第四に、精密検査受診の動機としては「結果を知りたい」という関心と治療が必要な疾患であることの理解や精密検査の内容の理解などが見られた。第五に、精密検査受診後に継続受診ができていないものでは、医師に「通院しなくてよい」または「経過観察」と言われたものが半数以上を占め、次いで「症状がない」などといったC型肝炎ウイルスの感染に対する重大性の認知が少なかった。

抗ウイルス治療「受療」促進

精密検査受診後の抗ウイルス治療の受療のための促進因子と阻害因子を明らかにするために、佐賀県が把握する抗ウイルス治療費助成受給者と未受給者に対するアンケート調査を実施した。その結果、未受療者は受療者と比較して仕事を休めないことに対する不安をもっている陽性者、肝炎ウイルスは自然に排除されると認識している陽性者や、治療費助成制度を利用すれば治療費が少なくて済むということを理解していない陽性者が存在することが判明した。(19)

医療者側のアプローチのうち、受療者の治療に対する意思決定に影響を及ぼしたものも明らかになった。受療者は未受療者と比較して治療に関して医療者から口頭の説明だけではなく、リーフレットなどの説明資材を用いてわかりやすく説明を受けていた。また、陽性と指摘された最初のタイミングで説明を受けることが重要であった。[20]

また、精密検査の受診や抗ウイルス治療の受療にはC型肝炎ウイルス感染の「重大性」、精密検査や治療の「必要性」、さらにできるだけ速やかに治療を行うべきであるという「緊急性」のいずれにも理解が至った場合に、スムーズに受療に至っていることが、2014年から2017年までのわれわれの調査で明らかにされている。[21]

さらに、インタビュー調査によって、抗ウイルス治療を勧奨する際に用いられる「治療」という キーワードが、一般には違和感を感じ、「治療」よりも「ウイルスを排除する」という説明がわかりやすく、その平易な言い回しとして「ウイルスをたたく」という表現が伝わりやすいことが明らかにされた。その表現が、抗ウイルス治療を受ける意思決定に効果的だと予想されたため、webによる量的調査でその表現の効果検証を行った。[22] それらの要素や、行動変容に影響を与えた説明内容や表現方法を盛り込みリーフレット（図5-5）を作成した。そして、そのリーフレットの効果検証として、送付した群と送付しなかった群で受療率にどのくらいの影響があったかについて協力自治体においてランダム化比較試験を実施した。その結果、リーフレット未送付群において5・4%の受療率であったのに対し、[22] リーフレットを送付された群では、14・4%まで受療率が高まり（$p<0.05$）、陽性者に対するリーフレットの受療促進効果が確認された（図5-5）。

図5-5　リーフレット送付群は、新規治療薬による治療ハードル低下単独群と比較しても高い受療率を示した

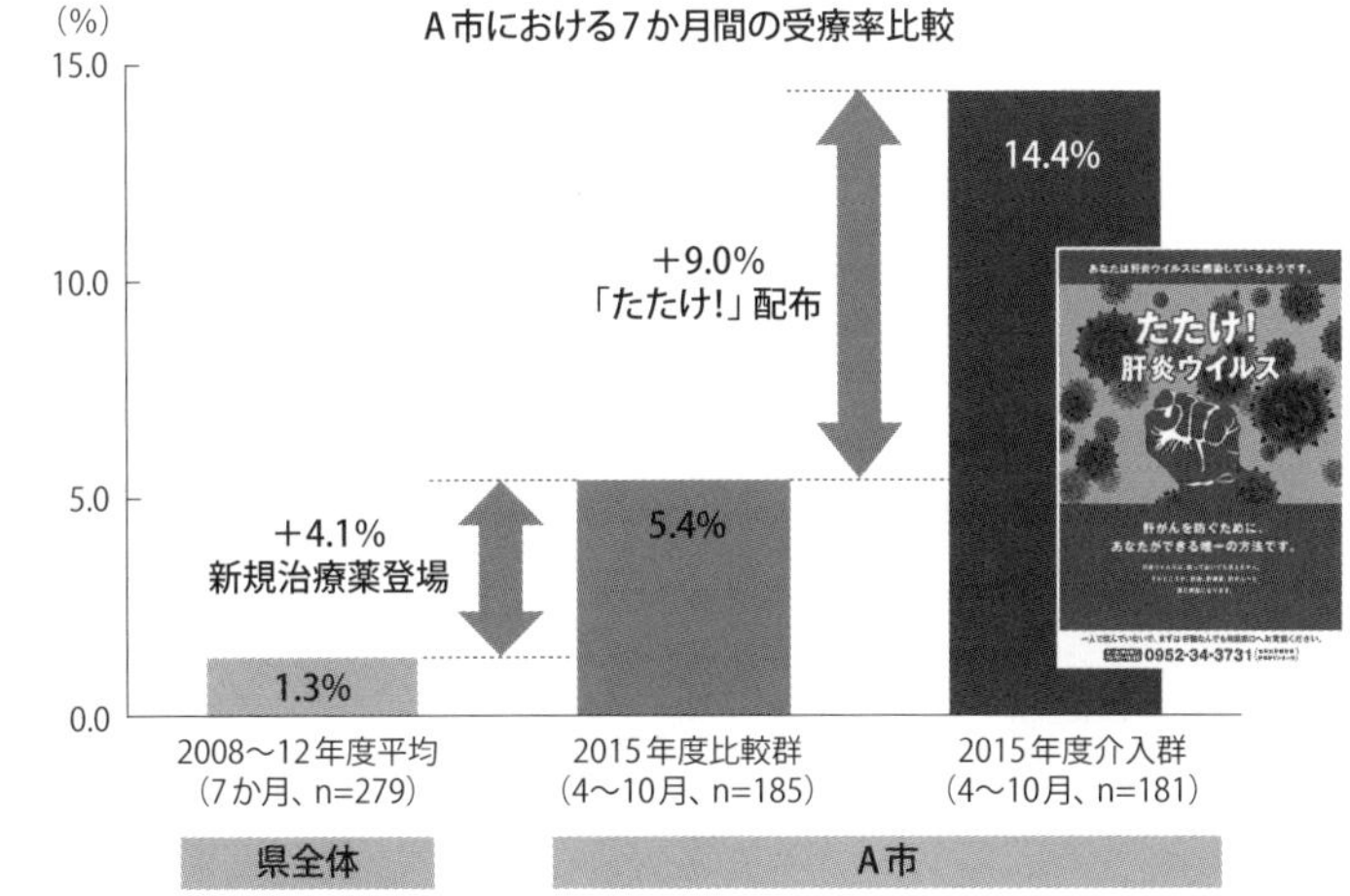

（出所）佐賀県健康増進課，佐賀大学肝疾患センター．

この結果は、ウイルス感染により生じる重大性、すなわち将来の自らの健康に関する損失、その損失を回避するための手段としての精密検査と治療の必要性、早期のウイルス除去が必要であるという緊急性という形で、短期的な損失をC型肝炎ウイルス陽性者に伝えることができたからであると考えられる。この際、損失回避のための手段である抗ウイルス治療の必要性を、単に「治療しましょう」と伝えるのではなく、「今、自らの体にウイルスが存在し、それが自らの将来的な損失を生じさせる存在である」ことを認識させ、「それを取り除くことが自らの利得になる」というフレームで提示することができたことが、普及啓発の効果を高めることに大きく貢献したと考えられる。

抗ウイルス治療受療のためのコミュニケーションの仕組み

C型肝炎ウイルス陽性者が、最終的に肝がん罹患のリスクを取り除くためには、C型肝炎ウイルス検査を「受検」し、陽性であった場合は医療機関を「受診」し、さらに抗ウイルス治療を「受療」する必要があり、この「受検」「受診」「受療」の3つのタイミングでの効果的な普及啓発のコミュニケーションの仕組み（ナッジ）が必要である。その中で対象者に伝えるメッセージには、将来の疾患の罹患リスク、疾患が発症した際の将来の損失、将来的な損失を取り除くための具体的な手段を明確に示し、かつ短期的な損失を提示することが普及啓発の効果をより高めるためには必要であると考えられる。また、これらのメッセージを伝えるためには、陽性者や患者との直接接点となる医療者の効果的な働きかけが重要となる。このような働きを役割とする医療者として、2011年から厚生労働省の推進事業として全国的に肝炎医療コーディネーターの養成と配置が進められ、保健師、看護師、薬剤師をはじめとするコメディカル・事務職員、調剤薬局の薬剤師、検診機関の保健師などがその役割を担っている。このような肝炎医療コーディネーターが、対象者に対して、「受検」「受診」「受療」という理想的な取るべき行動を取れるように、軽く背中を押す（ナッジ）ことが、肝炎医療の促進に大きく貢献できると活躍が期待されている。

（江口有一郎）

5 がん検診受診の行動変容のためのコミュニケーション

本章では、大腸がん、乳がん、肝がんを例に、それぞれのがん罹患の予防のために、がん検診を受診する、ウイルス検査を受検して、治療を受療するという行動について、集団の行動を変容させるために、ナッジ、フレーミング効果といった行動経済学原理を応用し、一つのコミュニケーションの仕組みを構築することが可能であることを示した。

重要であると考えられる共通のポイントは、①ターゲットとなる行動と対象者の行動経済学的特徴を具体的に理解すること、②ターゲットとなる行動と対象者の行動経済学的特徴に合わせたコミュニケーションの仕組みを具体的に設計することである。ターゲットとなる行動を取ることと取らないことにはそれぞれ利得と損失があり、それを具体的にして、さらに対象者は異なる価値観、すなわち先延ばしなどの行動経済学的特性や参照点をもつため、対象者によって損失と利得の内容がどのように異なるかをあらかじめ明らかにしなければならない。そのためには、インタビュー調査などによる詳細な情報収集が必要である。

ターゲットとなる行動と対象者の行動経済学的特徴を具体的に理解することができれば、その情報を用いて、コミュニケーションの仕組みを具体的に設計することを検討する。まずは、ターゲットとなる行動変容において、その変容のきっかけ、すなわち「ナッジ」となる仕組みが構築できないかを詳しく検討することである。本章の大腸がん検診の場合は大腸がん検診への申し込みをデフォルト設定とし、その行動を取らない場合は損失が生じるような、損失回避性を活用したナッジが仕組まれていたり、乳がん検診の場合は、具体的な手順を考えられるように実行意図の形成を意図したフロー図を使用した、コミットメントを活用したナッジが仕組まれていたり、肝がん予防の場合は、マス・コミュニケーションを用い、対象地域でウイルス検査の受検がデフォルトであることを社会規範としつつ、職場などで身近な人から受検・受診が勧奨されるように地域全体でのコミュニケーションの仕組みが構築されていたりした。

また、ターゲットとなる行動を取ることと取らないこと、それぞれに利得と損失が明らかであれば、その内容を用いたフレーミング効果を意図したメッセージを使用した介入を仕組みに組み込むことが可能である。その際、大腸がん検診における損失フレームやC型肝炎のウイルス治療受療のためのメッセージのように、対象者の特徴を明確化できれば共通のフレームを設定してメッセージを作成することが可能である。さらに、乳がん検診のところで示したように、可能な範囲で対象者をセグメントに分けて、それぞれのセグメントに応じて異なるメッセージを用いることも効果的である。

（平井啓）

第6章

なぜ子宮頸がんの予防行動が進まないのか

【本章のポイント】

- ＨＰＶワクチン接種や子宮頸がん検診が進まない理由として利用可能性ヒューリスティックが考えられる。
- みんながワクチンを接種するまで接種を控える傾向は同調効果などで説明できる。
- 判断基準とする参照点が現在の健康状態から子宮頸がん罹患の重大性に変われば、人々の予防行動が進む可能性がある。

〈ある産婦人科クリニックでの会話〉

産婦人科医師「子宮頸がんが若い女性で急増しているのですが、その原因となるHPV（ヒト・パピローマウイルス）というウイルスの感染を予防できるワクチンがあるんです。小学6年生から高校1年生までが定期接種の対象になっていますが、お嬢さんは接種されましたか？」

中学生の娘をもつ女性患者「そのワクチンって、副反応がすごく出るそうですね。テレビで何度も放送されているのを見ました。怖くて娘には接種させられません。そもそも子宮頸がんってあまり聞かないですし、娘も罹らないと思います。だから検診も特に勧めるつもりはありません。乳がんはよく聞くし、怖いから、娘にも大人になったらしっかり検診に行くように話をしています。」

産婦人科医師「……。」

これは、ある産婦人科クリニックを受診した女性が担当医と交わしている会話である。乳がんについては心配をしており、検診の大切さも理解しているようであるが、子宮頸がんについてはあまり心配していない。検診の大切さの認識が乏しく、特に子宮頸がんを予防できるHPVワクチンについては、副反応に関する情報をメディアで得て、娘には接種させないでおこうと考えている。どうして子宮頸がん検診の重要性の認識が低く、また、どうして定期接種に位置付けられているＨＰＶワクチンが接種されないのか、この章では、その意思決定のメカニズムを考えてみる。それには、まず、子宮頸がんがどのようにして発生し、ＨＰＶワクチンや検診がその予防にどのように関係しているのか、現在何が問題になっているのかを解説する必要がある。

1 子宮頸がんとＨＰＶ

子宮頸がんの多くは、性交渉によってＨＰＶが子宮頸部細胞に感染することをきっかけに発生する。[1] ＨＰＶには多くの型があり、現在１００以上の型が知られている。特に悪性度が高いＨＰＶ－16・18型が子宮頸がん症例で検出される割合は海外の報告では約70％、[2] 日本では約60％である。[3]

子宮頸がんは日本においては子宮頸がん検診の導入により減少していたものの、近年、増加に転じた。国立がん研究センターの調査によれば、特に20代・30代での増加が著しい。子宮頸がんによる死亡率も増加傾向となっている。最近のデータでは、全国で1年間に新たに約１万人が子宮頸がんと診断され、約２８００人が子宮頸がんで死亡している。[4]

図6-1　若年女性の子宮頸がん罹患率・死亡率が上昇

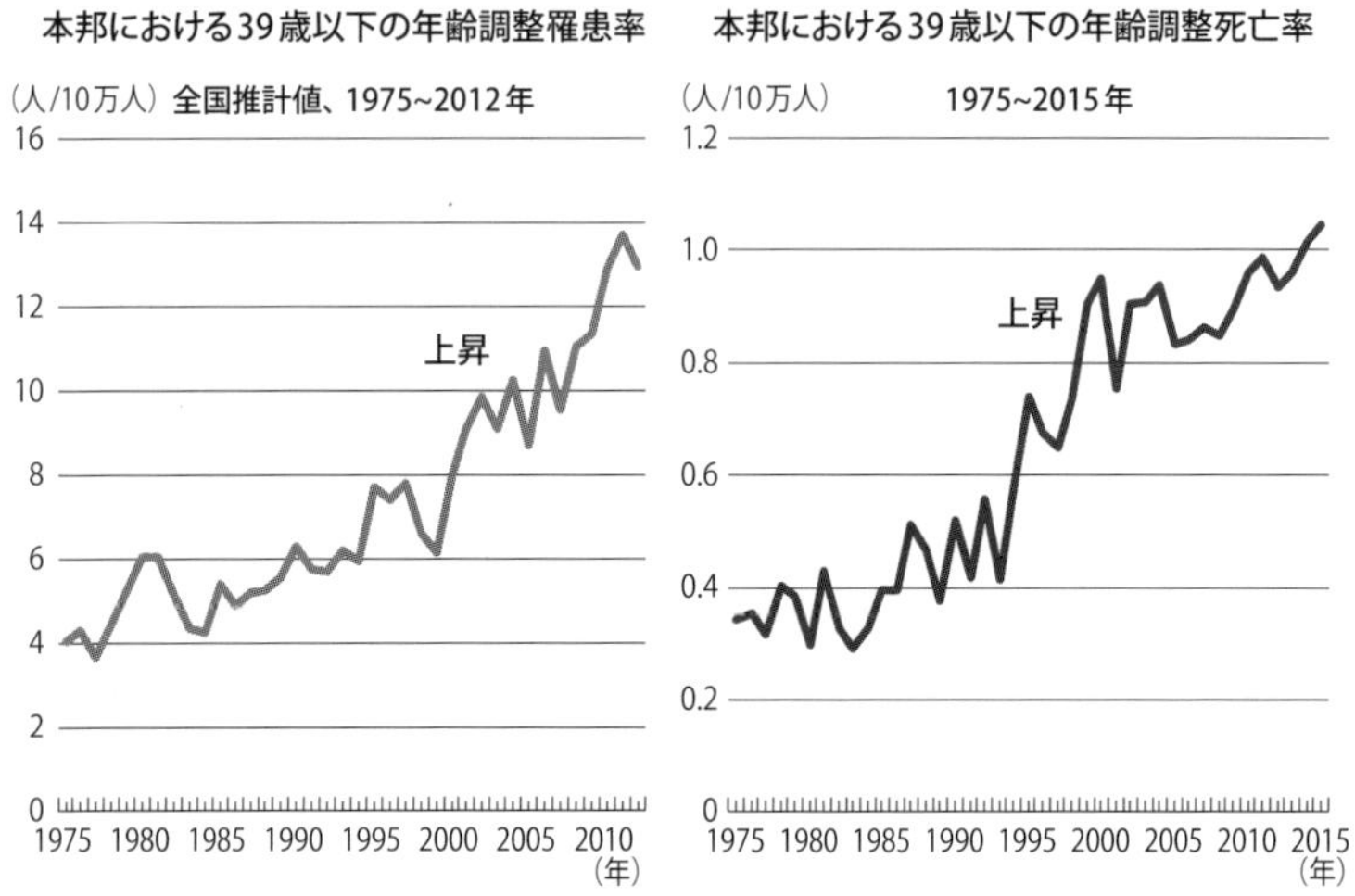

（出所）http://ganjoho.jp/professional/statistics/statistics.html

2 子宮頸がんの予防

子宮頸がんはＨＰＶの初感染から時間をかけて進展する。すなわちＨＰＶが持続感染し、前がん病変を経て浸潤がん（いわゆる子宮頸がん）に進展するには通常数年以上を要する。子宮頸がん検診は、浸潤がんに至る前に前がん病変の状態で発見して治療を行うことで浸潤がんの発生を予防するものである。一方、ＨＰＶワクチンはＨＰＶ感染自体を予防することで、前がん病変の発生をも予防するものである。現在日本で接種可能なＨＰＶワクチンは２価ワクチン（サーバリックス）と４価ワクチン（ガーダシル）である。前者は

図6-2　子宮頸がんの発生とその予防

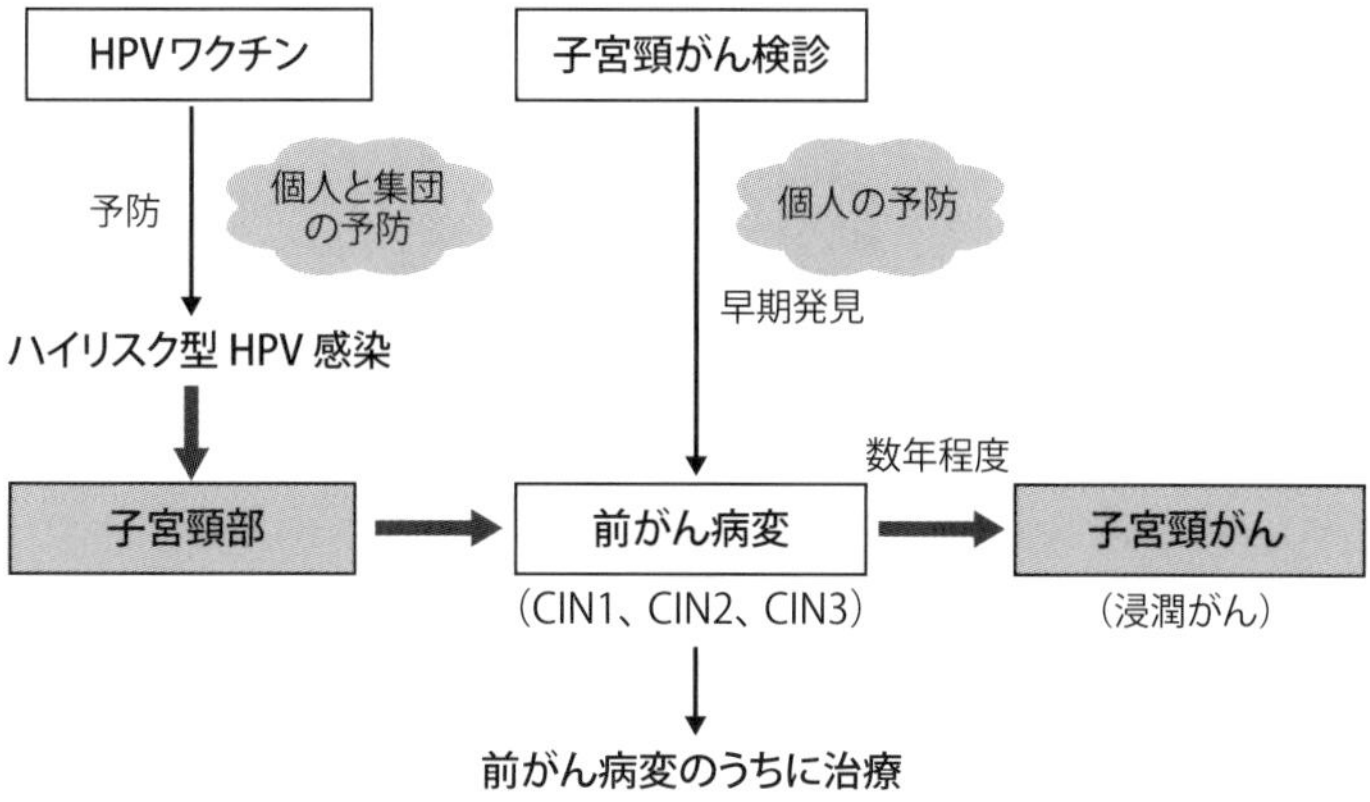

HPV－16・18型の2つの型の感染を予防でき、後者はHPV－6・11・16・18型の4つの型の感染を予防するものである。HPV－6・11型は一般にはがんの発生には関与しないが、前述のように、HPV－16・18型が子宮頸がん症例で検出される割合が日本では約60％であることから、日本でのHPVワクチンによる子宮頸がん減少効果は約60％と考えられている。

日本では子宮頸がん罹患層が若年化し、かつその頻度が増加している。女性の晩婚化・晩産化と相まって、結婚・妊娠・分娩前に子宮頸がんに罹患することも稀ではなくなってきている。一般にごく早期の場合を除き、子宮頸がんと診断されると、子宮全摘術や放射線療法により妊娠が不可能となる。子宮頸部の一部のみの切除（円錐切除術）によって子宮の温存が図れた場合でも、早産率が統計的に有意に上昇することが知られている。

子宮頸がんはワクチンと検診でそのほとんどが予防できる。すなわち、HPVワクチンによりHPV－16・18型が原因の子宮頸がんは予防できることから、子宮頸がんの発生自体が約6割減少し、このワクチンでは予防できない型のHPV感染がおこった場合も、子宮頸がん検診を継続的に受診することで、そのほとんどを前がん病変のうちに診断・治療でき、子宮頸がんへの進展は防げるはずである。

3 日本における子宮頸がん検診問題

日本では子宮頸がん検診の受診率は欧米各国と比べて非常に低い。特に20代前半の女性の受診率は10％内外である。子宮頸がんは他のがんに比して若くして罹患する人が多いため、20代から検診を受ける必要がある。しかし、一般にがんは中高年で罹患することが多いため、20代の女性が自分が子宮頸がんに罹患するということを想像しにくい。鎮痛剤のテレビコマーシャルで、月経痛（生理痛）を起こす子宮筋腫や子宮内膜症といった病気を想像して産婦人科の受診を考えることがあっても、子宮頸がん検診の受診を想起させるような情報に接することは少ないだろう。

同じ女性特有のがんである乳がんはよくメディアで取り上げられ、著名人の罹患が報道されるたびに検診受診者が殺到するらしい。あまりメディアで取り上げられることのない子宮頸がんについては、検診と聞いても特に重要という認識に至るような過去の情報は持ち合わせず、**利用可能性ヒューリスティック**により、疾患の重篤さや検診の重要性が低く見積もられてしまうものと考えられる。また、検診受診率が低いために、周りに受診した者も少なく、みんなも受診しているからという**同調効果**で受診が促進されることも少ないのであろう。

4 日本におけるHPVワクチン問題

日本では、HPVワクチンは2010年度にワクチン接種緊急促進事業として国および地方自治体による公費助成が開始され、中学1年生から高校1年生（相当年齢）を対象として低額での接種が可能となった。学校での接種ではなかったにもかかわらず全国的に高い接種率で、1994～1999年度生まれの女子はその約7割が接種を行った。2013年4月には小学6年生から高校1年生（相当年齢）を対象とした定期接種となったが、HPVワクチン接種後に発生した多様な症状が繰り返しメディアで報道された。いわゆる副反応報道である。そして同年6月、厚生労働省はHPVワクチンの「積極的な接種勧奨の差し控え」を発表した。この後、HPVワクチンの接種率は劇的に減少し、ほぼ停止状態となり、この状態が現在（2018年4月執筆時）も継続されている。12・13歳の男女を接種対象とし、その約75%が3回接種を完了しているオーストラリアとは対照的である。

ＨＰＶワクチンの安全性・有効性は世界で広く認められており、ＷＨＯ（世界保健機関）の諮問委員会は、日本における積極的勧奨一時中止の継続を弱い根拠に基づく政策決定と指摘し、有効で安全なワクチンが使われないことで、子宮頸がんの増加という真の害につながり得るとの非難の声明を発出している。[5] また、世界的な学術誌にもＨＰＶワクチンを支持する論説が発表されている。[6] しかし、こういった情報がメディアで取り上げられることはほとんどない。

厚生労働省の部会・審議会資料等によると、接種延べ回数（推計）８８９・８万回において、医師が重篤な症状（疑い）として報告した症例の頻度はサーバリックスとガーダシルのいずれも０・００７%程度で、10万接種あたり7件程度であった[7]（接種人数単位では10万人あたり52・5人）。[8] 厚生科学審議会では、接種の痛みを契機に痛みの悪循環（破局的思考）が起こり、痛みや緊張、恐怖、不安等が身体の不調として表出する、いわゆる心身の反応（機能性身体症状）がその発生のメカニズムとして提唱された。

厚生労働省の「慢性の痛み診療・教育の基盤となるシステム構築に関する研究」の研究班資料によると、慢性痛と心理社会的要因は相互に作用していることから、慢性痛の原因（身体）に対する治療に加え、原因にこだわらず、物事の受け取り方や考え方である「認知」に働きかけて物事の捉え方を改善し、身体づくりを行っていくことを目指した認知行動療法的アプローチにて、約

7割の人に症状の改善がみられている。[9]

また、厚生労働省の指定研究である「子宮頸がんワクチンの有効性と安全性の評価に関する疫学研究」（いわゆる祖父江班研究）の一環として行われた「全国疫学調査」においては、HPVワクチンを接種していない女子においても、接種後に報告されている症状と同様の多様な症状を呈する者が一定数存在することが明らかにされた。すなわち、多様な症状が必ずしもHPVワクチン接種者に固有のものではないことが示された。[10] さらに最近、名古屋市の「子宮頸がん予防接種調査」の結果が名古屋市立大学の研究者によって論文発表された。それによると、調査対象の24種類の多様な症状の発生頻度は、接種者と非接種者で統計的に有意な差が検出されなかったのである。[11]

一方、HPVワクチンの有効性を示す国内のデータも次々に発表されている。日本医療研究開発機構「革新的がん医療実用化研究事業」等として新潟県において実施中のNIIGATA STUDYの中間解析において、20～22歳におけるHPV‐16・18型の感染は非接種者に比して接種者で有意に低率であり、大阪府で行われているOCEAN STUDYでも同様の結果であった。[12]

前がん病変についても、宮城県における2014～2015年度の20～24歳女性の子宮頸がん検診データの解析において、HPVワクチン接種者の細胞診（子宮頸がん検診）異常率やCIN1以上・2以上という前がん病変の頻度は有意に減少していた。[13] 秋田県の子宮頸がん検診においてもHPVワクチン接種者の細胞診異常率の有意な減少が示されている。[14]

5 HPVワクチンを接種しない意思決定

現在、HPVワクチンの接種はほぼ停止状態である。我々が行った、HPVワクチンの接種者の家族へのインタビュー調査等において、娘への接種は主に母親がその決定をしていることがわかっている。

では、その母親はHPVワクチンに対してどういう認識をもっているのだろうか。これまでに行ったインターネット調査の結果を紹介する。2014年3月にHPVワクチン対象年齢の娘をもつ母親に対して行ったインターネット調査では、接種の開始前あるいは開始後に副反応報道に接した母親600名のうち約8割が重篤な副反応（疑い）の生じた割合を実際より多く見積もっていた。特に、娘への接種を行わなかった、あるいは途中で中断した母親でその傾向が強かった。HPVワクチンの有効性について過小評価している割合は、接種を行わなかった、あるいは途中で中断した母親で有意に多かった。[15]

2015年5月にHPVワクチン対象年齢の娘をもつ母親2060名に対して行ったインターネット調査では、娘の接種に課す条件や接種意向についてたずねた。調査時点での今後の接種意向は12・1％で、厚生労働省が積極的勧奨を再開した場合の接種意向は21・8％であった。また、子宮頸がんに関する情報提供リーフレットを提示すると、接種意向は27・3％にまで有意に上昇

表6-1　娘のHPVワクチン接種に課す条件

条件なく	5 (0.2%)	勧奨再開時に期待される接種率 4% (85/2,060)
勧奨再開したら	80 (3.8%)	
周りや知り合いが接種したら	348 (16.9%)	→自然波及21% (433/2,060)
同世代の多くの子が接種したら	1,046 (50.7%)	接種候補群51% (1,046/2,060)
接種しない・その他	581 (28.2%)	
計	2,060	

（出所）Yagi et al（2016）.

した。

調査時点での今後の接種意向は12・1%であったものの、実際の娘の接種に課す条件として「条件なく」と回答したのは全体の0・2%にすぎなかった。これは現状でのHPVワクチン接種率と同等である。「周りや知り合いが接種したら」という条件を課した母親が16・9%、「同世代の多くの子が接種したら」が50・7%であり、みんなが接種するまで接種しない傾向が見てとれた。特に接種に前向きでない母親ほど「同世代の多くの子が接種したら」という厳しい条件を課す傾向にあった。[16] 負の**同調効果**というべきものかもしれない。

6 娘に接種させられない母親のHPVワクチンに関する認識

HPVワクチンは現在（2018年4月執筆時）も定期接種であり、WHOも日本の現状に懸念を表明し、勧奨再開を求めている。厚生労働省においても引き続き厚生科学審議会にて議論が行われており、今後、積極的勧奨が再開することが予想される。では勧奨が再開されたとして、本邦においてこのワクチンの普及は可能であろうか。

前述の如く、HPVワクチン対象年齢の娘をもつ母親たちは副反応（疑い）を過大に評価し、このワクチンの有効性を過小に評価している。この母親たちに、これまで報告されている重篤な副反応（疑い）が1接種あたり0・007％しかなく、一方、日本でのHPVワクチンによる子宮頸がん減少効果は約60％と考えられていることを伝えたら、それで接種に向かえるのだろうか。HPVワクチン対象年齢の娘をもつ母親に対して行ったインタビュー調査で、重篤な副反応（疑い）の確率0・007％と子宮頸がん予防効果期待値約60％という数字を伝えてみた。ほぼすべての母親は、重篤な副反応（疑い）の確率0・007％は思っていた数字よりかなり少ないとの印象を持ったようであった。しかし、その数字がゼロではないことをかなり重要視し、ゼロでない以上は誰かが必ず副反応（疑い）の症状を呈することになり、自分の娘も接種すればそうなるかもしれないと怖がってしまったのである。正に自動車事故より飛行機事故に怖さを感じるのと同じである。

図6-3　HPVワクチンに関する認識への様々なバイアスの影響

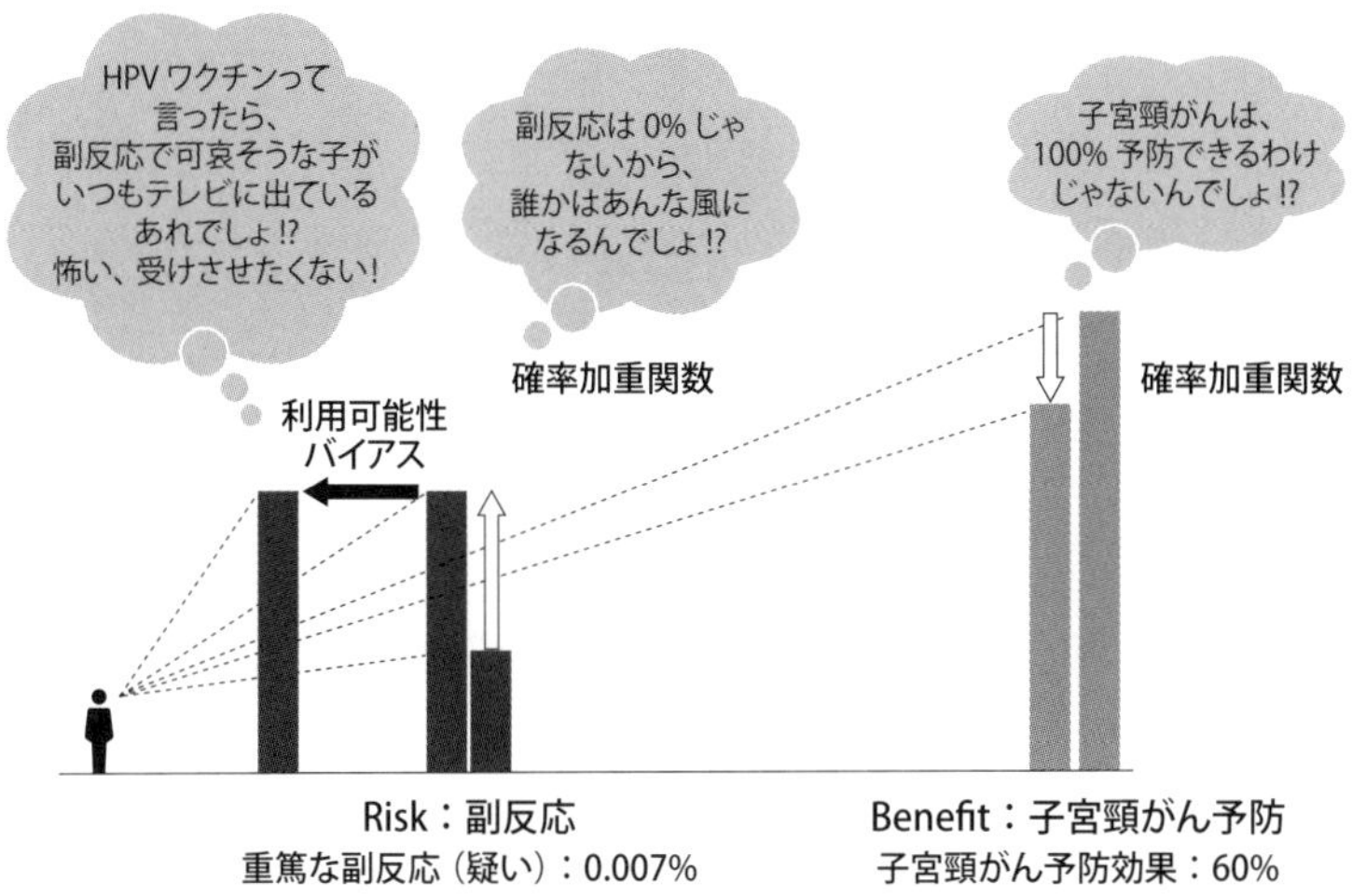

子宮頸がん予防効果期待値約60％という数字については、100％でないことから、接種していても必ず誰かは子宮頸がんに罹患してしまう、自分の娘も接種しても子宮頸がんになるかもしれないと、数字ほどには予防効果を感じられないようであった。これはプロスペクト理論における**確率加重関数**の概念で説明できる。[17] すなわち、確率加重関数の推定結果の多くは、30～40％においては客観的確率と主観的確率はほぼ一致するが、それよりも高い客観的確率の範囲では、主観的確率は客観的確率よりも低くなり、低い客観的確率の範囲では、主観的確率は客観的確率よりも高くなると報告されている。[18]

そこで、重篤な副反応（疑い）に関し、「1接種あたり99・993％の人は接種後も重篤な副反応（疑い）は生じずに暮らしている」という情報を提示してみた。**フレーミング効果**を利用した情報提示の仕方である。同じ事象を説明する場合でも、その伝え方（数字の見せ方）を変えるだけで与える印象が大きく異なってしまう。では、HPVワクチンの重篤な副反応（疑い）についてはどうであったか。確かに一部の人は、我々の予想通りに安心して接種できると回答したが、99・993％が安全と聞くと逆に0・007％はどうなったのか、報道されているような症状を呈したに違いなく、副反応（疑い）のことが心配になると回答した母親が少なからず存在した。副反応（疑い）に関する説明においては、フレーミング効果は通用しなかったことになる。

そして、母親たちが一様に口にしたのが、HPVワクチンと言われると、副反応（疑い）の報道のことしか頭に浮かばない、副反応（疑い）が心配になる、ということであった。日本のメディアでは、子宮頸がんが増加している現状やワクチンの有効性、WHOの声明などが取り上げられたことはほとんどなく、副反応（疑い）が繰り返し報道されていたことを考えると当然の結果と言える。HPVワクチンの接種を考えるにあたって、繰り返し報道された副反応（疑い）の観点でしか判断できない状況に陥っているのである。これは**利用可能性ヒューリスティック**で説明できよう。[19]前述のインターネット調査では実に95・2％の人が、副反応（疑い）に不安を感じると回答している。ワクチンの副反応は接種後の一定期間に起こると考えられるが、予防できずに発症する子宮頸がんは数年～数十年後のことであり、**時間割引率**や**現在バイアスなどの時間選好**も影響しているのかもしれない。娘の近い将来の健康状態を維持できる可能性を重視して、遠い将来の健康状態の悪化を割り引いて評価するのである。娘の子宮頸がん予防は娘自身の子宮頸がん検診受診の意思決定・行動選択により幾分かは軽減できる可能性があるのに比べ、母親自身が娘のＨＰＶワクチン接種を決定して副反応（疑い）が生じた場合に、自身の意思決定を後悔してしまうことを極度に恐れるためとも考えられる。この認識は、我々がＨＰＶワクチン対象年齢の娘をもつ母親に対して行った前述のインタビュー調査でも確認できた。

それらの結果として、母親は娘に接種をさせない意思決定を行っている。すなわち、ＨＰＶワクチンを接種すると、一定程度で副反応（疑い）という損失が避けられないと母親は考える。しかし、接種さえしなければ副反応は１００％免れる。このワクチンの接種の是非の判断は前述の如く、副反応（疑い）の観点でのみ行われるため、その損失が確定することを避けて、子宮頸がん罹患という大きなリスクに直面することを結果的に選んでしまう。すなわち、ＨＰＶワクチンを接種しないという意思決定がなされるのである。

7 ＨＰＶワクチン接種に関する意識変容は可能か

では、どうすれば**確率加重関数**と**利用可能性ヒューリスティック**に基づいて行われる、ＨＰＶワクチンを接種しないという意思決定を変えさせることができるのか。現状での母親たちの意思

図6-4　損失局面におけるリスク愛好的選択

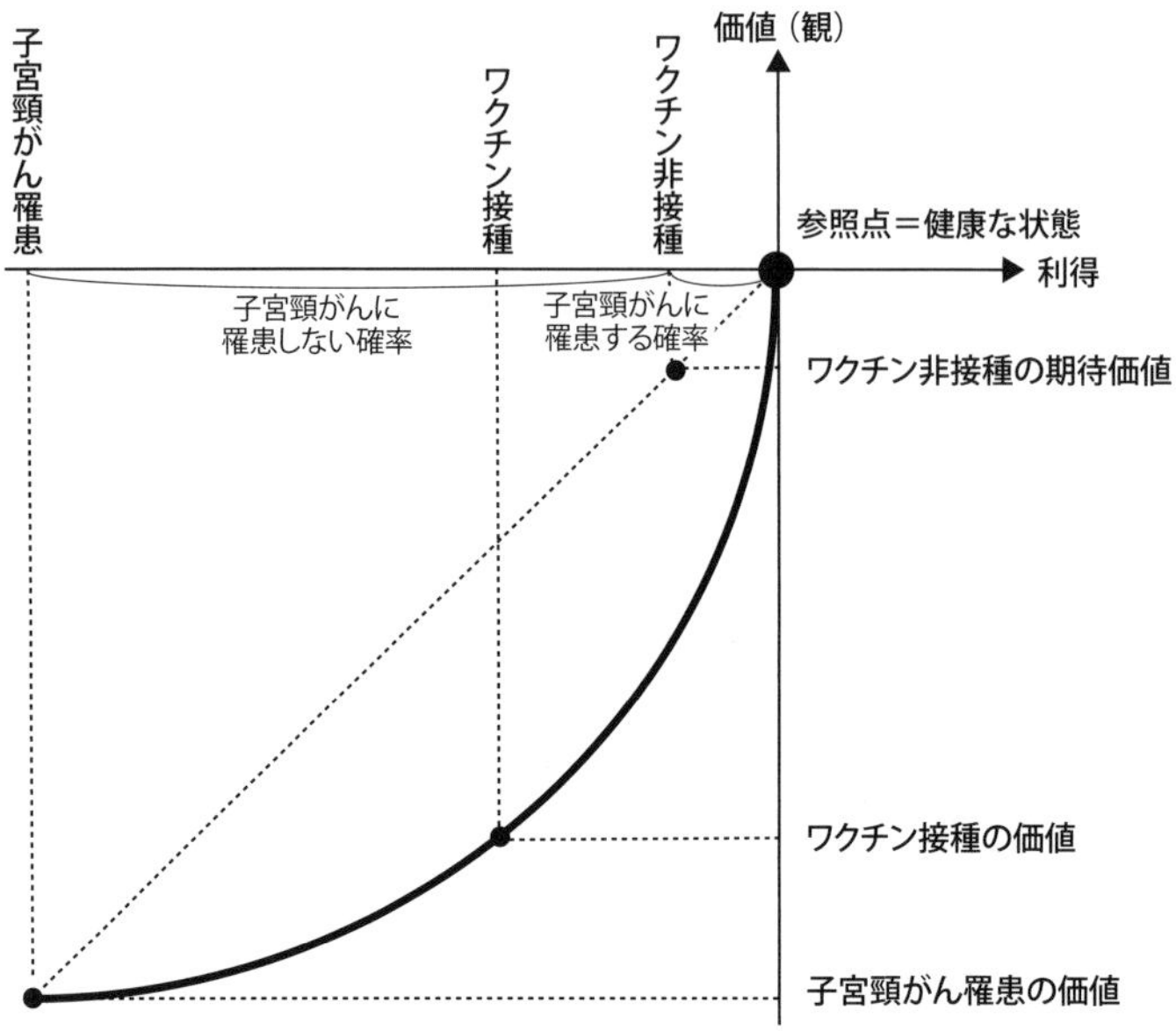

決定は、副反応（疑い）のリスクが確定する損失を避けるためのものである。しかし、そもそもこのワクチンは子宮頸がんの罹患を予防するものである。子宮頸がんでは通常、広汎子宮全摘または放射線療法といった治療が行われ、妊孕性《にんようせい》（妊娠できる能力）が失われるばかりか、治療の合併症で排尿困難やリンパ浮腫が長期にわたって持続することもある。またこれらの治療を行っても３分の１は命を落とすことになる。ＨＰＶワクチンによってこのような大きな損失となり得る子宮頸がんの予防ができれば、これらの有害な出

図6-5　利得局面におけるリスク回避的選択

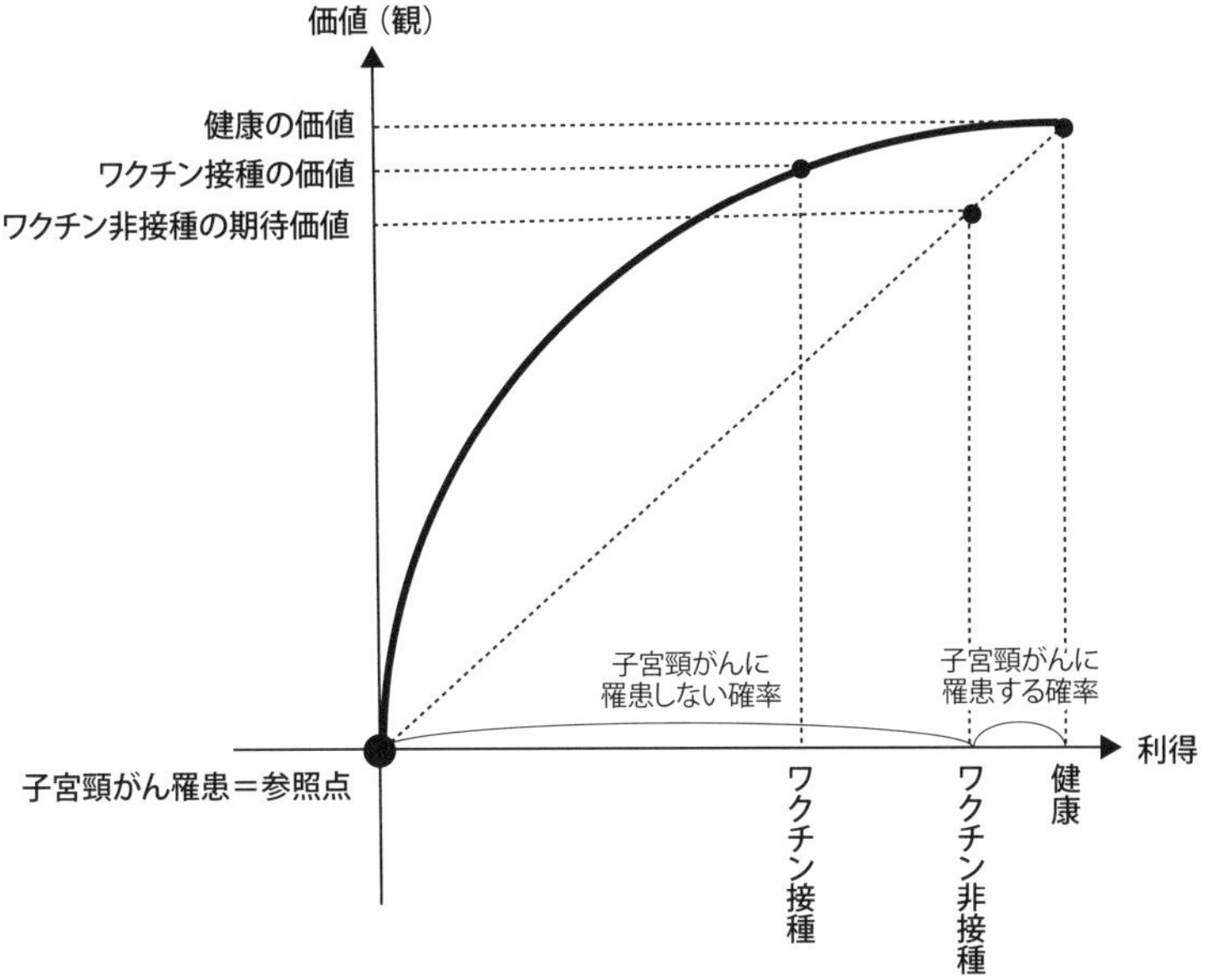

来事もすべて予防できることになる。

副反応（疑い）の観点ではなく、子宮頸がんの罹患リスクの観点から**損失回避**を考えること、すなわち、健康状態に対する視点を変えることが重要と言える。

プロスペクト理論で考えてみる。現在子宮頸がんに罹患していないという健康状態を基準にして考えると、将来子宮頸がんに罹患した場合には大きな損失を被るものの、その確率は低く、何もしないでも、すなわちＨＰＶワクチンを接種しなくても現在の健康状態がほぼそのまま維持され得ると考えている（非接種の価値）。このとき、HPVワクチンを接種すると確実に痛みがあり、副反応（疑い）も起こる可能性があるため、HPVワクチンの接種は損失局面と言える。現在子宮頸がんに罹患していないという健康状態を参照点として判断基準にしている場合、この損失局面では、接種により確実に起こる痛みや近々に起こる可能性のある副反応（疑い）という損失よりも大きなリスクを将来的に負う可能性があったとしても、現状の健康をほぼ維持できる可能性がある、「HPVワクチンを接種しない」という選択肢を選んでしまうのである。損失局面におけるリスク愛好的選択と言える。

しかし、参照点が現在の健康状態ではなく、子宮頸がんに罹患した状態や子宮頸がんの身近さ、重篤さの認識であるならば、HPVワクチンを接種することは利得局面になる。痛みや副反応（疑い）があっても接種によって最悪の事態からは大きく改善するため、接種せずに子宮頸がんに罹患するという大きなリスクを負うよりも、副反応（疑い）のリスクが伴うとしても接種を選ぶようになる（接種の価値）。利得局面におけるリスク回避的選択と言える。

このように、物事の価値を判断するにあたり、その判断基準である参照点が変わることにより、損失として認識されていたものも利得としての認識に変われば、人々はより安全な選択をすることになるのである。HPVワクチンに関しては、子宮頸がんに関する理解が十分深まれば、その重大性を判断基準にして、HPVワクチン接種の意思決定が行われる可能性があるものと考える。

この章では、子宮頸がんの予防行動、特にHPVワクチンの接種に関する母親たちの意思決定を行動経済学的に検証した。今後、勧奨が再開される際には、このような人間の意思決定や行動の特性を把握したうえで、それに対応した取り組みが必要であろう。

（上田豊、八木麻未、木村正）

第7章

どうすれば遺族の後悔を減らせるのか

【本章のポイント】

- 後悔を減らすうえで有効なのは、参照点を状況に即したものに意識的に変えていくこと。
- 後悔を引き起こす現在バイアスが自分にあることを自覚して、コミットメント手段を使う。
- 後悔することを恐れすぎない。

1

がんの終末期の治療選択に対する遺族の後悔

遺族A「何となく家族の総意で、延命治療は嫌だったのです。だけど、実際に治療をやめて、バタバタと亡くなってみると、本当にこれでよかったのか、わからなくなります。もし治療を続けていれば、どれくらい生きられたのだろう？　本人は治療を続けたかったんじゃないか？　なぜ、もっと本音で話をしなかったのだろう？　と後悔しています。」

遺族B「あのときは、状況の変化に対応することで精一杯で、自分たちで考えるってことは、ほとんどしなかったんですよね。言われるがままに、流されて。もっとしてあげられることと、色々あったのではと今になって思う。もっと家族として、言えること、できること、いっぱいあったはずなのに、今になって思っても、それは後悔ですよね。」

遺族C「治療中止をして、最期に穏やかな家族での時間が過ごせたことが本当によかったです。でも、だからこそ、もっと早く決断していれば、家にも帰れたんじゃないか？　とか、旅行も行けたんじゃないか？　とか、考えてしまいます。話があったときにすぐに決められなかったことを後悔しています。」

上記の例は、家族をホスピス・緩和ケア病棟で亡くした遺族を対象にした著者らのインタビュー調査[1]での治療選択に関する後悔の発言である。がんの終末期における治療選択は、患者本人だけで決定することは少なく、家族が意思決定の中核を担っている。[2]そのため、治療を中断／中止する治療選択は、医療からの見放された感や、無力感などの否定的な感情を、家族に引き起こすことが多い。[3]この否定的な感情は、意思決定時だけでなく、死別後にも、後悔という形で経験されることが少なくない。本章では、遺族の後悔という感情について、いくつかの研究知見と心理学および行動経済学的知識を紹介する。こうした知見は、人生の大きな選択において、後悔しないために役立つものである。

2 人生における選択と後悔

人生の選択における重大な選択であればあるほど、後悔したくないために、私たちは「失敗しない選択」や「最善の選択」をするよう動機づけられる。[4]しかし、困ったことに、人生における重大な選択は、選択をする際には、何が最善であるかは不明確であることが多い。例えば、恋愛結婚が87％を超える我が国の[5]2015年の離婚件数は、22万6215組である。[6]個々の状況により様々な理由が考えられるが、〝この人が運命の人だ〟と結婚を決意しても、数年後の自分が同じように感じられるかを予測することは難しいのである。これは心理学の研究でも裏付けられており、「今後10年の自分の変化の予測」と「過去の10年の自分の変化の実際」を比較すると、どの年代においても、予測は実際の変化を大きく下回ることがわかっている。[7] 要するに、人は現在を過大評価するため、未来を正確に予測して、選択するのは難しいのである。人生の重大な選択において、多くの人が後悔をしないよう、慎重に選択をするにもかかわらず、人生には後悔がつきものであるのはこのためといえよう。

しかし、たとえ過去の自分の選択に後悔をした場合でも、人は後悔を取り戻すことができる。100歳を超えても、ホスピスの臨床に立ち続けた日野原重明氏は、著書の中で、「いのちの長さは未知であるけれど、人生は失敗ばかり、後悔ばかりという人ほど長生きするべきだと僕は思います。長生きして、その失敗や後悔を、残された人生で取り戻してほしいのです」と述べている。[8] ローズらの行った大学生を対象にした心理学的研究[9]では、様々な否定的な感情（例えば、怒り、不安、退屈、恐怖、罪悪感など）の中で後悔は最もポジティブな機能をもつと評価されている。後悔をしても、今後の失敗を避けようと行動を改善できたり、物事に取り掛かるときの洞察力が高まったり、人々が将来をよりよくするための役に立っているというのである。

ただ、これは、後悔したことを今後に生かすことができる時間のある人の場合にのみ当てはまる。人生の最後の締めくくりの時期の選択に対して後悔をしてしまうと、後悔を解消する時間が残されていない。それまでに愛する人に囲まれ、充実した人生を過ごしていたはずが、最後の最後で後悔が残る人生にもなり得てしまうのである。自分の人生だけでなく、例えば、それが大切な家族の人生の締めくくりに関連する選択であったとしたらどうであろうか。これまでの研究では、がん患者の家族の後悔は、短期的な身体的・精神的QOL[10]や、精神的不健康状態との関連[11]だけでなく、長期的な心理的well-beingを予測することが報告されている[12]。つまり、解消されない後悔は、そのときの心理的状態を反映するだけでなく、長期的な心理的状態を予測する一つの指標ともいえよう。愛する家族の人生の締めくくりの選択にかかわった遺族が、やり直しのできない後悔や将来をよりよくすることの難しい後悔を抱えてしまった場合、いかに辛くやるせない想いを抱えるかは想像に難くない。本人のためにも、家族のためにも、人生の締めくくりに関連する意思決定を支援することは、とても重要なのである。

3 後悔の内容

さて、本章の冒頭で紹介したご遺族の発言に話を戻して、がんの終末期の治療選択に対する遺族の後悔について、行動経済学的知識を用いて理解していきたい。事例として紹介した遺族の発言は、どの発言も、当事者にとっては共感できるところがあり、医療者にとっては対応に苦慮するなじみのあるものかもしれない。しかしこれら3つの後悔は、後悔の内容やその発生メカニズムから見ていくと異なる種類の後悔である。

まずは、何に対する後悔であるかを整理していくと、以下のように考えることができる。

A　治療をやめるという選択に対する後悔【選択結果に関する後悔】
B　治療に関して選択をしなかったことに対する後悔【選択肢に関する後悔】
C　より早く選択をしなかったことに対する後悔【選択過程に関する後悔】

がんに関連する意思決定に対する後悔の対象は、コノリーらによって、3つに大別されている[13]。それは、選択結果に関する後悔、選択肢に関する後悔、選択過程に関する後悔である。遺族Aの後悔は、治療をやめたことが本当に正しかったのか？　という選択結果に関する後悔、遺族Bは、選択をする際に他の選択肢について考えなかったことに対する選択肢の後悔、遺族Cは、選択のタイミングや医療者とのコミュニケーションに関連する選択過程に関する後悔といえよう。意思決定を迫られている最中には、「治療を続けるか？」「治療をやめるか？」という選択結果に対する注意が集中することが多いが、実際に時間が経過した遺族の後悔の対象をまとめると、選択結果に対してだけでなく、よりよい他の選択肢があった可能性、よりよい選択過程がとれた可能性など、後悔が多様化することが報告されている[14]。

4 後悔感情とメンタル・アカウンティング

そもそも後悔という感情は、これまで主に心理学[15]と経済学[16]の分野で研究され発展してきた。そこでは、自分の選択した行動と選択しなかった行動とを比較し、選択しなかった行動の方がよりよい結果が得られたと感じる場合に生じる、苦痛を伴った認知的感情と定義され[17]、「もっとうまくできたはずだという感情、底なしに落ちていく感情、犯した失敗と失った機会の反芻、自分を責める気持ち、失敗を取り返したい、なかったことにしたい、次のチャンスが欲しいという願いがつきまとう」と説明されている[18]。言い換えると、〝今ある現実〟とは違う〝あったかもしれない現在〟が容易に想像でき、そのズレを損失と評価する際に生じる苦痛を伴った感情が後悔である。つまり、後悔が生じるか否かには、あったかもしれない現在がどれほど容易に、沢山想像できるか、どれほど大きなズレを感じ、それをどれほどの損失と評価するかといった認知的なプロセスがかかわっているのである。

後悔や納得は、行動経済学の分野では、**メンタル・アカウンティング**と呼ばれる「**心理会計**」として説明される[19]。心理会計は、セイラーによって提唱された概念であり、「人は、同じ金銭であっても、その入手方法や使途に応じて、時に無意識に重要度を分類し、扱いを変えていること」と定義されている[20]。苦労して時間をかけて稼いだお金は、慎重に大切に使うのに対して、臨時で手にはいったお金は、娯楽で豪快に使う傾向があることは、代表的な例といえよう。この心の動きは、金銭的なことだけでなく、自分の選択に対する評価という意味でも応用できる。考えてみると、私たちは、いつも感情的な要素を差し引きして収支を計算して、行動を起こすか起こさないか、選択をするか先延ばしにするかを決定している。ダイエット中に、甘いものがどうしても食べたくなって、「今日は頑張ったから」特別にデザートを頼んだ経験のある人は少なくないであろう。ダイエット中のカロリー摂取という意味では、頑張った日であろうと頑張らなかった日であろうと同じ価値ではあるものの、デザートを頼むかどうかだけでなく、その行動に対しての感情の収支として、後悔を感じるかどうかにも大きな影響を及ぼすのである。

5 後悔感情と参照点

後悔という感情を考えるうえでの、もう一つの重要な視点が**参照点**である。これまでの心理学の研究において、後悔が強まる要因として、「いつもと違う行動をとった場合[21]」や「合理的な選択をしなかった場合」が挙げられている。[22] 例えば、降水確率40％ならいつも傘を持って家を出る人が、たまたま傘を持たずに家を出て、帰りに土砂降りの中大変な目にあった場合と、いつも傘を持たない人が同じように帰りに土砂降りの中大変な目にあった場合を考えると、自分の選択をより深く後悔するのは2人のうちどちらかを想像してみてほしい。「なぜ今日に限って傘を置いていったのか」「なぜ雲の動きをアプリで確認しなかったのか」と様々な理由で後悔することが予想されるのは前者であろう。傘を持たずに大変な目にあうという結果は同じであっても、「もし〜していれば」あるいは「もし〜しなければ」と、現実にはとらなかった行動を想像しやすければしやすいほど、後悔は生まれやすい。そしてこの「もし〜」という**反実仮想的思考**の生じやすさに大きな影響をもつのが、参照点なのである。つまり、その人にとっての〝いつもの〟あるいは〝普通の〟選択をあえて取らずに、結果が思い通りでなかった場合、容易に反実仮想的思考が思い浮かんでしまうため、ひどく後悔を感じてしまうのである。降水確率40％なら、いつも傘を持っていく人が、たまたま傘を持っていかなかったときに、傘を持っていった場合の状況が〝普通に〟想像できてしまう。逆に、いつも傘を持たない人が、いつも通り傘を持たずに出た場合は、たとえ土砂降りにあっても、仕方がない、運が悪かったと納得しやすい。

また参照点という視点で考えるとわかりやすくなるものの一つに、やった後悔とやらなかった後悔の比較がある。後悔に関する格言として有名なものに〝どうせ後悔するなら、やらなかった後悔よりも、やった後悔の方がよい〟という種のものがある。心理学の研究においても、人生を振り返るという視点で解消されていない後悔を考えると、圧倒的にやらなかったことに対する後悔が多い。やった後悔が時間とともに解消しやすいのに対して、やらなかった後悔は時間がたっても解消されず、かえって、その後悔が強くなる傾向があるとされている。その一つの理由とされるのが、行為には結果が伴うので、後悔を制御する方向に動機づけられやすく、積極的に心理的対処が行われるということである。それに対して、非行為には結果が伴わないため、意思決定当初は認識されにくく、時間がたって、問題がより大きく深くなってから、あの時点でよりよい選択をしていればと様々な反実仮想が想起されやすい。その結果、現在の不満やコンプレックスの原因が、すべてその選択に起因するものであるかのように後悔が強められてしまうのである。(23)ホスピスで家族を亡くした遺族の闘病における後悔を、行為後悔と非行為後悔に着目して分類した調査においても、行為後悔に対して非行為後悔を挙げた遺族は約4倍多かった。(24)思い返すという認知的活動において、時間とともに解消しにくいのが、〃やりそびれた後悔〃なのである。やりそびれた後悔をもつ遺族は、後悔がない遺族に比べて、精神的に不健康で悲嘆も強いことがわかっている。

この〃やりそびれた〃という認識が生まれることに、参照点が大きく影響する。つまり、行動することが参照点になっているにもかかわらず、やりそびれた場合、できたかもしれないことが無数に想像できてしまうのである。事例で紹介した遺族Bは、参照点が「医療者以上に患者を理解できるのは家族。家族として言えること、できることは、先回りしてできる限りすべき」であり、にもかかわらず、刻々と変わる状況の中で、うまく立ち回れなかったことに対して想いを馳せ、「今のこの落ち着いた自分だったらもっとしてあげられることが沢山あったのに」と後悔を経験しているのであろう。もし、参照点が「医療の詳しいことはよくわからないけれど、家族でできることは精一杯対応して、倒れずに最期までそばにいること」であった場合、やりそびれは生まれなかったかもしれない。参照点は、それまでの家族の歴史や経験、そのときの状況、手に入る情報など様々な要因によって、影響を受ける。確かに、行動は目につきやすく心理的対処がしやすい側面はあるものの、行動をしないことが参照点になる場合もある。

6 後悔感情と現在バイアス

後悔を理解するうえで、もう一つの重要な視点が、**現在バイアス**である（第2章参照）。夏休みが始まる前は、宿題を早めに片付けてしまおうと我慢強い計画を立てるのに、実際に夏休みが始まり、現在の問題となると先延ばしにしてしまうことは多くの人が経験したことであろう。先の選択であれば、長期的な視点で将来を重視する計画を立てることができても、それが今の選択になると現在を重視してしまい、ついつい目先の誘惑に手が伸びてしまうというわけである[25]。時間の経過の中で生きている私たちにとって、時間を通じた選択は常に直面し続けなければいけない問題ともいえる。言い換えれば、「1か月先」の話は、1か月経てば「目先の」話として、私たちに選択を迫ってくるのである。現在バイアスは、誰もがもつものではあるが、誘惑に弱く、先延ばし傾向の強い人もいれば、バイアスがあってもその対策を打てるという意味で自己コントロールの得意な人もいる。先延ばし傾向の強い人は、長期的な利益を達成するための対策を立てても、実際は実現できないので、こんなはずではなかったと後悔しやすい。そのため、重大な後悔をしたくない選択であればあるほど、選択自体を先延ばしにしてしまい、さらに大きな後悔を経験することもある。

そして現在は、いつか過去になる。誰でもわかりきっているはずのこの事実ではあるが、私たちは時にあたかも「現在」の視点で、「過去」を評価する。ダニエル・ギルバートが示した通り、「現在」は確固たるもので重要だと判断されやすいため、そのバイアスに気が付きにくい。選択の時点では想定しえなかった事実が把握できている「現在」の視点で、「過去」を思い返し、「やっぱり、そうなると思った！」「本当はそう思っていたのに！」と感じるのは、このためである。この現象は、**後知恵バイアス**と呼ばれ[26]、物事が起きてから、それが予測可能だったと考え、当時の選択の基準が、現在の基準によって引き上げられることになってしまうので、ネガティブな事象のすべてが、過去の何らかの行動による結果と解釈されてしまい後悔が無数に生まれてしまうことになる。

7 家族の経験するがんの終末期の選択の特殊性

ここまで、後悔という感情について、メンタル・アカウンティング、参照点、現状バイアスという行動経済学的な考え方を用いて理解を深めてきた。遺族の後悔を理解するといううえでは、がんの終末期の選択に家族としてかかわるという特殊性にも触れておいた方がよいであろう。

医療従事者や同じようながん種で家族の看取り経験がある人を除くと、がんの終末期の様々な選択は、多くの人にとって初めての経験である。深く理解したうえで選択するというよりは、状況を把握するのが精一杯で、よく理解できないまま選択することになることが多い。さらに、患者の状況の変化や治療環境の変化は、予測することが難しく、家族ならではの奇跡を信じる気持ちや期待が加わり、状況を的確に把握することは非常に困難である。その都度、よいと思う選択をして、必死で状況についていき、実際に体験してみて初めて状況を理解できるということも少なくない。しかしその時点では、別の選択をすることが難しく、すでに患者が亡くなっていることもある。

また、家族として、自分ではない人の人生を決定づける選択に主体的に関与しなければならないことも、選択のストレスやリスクの感じ方に影響を及ぼす。家族にとっての参照点は多くの場合、患者が元気になること、それが不可能であれば患者が生き続けることであり、そのために何をするか、何ができるかというところからスタートする。病状の進行に伴って、参照点は変更を余儀なくされるが、参照点の変更は病状の悪化や死を受け入れることを意味し、苦痛を伴う場合が多い。そのためスムーズに参照点の変更を受け入れることができずに、健康なときの参照点にしばられる（遺族A）、あまり考えずに参照点から乖離した選択をする（遺族B）、死後に参照点が引き上げられる（遺族C）といった参照点の推移にまつわる後悔を経験することになるのである。

8 後悔を減らすためのヒント

以上を踏まえると、がんの終末期医療において家族が直面する後悔には、3つの大切なポイントがあると考えられる。

第一に、後悔を減らすうえで有効なのは、参照点を状況に即したものに意識的に変えていくことである。愛する人を亡くすという悲しい出来事を前に、私たちは、「ずっと自分の人生に寄り添っていてほしかった」「どうしたらもっと長く一緒にいられたのか？」「もっとできることはなかったのか？」と考えてしまいがちである。しかしながら、死を受け入れずに、選ばなかった別の選択肢を探すという思考は、愛する家族が戻ってこない現状においては、ポジティブな結果を生み出すとは考えにくい。すでにある参照点に固執せずに、状況に即した設定を意識的に行い、何のための選択かを共有したうえで、選択をしていくことで、後悔を減らすことが可能になる。特に、利得があることが明らかな選択肢の場合、早い意思決定が後悔を減らす。医療者は早め早めで情報提供することで、患者や家族の参照点の変更をスムーズにし、時には最悪を想定した参照点に調整していくことが、後悔を減らすうえでは重要であると思われる。

第二に、自分の現在バイアスの傾向を知ることである。先に述べた通り、私たちは、多かれ少なかれ、常に現在時点の満足度を重視しがちである。「将来」の自分の利得よりも「現在」の自分の利得を常に重視していることを知っておくことである。「現在」の自分が予想する「将来」の自分は、将来時点で、自分が予想していることと異なる考えをもつかもしれない。つまり、「過去」の自分や「将来」の自分は、「現在」の自分と違う人間であると捉えることである。後悔はないと言い切った遺族の言葉にも、このエッセンスが凝縮されている。〝今ならどうするかはわかりませんけれど、その時のその状況で家族全体で最善と思うことを信じて進んできましたので、後悔はありません〟。時間が経ち、状況が落ち着き、知識を得た現在の自分と、それ以前の過去の自分とでは、見える世界、評価の基準が違って当たり前なのである。そのため、何かを決める際に、「現在」と「将来」の視点において、長期的な利益を確保できる選択をするという発想を身につけるよう意識することが重要といえよう。人生における重要な計画を立てるとき、何かをする直前になると、時間割引率が跳ね上がって、目先の利益を選んでしまう傾向が誰にでもあることを知ったうえで、実施可能な計画を考えておくことが大切である。つまり、なんらかのコミットメントを常に利用しておくことである。その時々の短期的な感覚に任せた行動に比べれば、多くの場合、長期的な視点での選択は大きな利益が確保できる。具体的には、目先の選択肢におけるメリット・デメリットやトレードオフとなる条件に惑わされるのではなく、長期的なゴールを設定したうえで、短期的な選択の意味を考えて意思決定をすると、時間割引率の高い現在の誘惑に惑わされずに、長期的な利益を確保できる選択ができるのではないかと思われる。[27]

後悔に関して様々なことを述べてきたが、第三のポイントは、後悔は恐れすぎなくてよいことである。人は自分の感情を的確に予測することが難しいことがわかっている。それは、後悔に関しても同様である。決断をする前は、後悔だけはしたくないと極端に後悔を恐れるが、実際に経験すると思ったより悪くなかったり、思ったより得るものがあったりという経験をしたことのある人も少なくないであろう。[28]後悔を恐れて、極端にリスク回避的選択をしたり、慎重になり過ぎて決断のタイミングを逸したりする方が、のちの後悔を引き起こす可能性が高いと思われる。

後悔は、ネガティブ感情の中で、最も日々経験する感情といわれている。行動経済学のいくつかの考え方を身につけ、日々の自分の後悔のパターンを知り、その対策を実践しておくことは、長期的な結果を伴う重要な選択に直面せざるを得ない日に備えた対策として、力を発揮してくれることであろう。

（塩﨑麻里子）

第8章

どうすれば高齢患者に適切な意思決定支援ができるのか

【本章のポイント】

- 高齢者と若年成人では意思決定に至る戦略が異なる。
- 高齢者では、効率的に意思決定に至るために、経験を用いて「こうあるだろう」と推測しながらまとめていく傾向にあり、決定にバイアスが生じやすい。
- 高齢者の意思決定を支援するうえで、バイアスの影響を受けやすいことを踏まえた説明、選択肢の提示が望まれる。

担当医「前回から1週間たちましたね。先週、ご家族とご一緒に説明しましたお腹のがんについて、どの治療でいくか、いかがでしょうか。」
患者「いやあ、どの治療と言われてもねえ。歳も歳だから、しんどいのはいやだけれども、娘は何とかしたらって言うし……。よくわかんないんだよね、どうしたらいいか……。先生、決めてくれないかな。」
担当医「いや、あなたの身体ですし、決めるのはあなたですよ。」
患者「そう言われてもねえ……。決めたことないからねえ……。」
患者の妻「娘はがんばれって言うんですけれども、入院したり毎日通院するのも大変で。お隣さんも去年がんで手術をしたっていうのですけれども、退院してきたら歩けなくなっちゃって……。奥さんがそれで疲れてしまって大変なんですって。私もほんとうにどうしていいか……。」
（担当医と看護師、顔を見合わせる。）

これは、がんの専門施設での一コマである。医学の進展とともに、若年成人が病院で受診する機会は減る一方、高齢者が受診する姿が一般的になった。
高齢者は、加齢に伴う身体の機能低下によって、移動や食事の準備など、社会生活を営むうえで、周囲からの支援が必要になりやすい。そのため、長年住み慣れた家を手放し、介護支援のついた施設に入所する、あるいは子供と同居をするなど、身体機能に応じる形で居住形態を変えるなどの大きな生活上の決定をせざるを得なくなることがある。

つぎに、身体の機能低下は、様々な病気に罹患する確率も高める。高血圧が出てきて、血圧の薬を飲まざるを得なくなるなど、医療を受ける機会も増える。がんや心筋梗塞などの生命に関わるような重大な病気に罹患することも多くなる。そうなれば、治療を受けるかどうか、受けるとしてもどの治療方法を選ぶのか、自ら考え決めていかなければならなくなるだろう。罹患する病気によっては、自分の余命を考えなければいけなくなることもある。病気が進むと意識障害が生じ、治療を受けるかどうかを自分で決められない状態が訪れるかもしれない。場合によっては、意識をなくした場合に、延命治療を受けるかどうか、家族や医療者と相談して、あらかじめ決めておかなければならなくなるかもしれない。

しかし、高齢者ががんなどの病気になったときに、治療の方針を自分自身で決めることが難しい場合が多くある。たしかに、いきなり「がんの治療を決めろ」と言われても、初めての経験であるし、何をどう考えてよいのか見当もつかない。治療を比較すると言われても、何を比べたらよいのかわからない。インターネットで調べてみれば、いろいろな人がブログに体験を書いているが、自分に当てはまるかどうかもわからない。皆目見当がつかないというのも当然と言える。「患者の意向に沿った治療」を実現し、適切なインフォームド・コンセントを患者が与えることができるようにするためにも、適切な意思決定支援の方法が必要である。

加えて、高齢者で問題となるのは認知症が併存する場合である。認知症は、新しい出来事が覚えられなくなる記憶障害に加えて、物事を比較・判断する能力があわせて障害される状態である。そのため、認知症の状態になると、対応方法の選択を迫られても、比較をするうえで重要な点はどこか、この選択肢を選ぶとその後の展開がどのようになるのか、など総合的な判断や今後の見通しを立てることが難しくなり、意思決定をする能力自体が低下する。その結果、大事な選択場面で決めることが難しくなったり、今までは考えられないような詐欺に簡単にひっかかってしまうことも起こりうる。

行動経済学の考え方を医療に応用することは、予防行動など公衆衛生的な活用が多いが、一方で、日常診療においてもその見方を応用することもできる。ここでは、高齢者の診療での支援を中心に考えてみたい。

1 わが国の高齢患者の現状

超高齢社会を迎えたわが国では、65歳以上人口が３４５９万人（総人口比27・３％）、75歳以上人口も１６８５万人（総人口比13・５％）（２０１６年10月１日現在、総務省調べ）となった。今後団塊の世代が後期高齢者となる２０２５年までには、都市部を中心に高齢者の人口が１・５～２倍程度に急増することが推測されている。

高齢者の増加にあわせて、疾病構造も感染症などの急性疾患から、糖尿病など加齢に関連した高齢者の慢性疾患中心に変化した。例えば、日本人の代表的な疾患であるがんを考えてみよう。がんは、日本人の２人に１人が罹患し、３人に１人が死亡する代表的な国民病である。がんは、働き盛りの人が患って、やむを得ず仕事を離れて治療を受けるイメージが強い。しかし、がんの本態は、遺伝子の変異であることから、がんは加齢と強い関連がある。２０１５～２０１９年に想定されるわが国のがん罹患者数では、男性の80％、女性の70％が65歳以上である[1]。今後がん罹患者数の増加も見込まれているが、それは高齢者が中心であることもあわせて考えると、がん医療は高齢者医療でもあることは明らかである。

また、高齢者人口の増加とあわせて問題となるのが、高齢者の単身世帯の増加である。高齢者では、子供と別居をした高齢夫婦世帯、高齢単身世帯が中心となる。要介護者ががんに罹患する場合のほかに、介護者ががんの治療を要する場合も生じる。その際には、被介護者の支援をあわせて整える必要も生じてくる。

2 認知機能の低下に関連した課題

認知症もまれな病気、他人事のように思われるかもしれない。しかし、わが国では65歳以上の人の15％が認知症に罹患している。そのうえ、ほぼ同等の数が、認知症の予備軍（軽度認知機能障害）と見積もられている。[2] 今後、日本人の5人に1人は認知症になると推測されることを考えると、認知症は決してまれな障害ではないことがわかるだろう。

認知症は高齢者の身体の治療に様々な障害をもたらす。治療との関係では、

①治療を自分自身で決めることが難しくなる（意思決定能力の低下）
②薬を時間を決めて服用することや必要な処置を自分ですることが難しくなる
③熱が出たり、水分も摂れないときのように緊急の受診が必要な状況を理解し、臨機応変の判断をすることが難しくなる

などの問題が生じる。

3 高齢者はどのように自分の治療を決めているのか

では、高齢者はどの治療にするか、どのように決めているのであろうか。若年者と高齢者の治療の決め方（治療方針決定）を比べると、高齢者の決定方法には、情報収集、健康問題の理解、プランの作成とオプションの選択、意思決定スタイルそれぞれに特徴があるといわれている。

①情報収集

高齢者を含め多くの患者は、治療に関連した情報をインターネットを用いて探していることが多い。米国では75～80％の利用者が健康に関連する情報を検索している。[3] 65歳以上の成人の約20％がインターネットを利用していて、その80％が健康に関連する情報を検索している。さらに、高齢者の3分の1が治療を受けるかどうか考えるときに、ネット上の情報が大きく影響していると答えている。[4] わが国の高齢者の医療リテラシーに関するデータは少ないが、おおよそ米国と似た状況と考えられる。端的に言えば、ネット上の健康情報は、健康に関連した決定をするうえで重要なセカンドオピニオンの位置づけになっていると言える。

しかし、情報を検索する作業には、いくつかの難しい課題が含まれている。例えば、ネットで正しい情報を得るためには、正しい検索語を選択しなければならないし、得られた結果が適切かどうか判断したうえで、もう一度検索語を修正して、より見合った結果を選択できるように進めていかなければならない。解釈も必要だし、適切なリンクを選択することも求められる。検索に関連した知識が、適切なプロセスを支えている。これらの検索プロセスに関する知識は、医療に関する知識やインターネットに関する知識と同様に重要である。

②健康問題を理解すること

情報をひとたび得ると、患者は問題に焦点をあわせて状況を把握しようとする。これらの把握の仕方は、患者が自分の病気をどのように認識しているかに依存する。よりその問題と状況が的確にとらえられていれば、治療が円滑に進みやすくなる（アドヒアランスの向上）。

しかし、医療に関する情報を網羅的に理解することはかなり難しい問題である。治療に関連した情報を細かく詰め込もうとすると情報の処理に負荷がかかる。一般に、高齢者は、なじみのない概念や、系統立てて整理をされていない情報を追うことが負担になりがちである。特に、治療やケアの計画を立てようとすると、治療の選択肢それぞれのリスクとベネフィットに関する膨大な情報を理解しなければならない。生存率や死亡率などは複雑な数式で書かれることも多いため、高齢者が理解・把握するのは非常に困難である。[5]

そのため、高齢者へ治療に関連した情報を提供するうえで、あらかじめ項目分けされた知識を提供することにより、状況を系統立てて理解するのに役立つ。例えば、熟練、あるいはエキスパートパイロットは、飛行に関連した問題が発生したシナリオを読み解く場合に、最も問題に直結する情報に焦点をあてるようにする。[6]

③プランの作成とオプション選択

治療に関連した問題を把握すると、つぎに具体的な選択肢を比べていかなければならない。治療やケアを決めることとは、実は選択肢を決める作業の連続である。決めることに慣れている文化をもつ米国においても、高齢者の70％が医療の手続きを難しいと報告している。

一般に、高齢者は治療に関連する問題や毎日の選択に関連して希望する選択肢の数は、若年者が望む選択肢の数の約半分である。[7] おおざっぱであるが、高齢者は、平均して薬の選択や医師、病院の選択肢は4つまでに抑えることが理想である。特に複数の領域をまたいで、比較や判断を求めるものは、記憶能力に負荷をかけるため、情報処理により多くの負荷が加わる。

④意思決定スタイル

治療に関連した情報を理解し、治療を決めていく力（意思決定能力）は、大きくは年齢に関連する情報処理能力と、年齢を重ねるにしたがって獲得する知識と感情とのトレードオフで決まる。シノットは、年齢に応じた意思決定スタイルを2つのタイプにまとめて比較している。[8]

若年者は、情報を収集して系統立てて整理を進めるボトムアップスタイルをとることが多い。

この戦略は、情報の収集・入力を中心に進める戦略である。このスタイルは、知識は少ないものの、情報の収集・処理能力に余裕のある場合に適している。

一方、高齢者は、トップダウンのプロセス、言い換えれば「こうあるだろう」という予測・期待に沿って進めていくプロセスを取る傾向がある。このプロセスは、相応の信頼できる知識がすでにあり、情報の処理能力に負担をかけられない場合に適している。

実際に処理能力と知識は、インターネット上の医療に関連した情報を検索するスタイルにも反映されていることが確認されている。高齢者は、若年者と比較して、検索には時間をかけない代わりに、ページを読むことに時間を費やす。また、同じ高齢者の中でも、処理能力が高いほど、検索はより早く、より広範に及んでいた。高齢者は、若年者と比べて、同じカテゴリーの中でリンクを連続してブラウズしがちであった。このことからも、高齢者は情報を検索するところに時間はかけずに、情報を統合するところに重点をおくトップダウンの戦略を取る傾向が明らかとなっている。

意思決定の仕方も、年齢によって異なることが報告されている。高齢者はもともともっていた特性にあった選択をとりがちである。これは、その方が、情報処理にかける資源が少なくて済むからと説明することができる。この点でも、高齢者は最終決定であったとしても、若年者と比較して少ない情報のみで決める傾向がある。

以上をまとめると、

①高齢者が治療を決めていく際に、若年者と比べると、処理能力（短期間に多くの情報を記憶して、いくつもの比較を同時に行うこと）に余裕がなく、単に多くの情報を羅列されても利用することが難しいことが多い

②決める場合には、「こうであろう」という予測に沿って情報を収集・判断するトップダウンの戦略をとる

これは行動経済学で言えば、処理能力の観点から効率的に、直観的に判断する**ヒューリスティックス**を用いていると推測できる。実際、認知能力が低い人の方が認知能力の高い人より、同じ人でも時間制限がある場合の方がない場合より、ヒューリスティックスを用いた意思決定をする傾向がある。[9] ヒューリスティックスは、意思決定のコストを節約することができる一方、判断に必要となる様々な論理的思考を簡略化させた面があるため、**バイアス**の生じるリスクが高まる。

代表的なヒューリスティックスを検討してみたい。例えば、「**再認**」や「**模倣**」などがある。「**再認**」は、「覚えていること、知っていることが動機づけになる」ことであり、今までに経験したやり方をそのまま続けようとする方向に働く。また、診療場面では、抗がん剤が効かなくなっているのに、なんとなく続けていることが安心なので治療を引っ張ることがある。これらは、利用可能性ヒューリスティックや**現状維持バイアス**がより生じやすくなっていると言える。

また、「**模倣**」は、「自分と似ている人の行動を観察することによって関連する情報を得る」こ

とを指す。これは、高齢者は、客観的な医療情報よりも、身近な人の体験を見聞きすることにより治療を決めがちであることと一致する。たしかに身近な人の体験は、今後自分に起こりうる問題をリアリティをもって想像するうえで役立つ。しかし、身近な情報は、それだけ限られた場面であることから、内容に偏りが生じがちである。すなわち、**同調効果**で説明できる。

4 家族の影響も

本人の意思決定とあわせて高齢者の診療の特徴となるのが、付き添いの家族がつくことである。がんなどの治療を受ける、受けないという問題は、本人の生命はもとより、家族の生活にも大きな影響を与える。その点で、家族が同伴する・しないはどうしても治療方針に影響を与える。

例えば、高齢者に多いがんに前立腺がんがある。前立腺がんは、一言でがんとは言っても、生命に影響するリスクの高い場合から低い（余命に影響をしない）場合まで幅がある。特にリスクが低い場合には、治療をせずに経過を見ても余命に影響しないことが科学的にはわかっている。しかし、実際の診療場面では、経過を見ることを何もしないととらえ（実際には定期的な観察をするため、何もしないわけではないが）、患者側がそのことに耐えられずに、治療を希望することもしばしばある。特に、患者が独身の場合と比べて、配偶者がいる場合に、配偶者の意向が反映されて、より治療を選択することが多いことが知られている。[10] 患者自身は、治療による副作用のリスクを嫌って経過観察の案を好むというように、**リスク回避**的な選択をしたいかもしれない。しかし一方で、配偶者は、副作用のリスクや内容よりも万が一の事態の可能性を重視して、同じようにリスクを回避したい気持ちから積極的な治療を希望するかもしれない。

さらに医師と患者が治療をするか、経過観察をするかを話し合う際に、妻が同席をすると、医師の方が経過観察の案を最初から提示しないことがあるとの報告がある。[11] 医師が提示しなければ、患者側のバイアスがより働く方向に向く可能性がさらに高まるだろう。

5 高齢者の難しい意思決定：事前指示

高齢者医療の意思決定支援で、特に重要となるのは、終末期の支援をすることである。

終末期においては、患者自身、意識障害を生じるため意向を表明することが難しくなる（例えば、がんでは、余命が数日から数時間になると9割の患者がせん妄と呼ばれる意識障害の状態になる。周囲から見ると、うつらうつらと寝ている時間が多くなり、現実と夢が混ざったような話をすることで気づかれる。しかし多くの場合、患者・家族ともこのことを想定していない。たしかにTVドラマで臨終場面を見れば、最後に挨拶をして亡くなったりする場面〈話さなければドラマにならない〉ばかりである。これも**利用可能**

性ヒューリスティックと言える）。そのため、入院をした際や治療が難しくなった場面で、今後自分が意思決定をできなくなった場合に備えて、あらかじめ「こうしてほしい」との指示を行うこと（事前指示：Advance Directive）が望まれている（厚生労働省の調査では、自分が意思決定できなくなったときに備えて、どのような医療・療養を受けたいか、あるいは受けたくないかなどを記載した書面をあらかじめ作成しておくことについて一般国民の66％が賛成している）[12]。

事前指示が、意思決定を支援するうえで強く関心がもたれている理由は3つある。

①不安と恐怖を伴う、不確かなイベントに対して、全く経験のないまま決めなければならないという事態にどのように対応するのか

②あらかじめ決めておくことが、これからする新たな決定にどのように影響するのか（事前に決めておくことが、今後の意思決定の負担を減らすことにつながるのであれば、少しずつ考えていく意味が出てくる）

③情報を共有することとの重要性

たしかに、どうなるかもよくわからない、かつ自分が世の中からいなくなるという恐れに満ちた将来を扱うことは難しい。意思決定に慣れた文化をもつ米国においても、事前指示を記載している成人は、せいぜい30％にすぎない（わが国では8％程度である）[13]。また、事前指示を書いたと回答した成人でも、多くの人は、自分が何を書いたか思い出せなかったり、あるいはどこに置いて

あるかを忘れてしまっている。[14]

事前指示を記載するときに、記載した人はどのように未来を推測したのか、そのやり方を調べた研究がある。その特殊なイベントと、毎日起こりうるような出来事を比べて、どのくらい準備ができているかを比べてたずねてみた（例えば、新しい場所に出向く、風邪をひくなどのよくある事態から、収入を失う、余命が限られた病気になってしまい積極的な治療をする・しないを決めなければならない場合まで）。すると、若年者は、毎日起こりうるようなイベントについてはかなり細かいディテールを語る一方、生命の終わりに関するシナリオになると、細かい語りはできなくなる傾向があることがわかった。これらの知見は、事前指示のような生命に関わるような問題を考える場合に、人生経験を積むことが重要であることや、場面を見聞きして状況に特異的なディテールを知らないと考えることが難しいことを示唆している。

さらに、事前指示のような、治療を受ける・受けないに関連する意思決定は、医療者と患者の双方が関与するシェアード・ディシジョン・メーキング（Shared Decision Making）が強調される。しかし実際は、病気が進行してくると、本人が自ら決めることを避ける傾向があることもわかっている。例えば、前立腺がんに罹患した男性（平均年齢69歳）は、最初に診断を受けたときには、泌尿器科医と協働して積極的に治療方針を決めるように参加していた。しかし、次に腫瘍マーカーが上昇した際には、担当医に決めてもらうようゆだねがちであった。[15]このような場面での決定は、世間に認知されている情報や解釈が大きく影響する（例えば、乳がんであれば、腫瘍マーカーが上昇したとしても、根治できる手術があることが知られているため、そのことを知っている患者はゆだねることはしない)。その点で、文脈をどのように解釈するか、関連する状況がどうか、に大きく依存する。

現在のところ、この場面での意思決定は、医療者と患者が継続的に話し合いながら決めていくスタイル(アドバンス・ケア・プランニング:Advance Care Planning; ACP)が推奨されている。しかし、アドバンス・ケア・プランニングはそのプロセス自体を示すものの、具体的な情報提供のあり方や意思決定の仕方については特に示唆をしていない。

6 高齢者の意思決定に行動経済学的な視点を応用する

それでは、高齢者の意思決定に対して、どのような支援を行えれば、より質の高い支援と言えるだろうか。

①処理能力への配慮:ナッジの活用

支援を考えるうえで、まずおさえる点は、高齢者の意思決定の特徴を踏まえる必要があるだろう。前述のとおり、高齢者は処理能力に負荷がかかることを避けるために、情報収集・選択・決定のプロセスを通して、トップダウン方式で進める傾向がある。そのため、

①事前にもつ知識と親和性が高くなるように情報を体系化して提示をする方が、理解が促進される可能性が高い
②情報も、より問題に直結するものを中心にまとめることが好まれる
③提示する場合も処理能力に負荷をかけるような多彩な選択肢を羅列して提示するのではなく、主たる要素三、四つに絞って系統立てて提示する工夫が望まれる

と言える。処理能力の負荷の軽減を目指した**ナッジ**の活用は候補になる。具体的には、
①患者の価値観や大事に思っていることをあらかじめ確認し、その価値観を軸にして選択肢を提示する
②治療を決めるに際して、考えておかなければならない重要な項目を優先して提示する
③決めなければならない項目が何かをあらかじめ確認して共有する
④意見が分かれることの少ない点については、お勧めを示す（強制はしない）
⑤選択肢の提示は比較が容易な三、四つにとどめるようにする

ことがあげられる。

②バイアスがかかりやすいことへの配慮

次に配慮をしなければならない点は、高齢者がヒューリスティックスを用いやすい点である。そのため、バイアスの影響を受けやすくなることから、医療者はバイアスについて知ることが重

要である。具体的には、利用可能性ヒューリスティックや**現状維持バイアス**、**同調効果**はしばしば認められる。そのうえで、バイアスを意識して補正する支援が重要になる。

支援をするうえでのコミュニケーションにも工夫が求められよう。あらかじめ価値観を確認したうえで、価値観に沿って検討しなければならない項目を優先して先にあげることに加えて、**フレーミング**にも注意を払う必要があるだろう。例えば、がんに罹患して治療を受ける場合でも、患者によって受け取り方が全く異なることがある。ある患者は、がんに罹患したことを「損失」ととらえ、損失を取り返そうとして、効果が未確立の治験を希望したり、民間療法を選んだりすることがある。別の患者は、がんに罹患したことよりもがん治療をリスクとしてとらえ、「がん治療をすることで、体がボロボロになる」と治療を避けることもある。また、同じ治療を受けている患者同士では、お互いの状況をどうしても比較し合うことが生じがちである。相手の状況が**参照点**として作用することもある。患者が考えているフレーミングを理解したうえで、患者の価値観に沿ったフレーミングかどうかを確認し、必要によって補正を図ることも重要である。

上のような取り組みは、ある程度時間をかけて、継続して取り組む必要がある。その点で、アドバンス・ケア・プランニングは、患者の意思決定に支援者が継続的に関わり、系統立ててバイアスを補正することが可能となる。特に、治療の初期の段階で、今後起こりうることを考えるきっかけを医療者が提案することは、重要な機会となりうるだろう。例えば、終末期の事前指示に関連する厚生労働省の調査では、事前指示について話し合ったことがない理由をたずねると、一般国民の56％は話し合うきっかけがなかったからと回答している。また、話し合う機会については、52％が自分の病気、61％が家族等の病気や死、19％が医療者等による説明の機会を得たときと、自分や家族が病気に関わったときに話し合う機会を得たと回答している。同じく、死が近い場合に受けたい医療・受けたくない医療についての情報をどこから得たいか、との問いには、国民の67％が医療機関等からと回答していた。このことからも、生命に関わる病気の治療を行う際には、治療の早い段階で、今後のことを話し合う機会を提案することを**デフォルト**にするなど、機会提示をすることは、検討を促し、いざというときに決めることができなくて右往左往するリスクを回避する働きかけとなりうるだろう。

以上、高齢者の医療における意思決定支援について、その現状と課題を整理した。わが国では、医療における意思決定について、系統立てた整理が少ない現状がある。高齢者の意思決定の意向を把握し、方向に沿った支援を提供することは、医療におけるコミュニケーションを改善できる可能性を示唆する。意思決定に関する理論的な検討が求められる。

（小川朝生）

第9章

臓器提供の意思をどう示すか

【本章のポイント】

- 臓器提供の意思表示率は、デフォルトの設定によって大きく変わる。
- 臓器提供には複数の意思決定者が関与しており、意思の一貫性が想定しづらい。
- 政策的介入には医療システム全体への影響を考慮した倫理的配慮が不可欠。

Aさん「臓器移植のニュースがあったけれど、臓器提供するって誰が決めているのかな。」
Bさん「運転免許証の裏のところに意思表示をする欄があって、そこに私は臓器提供に同意するってサインしていますよ。」
Aさん「そんな難しいことよく決められますね。私は自分がどうすべきかさえよくわからないです。」
Bさん「国によっては、意思表示カードに何にも書いていないと、臓器提供に同意しているとみなされるそうですよ。」
Aさん「そんな……。」

あなたは臓器提供の意思表示をしていますか?

この問いに「はい」と答える人は日本では少数派である。では、多数派は「意思を表示したくない」のかといえば、そうではない。何らかの理由によって「意思を表示していない」のだ。なぜ、意思表示をしていないのだろうか。

日本では、2009年の法律改定以降、本人が意思表示をしていない場合には、家族の同意があれば臓器の提供ができることになっている。この場合、臓器を提供するか否かを判断するのは必ずしも本人ではないことになる。「臓器提供の意思」とは何なのだろうか。行動経済学の議論を手がかりにして考えてみたい。

1 デフォルトを変えると意思表示の割合が変わる

日本で「臓器の移植に関する法律」が制定されたのは1997年である。それから20年以上が経つ現在、臓器移植医療には依然として様々な課題が残されている。なかでも目立つのは、臓器提供件数の相対的な少なさである。例えば、心臓の提供件数をみてみると、法律が施行されてからしばらくの間、年間の提供件数は4〜5件である（図9-1）。2009年の法律改定を受けてその数は若干増えているが、心臓移植を必要としている登録者数と比べると、提供件数が圧倒的に少ない。それどころか、法律が改定されたのちには、登録者数が大幅に増えている。移植手術の医学的な効果が広く知られるようになったことで、むしろ臓器移植を必要とする人の数が増え始めているのだ。国内で心臓移植を受ける機会の乏しさは、年々深刻になっている。こうした傾向は、生体移植の数が多い腎臓を除けば、他の臓器についても基本的にあてはまる。

登録者数に対して提供数が少ないのは、日本に限ったことではない。しかし、諸外国に目を向けてみると、状況は必ずしも同様というわけではない。IRODaT（臓器提供と移植に関する国際登録）の2016年度報告書によれば、人口100万人あたりの臓器提供者数は、最も多いスペインが43・4人であるのに対して、日本は0・8人である。[1] 日本にいて移植を受けられる可能性は、国際的には際立って低いといえる。

図9-1　登録者数と移植件数の推移（心臓）

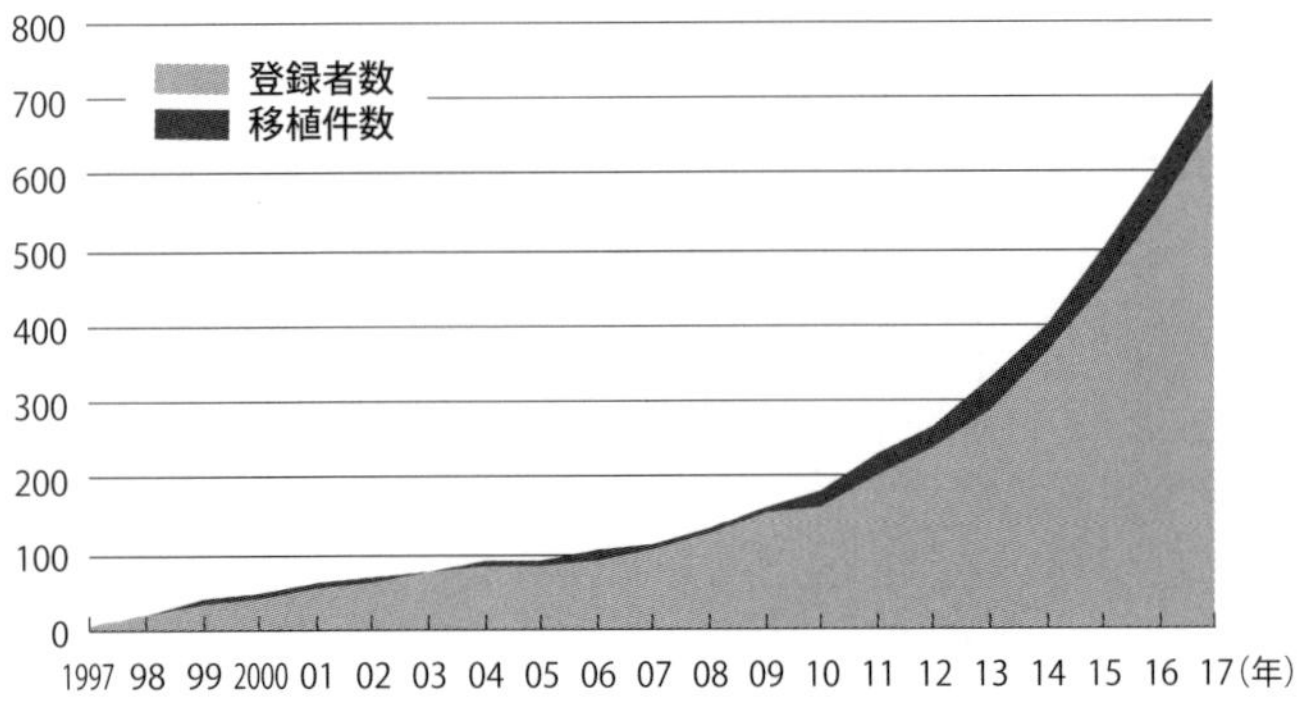

（出所）日本臓器移植ネットワーク.

提供件数と登録者数の差が大きく開き、さらに国際的な動向が明らかになってくると、新たな問題が生じてくることになる。自国内で待ちきれなくなった患者が、海外へ渡航して移植の機会を模索するという、いわゆる移植ツーリズムが蔓延するリスクが高まるのである。そこから、医療を受ける機会の不公平性や、臓器売買といった倫理的問題も生じてくる。このため、提供数の「少なさ」とその偏りは、これまでにも繰り返し問題視されてきた。２００８年には、国際移植学会が、臓器売買と移植ツーリズムの禁止を明記したイスタンブール宣言を採択し、自国内での臓器調達に努めるよう声明を出している。

こうした国ごとの違いは、なぜ生じるのだろう。臓器移植の実践を日本と北米の比較を通して考察した医療人類学者のマーガレット・ロックは、この問いかけに対して、日本社会にみられる死生観や身体観のアニミズム的な特色に着目しながら、文化的な価値観の違いを強調している。[2] 臓器提供には、身体や死に関わる社会的文化的な意味づけがともなうため、そうした固有の観念によって提供行為に違いが生じることは十分考えられる。自分の身体を自分の所有物と考えるのか、「自然」からの贈り物ととらえるのか、親からの授かりものと考えるのか、それとも社会の共有財産として一種の「公共物」ととらえるのかによっても、臓器を提供することの意味は異なってくる。日本の現行法にみられる、家族が提供の意思決定に重要な役割を果たすという考え方も、そうした文化的差異の一つといえる。

だが、文化的な価値観や固有の観念によってすべての差異が説明できるわけではない。というのも、同じ文化圏に属するとされるアジアの国々やヨーロッパの国々の間で、人口あたりの提供件数に明らかな違いがみられることを説明するには、別の要因を考える必要があるからだ。この場合、提供件数の違いは、文化的な価値観によるという以上に、政策や制度の違いを反映していると考えられる。

この点を明らかにしたのが、ジョンソンとゴールドスタインによる行動経済学的研究である。[3] 彼らは、臓器提供の意思を表明するオンライン実験において、ドナーになることに明示的に同意する場合（オプトイン）と、ドナーになることを拒否しない限り同意しているとみなす場合（オプトアウト）とでは、提供意思を表示する割合に大きな差が生じることを示した。つまり、意思表示の**デフォルト**次第で、臓器提供に対する人々の行動が大きく変化することがわかったのである。

オプトアウトを導入しているオーストリアでは、臓器提供に同意する人の割合は99・98％である。これに対して、オプトインを採用する隣国ドイツでは、臓器提供に同意する人の割合は12％にとどまっている。[4] この明らかな違いは、両国における身体観や死生観の違いに由来するというよりは、意思表示の仕方の違いによるものと考えられる。オプトアウトを採用することで臓器提供に同意している人の数を増やすことができ、それが実際に、提供数を増やすことにもつながる。日本では、臓器提供意思表示カードに提供意思を自ら書き込むことで、提供の意思表示を行うことができる。その意味では、「提供意思がない」ことがデフォルトに設定されているといえる。そして、日本で提供意思を表示している人の割合は、ドイツとほぼ同じ12・7％である。[5]

2 意思表示をする自由としない自由

オプトアウトを採用することで意思表示の割合を高めることができ、ひいては臓器提供件数の増加が期待できるのであれば、すぐにでも制度を変えればよいではないかと思われるだろう。しかしながら、臓器提供の意思表示をオプトアウトにすることに対しては、様々な倫理的懸念が表明されている。オプトアウトは、人間の臓器を獲得するための行き過ぎた介入とみなされる恐れがあるのだ。少なくとも日本では、その恐れは現実のものとして受けとめられている。

図9-2　臓器提供の意思表示に関する意識調査

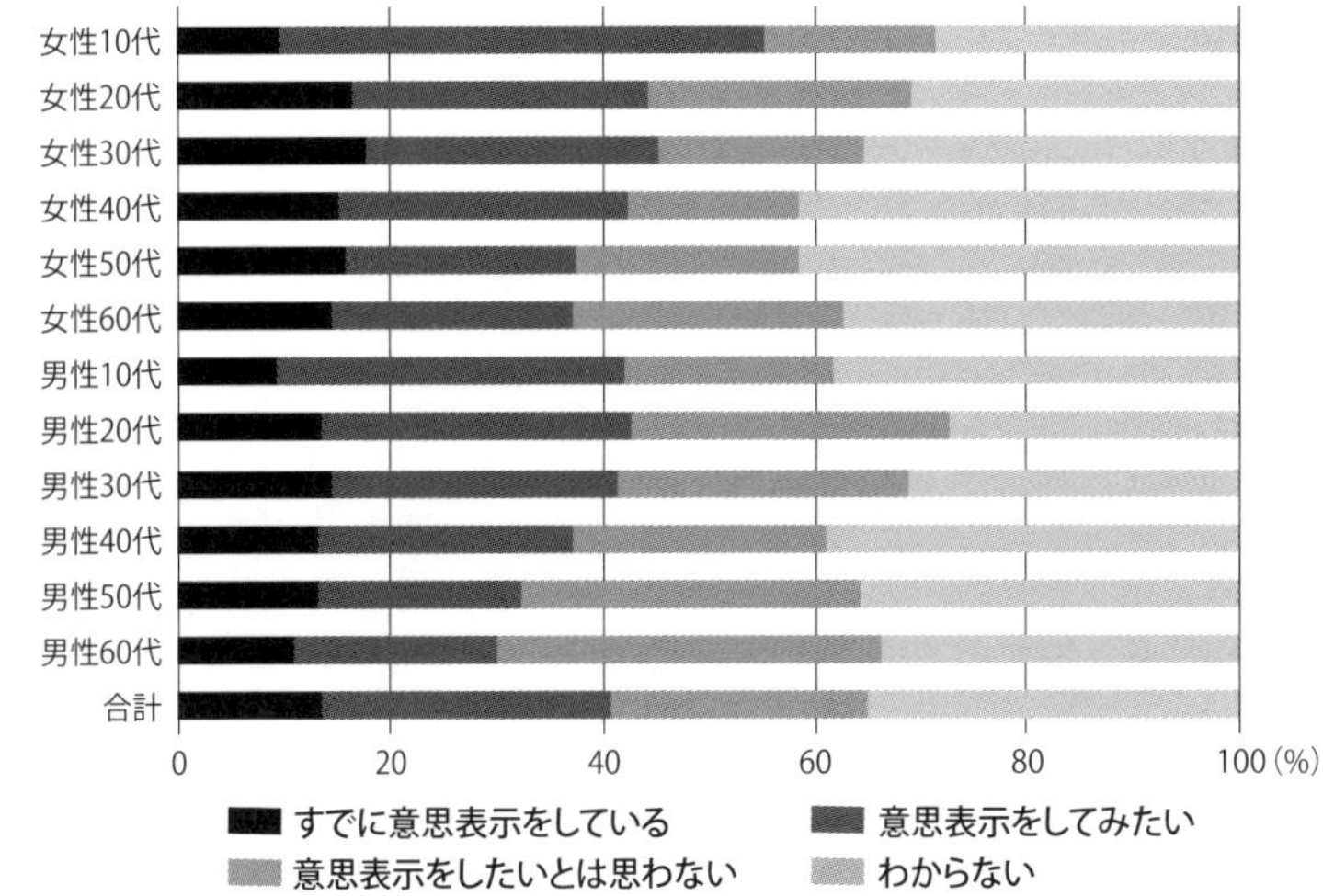

（出所）日本臓器移植ネットワーク.

公益社団法人日本臓器移植ネットワークが実施した「臓器提供の意思表示に関する意識調査」（２０１６年）によると、臓器提供の意思表示について、「意思表示をしたいとは思わない」と答えた人は２４・４％、「わからない」と答えた人は３５・０％である。[6]

仮に、オプトアウトを導入し、提供意思があることをデフォルトとすると、ここで「意思表示をしたいとは思わない」「わからない」と答えた人たちは、意思を表示していないために、「提供に同意している」ことになる。しかしながら、「意思表示をしたいとは思わない」というのは、「提供に同意する」のとは全く異なる意思である。さらに、「わからない」と答える人に対して、十分な情報を与えたり熟慮を促すのではなく、デフォルトを変更することで一定の方向づけを与えてしまってよいのかということが、倫理的な争点となる。デフォルトの変更は非常に大きな効果を生むため、場合によって意思に反する状況が生みだされてしまうことが懸念されるのだ。

そこで、デフォルトの設定をより細かく調整することも考えられる。例えば、先に記した懸念は、オプトアウトとしたうえで、「わからない」という選択肢を残すことでいくらか緩和されるかもしれない。あるいは、意思表示を義務化するなどして、「提供する」「提供したくない」「わからない」のいずれかを答えなければならない状態をデフォルトとするという提案もありうる。ただしこの場合も、「……しなければならない」という強制力を社会的に容認できるかどうかが、人間の自由を考えるうえで重要な論点となるだろう。[7]

近年の行動経済学では、デフォルトの変更とは異なる行動変容の方法も提案されている。その一つに、英国の行動経済学洞察チームによる研究がある。[8] 英国では、臓器の提供はオプトインが原則であり、意思表示の割合を高めることが重要な政策課題とされている。そこで、この研究チームでは、運転免許庁のwebページ内などに臓器提供を呼びかける8種類の異なるイメージとメッセージを掲載し、訪問者を異なるページに誘導するランダム化比較試験を行うことで、それぞれのイメージやメッセージが意思表示数の増加にもたらす影響を検証した。

その結果、8種類のwebページのうち、「もし臓器移植が必要になった場合、あなたはそれを望みますか？　もしそうであれば、他の人も助けてあげましょう」といった、**互恵性**を強調するメッセージを掲載したページにおいて、コントロール群と比較して5週間で1203件多くの意思表示が、年間では約9万6000件多くの意思表示があったことが明らかになった。提供意思を表示してもらうための小さな工夫（**ナッジ**）をメッセージに加えるだけで、少なからぬ政策効果が生まれたのである。

日本では「意思表示をしてみたい（が、していない）」人が27％に達する（図9-2）のだから、同様のナッジを用いることで意思表示の割合を増やすことができるかもしれない。ナッジの利用は、デフォルトの変更に比べれば介入の強制力が小さいことも特徴だ。サイト上のメッセージとイメージを変更するだけであれば、個人の意思決定に直接介入しているわけではないし、ただちに自由を制限しているとも言い難い。アーキテクチャを適切に設計することで行動変容が引き起こされるというこうした介入のあり方は、**リバタリアン・パターナリズム**と呼ばれ、個人の意思や自由についての新しい考え方を提起している。[9]

3 意思表示にまつわるバイアスを理解する

臓器提供について、意思表示の仕方にも増して考えなければならないのは、そもそも臓器を提供するとはどういった経験なのか、ということである。それを知るには、実際に臓器提供をしたドナー（生体ドナー）、もしくは提供の判断に関与したドナー家族の声に耳を傾けてみなければならない。

ところが、ドナーやドナー家族に対する調査は現在に至るまで十分になされているとはいえない。それは、臓器のやり取りを匿名のもとで行うことが原則とされているからだ。臓器提供に関わった当人、および家族の個人情報を保護するという観点から、当事者に直接アプローチすることは厳しく制限されている。そのため、まとまった調査を行うことが困難なのである。

そこで、脳死からの臓器提供に同意したドナー家族へのインタビューに目を向けてみよう。すると、自らの意思によって提供に同意し、そしてその決断に誇りを感じているドナー家族がいるのと同時に、臓器を提供することに一度は同意したものの、後になって自らの決断について反省や後悔の念を感じるようになったというドナー家族がいることもわかってくる。[10] 臓器の提供に関わった家族たちは、決して、揺るぎない意思を有した主体ではないし、「十分な情報があれば適切な判断ができるようになる」といった、インフォームド・コンセントが想定する合理的主体でもない。むしろ、時間の経過とともに生じる感情の揺れや、人間関係や社会情勢に配慮しながら、自らの下した判断の意味づけをしようとする姿がみられる。様々な感情や認識バイアス、そして心変わりなどのために生じる意思決定上の問題が、臓器提供行為には潜んでいる。臓器を提供するということは、一度決断を下してしまえばすべてが完了するといった問題ではないのである。

そもそも、考えてみれば当然のことではあるが、ドナーとドナー家族は同一の意思決定者ではない。臓器提供意思表示カードに意思を書き込むとき、本人はまだドナーになってはいないのだから、脳死からの臓器提供の場合、直接意思を表明できる人というのは、実際には潜在的なドナーか、ドナーの家族・親族に限られる。臓器提供がなされる場面では、本人だけが提供を決める責任主体というわけではない。そして、ドナー本人が意思決定する場面と、ドナー家族が意思決定する場面は、時間的にも、状況的にも、決して同じではない。臓器の提供は、本人の意思をカード等によって確認したうえで（現行法では、意思表示が確認できない場合でも）家族が判断を下すという、複数の主体が関与する行為として制度化されているのである。

したがって、臓器提供の意思は、特に日本では、個人の選好として評価することが難しい問題となっている。実際、臓器の提供がなされるときには、多くの場合、家族会議を開いて家族の意向を確認する作業がなされる。家族や親族のうちの誰か一人でも提供に反対やためらいを見せれば、たとえ本人が提供意思を示していた場合でも、臓器の提供はなされない。それは、わずかなためらいによって、のちに不安や不信感が引き起こされたり、提供に関わったことで周囲の人たちが苦しむようになるのを避けるためである。ドナーとその家族は、意思決定に際して異なるフレームワークに準拠しながら、臓器提供と呼ばれる行為をいわば集合的に行うことになる。それゆえ、提供者本人の意思が十分に確認できないまま家族の判断で提供を行う場合には、「あのときの判断は本当に正しかったのだろうか」と自らの決断を改めて意味づけなおそうとすることも起こりうる。残された家族にとって、本人の意思が「本当のところどうだったのか」は永遠にわからない問題となってしまうのである。

提供後に想定されるドナー家族の様々な心理的傾向は、積極的なものもあれば、後ろ向きのものもある。いずれにしても、そうした心理的傾向が生じるに際して、ドナー家族が「認識合理的にふるまうことができない」状況におかれていることを理解する必要があるだろう。心理学者のキース・スタノヴィッチが述べるように、人は自分が何を知っているかを知っていなければならないのと同じように、自分が何を知らないのかも知っていなければ、認識合理的にふるまうことはできない。(11) 臓器提供は、起こりうる事態をあらかじめ知ることはできず、また意思決定者が複数関与する集合的な行為であるために、特有の不合理さを抱えることになるのである。

問題は、この不合理さとどう向き合っていくかである。人は、何が起こるのかがイメージできない不確実な状況におかれることを嫌う傾向があるとされている。行動経済学において**曖昧性回避**と呼ばれるこのバイアスは、臓器提供のプロセスにおいても生じる余地がある。逆に考えれば、臓器を提供することが実際にどういった経験なのかを知ることで、こうした意思決定上のバイアスを多少なりとも緩和できるかもしれない。臓器提供に関わる情報や、とりわけ提供者の経験を広く共有することはもちろん容易ではないのだが、臓器提供について考えようとする多くの人々にとってそうした情報は、よりよい意思決定のための判断材料となる。

この場合、提供者の経験を共有するということは、なにも公の場で個人の名で発言するということではない。個人情報の保護を厳守したうえで、自らの経験を社会的に共有することも可能だろう。そのためには、臓器の提供に関わった後にも、ドナー家族が医療制度や社会の中でしかるべき居場所をもち続けられることが必要になる。

そうした声は、実はドナー家族の中からも聞くことができる。[12] 臓器提供がどのような行為であったのかを当事者自身が理解できるということ、そのために、提供後に少なからず訪れる心境の変化に対応するためのサポートがなされるということ、提供者やその家族に対して社会的な配慮がなされること、それは、当人たちに対する必要な支援であると同時に、臓器の提供を必要とするこの医療システム全体にとっても必要な措置といえる。臓器提供に関する様々な経験が、「個人情報の保護」という観点から一切表に出なくなってしまっている現状は、むしろ意思表示のしにくい環境を作りだし、臓器移植医療が抱える様々な課題を一層解決困難なものにしてしまう。

4 臓器移植医療システムのガバナンス

最後に、2009年の臓器移植法改定とそれ以降にみられる提供意思に関する問題を考えることで、このテーマの政策的課題を整理しておきたい。[13]

2017年の世論調査によれば、臓器提供の意思表示をしている人の割合は12・7%にとどまっており、その割合は過去20年大きな変化がみられない。[14] 残りの8割以上は、意思表明をしたくないという意思をもっているか、もしくは単に意思が不明であるかのいずれかである。法律の改定により、本人の意思が不明な場合には家族の同意だけで提供ができることになったが、それは、意思表示をしていない8割強のうちの「意思表示をしていないが、提供に反対ではない（かもしれない）」人たちに対する政策的介入と考えられる。

この結果、たとえば図9-2において「意思表示をしたいとは思わない」と明示的に回答した24・4％の意思は、「意思なし」とみなされ、家族が決定するというかたちで「提供意思」の一部に含められることとなった。現行の日本の制度は、意思表示カードが用意されているという意味ではオプトインのようにみえるのだが、実際には、本人の提供意思が明らかでない場合には、「（本人の提供意思は考慮から外して）家族が判断する」というかたちで、提供意思のデフォルトを変更したのだといえる。

臓器提供の意思表示において、デフォルトの変更を行うことが強い介入となることは、先に議論したとおりである。そうした介入に際しては、「意思を表示したくないという意思」を示すことができる余地を作ることや、「わからない」と答える者に対して熟慮の機会を提供するといった、アーキテクチャの設計に関する議論が同時になされなければならない。そうした配慮を欠いた政策は、自由に対する過剰な介入だという批判を免れないだろう。(15)

この改定により、意思決定に際して家族が背負うことになる負担がこれまで以上に重くなったという点も見過ごすことができない。ドナー家族へのサポートや支援が全く整備されていないなかで、不確実性の高い状況におかれた家族が重大な決定主体とならざるを得ない制度設計を行うことは、移植医療全体のガバナンスにとって決して得策とはいえない。

臓器移植医療においては、臓器の提供件数が少ないために様々な問題が生じているとはいえ、提供数を増やそうとすることでそうした問題がただちに解決されるわけではない。本章でとりあげた意思表示の仕方や家族の関わり以外にも、脳死判定を行う各病院のコストや、医療現場への負担といった、医療体制の実態に即した適切な介入のあり方を模索しなければならないだろう。いたずらに提供数を増やそうとすることは、却ってシステム全体に負の影響を引き起こすことになる。

デフォルトの変更や様々なナッジが、提供意思に関わる行動変容に一定の効果をもつことは、行動経済学の研究によって示された重要な知見である。そうした知見を政策に応用するうえでは、提供数や移植ツーリズムといった目先の課題に目を向けるだけではなく、誰が、誰のために、いかなる意図でアーキテクチャを設計するのかが問われなければならない。

（山崎吾郎、平井啓）

第3部

医療者の意思決定

第10章

なぜ一度始めた人工呼吸管理はやめられないのか
―倫理は感情で動いている―

【本章のポイント】

- 生命維持治療の「差し控え」と「中止」が異なる医療行為に見えるのは、行動経済学的特性に大きく影響を受けている。
- 医療者が生命維持治療を中止することを躊躇する要因として「違法性を問われる恐れ」があげられるが、実際にはこの10年以上の間、警察の介入は行われていない。
- 生命維持治療の差し控えや中止に関するガイドラインは法的根拠に基づくものではないが、様々な行動経済学的特性に起因する心理的影響を回避・軽減させる役割をもつ。

〈ステージ4の肺がんを患っている佐藤一郎さんの家族と担当医の会話〉

担当医「抗がん剤治療をしてきましたが、効果がありません。肺炎が疑われる陰影が胸部レントゲンで広範に認められ、呼吸不全があったため、人工呼吸管理下で肺炎の治療を行ったのですが、病状は回復しませんでした。佐藤さんは挿管チューブを嫌がられ、不穏状態になったので鎮静剤を投与されている状態です。しかし、自発呼吸が弱いので、人工呼吸管理を中止すると生命の維持は困難と予想されます。」

家族「夫はもともと延命治療を望んでいませんでした。先生もご存じのとおり、病気が進んでも延命治療は施さずそのまま自然に看取ってほしいと言っていました。しかし、肺炎は治療でよくなる可能性があるとのことだったので、もう一度元気になりたいという思いで呼吸器の装着をお願いしました。しかし、回復する見込みがないのであれば本人の希望に沿って呼吸器を外してあげてほしいのです。」

担当医「人工呼吸器を中止すると死を早めることになりますから、いったん始めた人工呼吸管理をやめることはできないですね。」

1 生命維持治療の「差し控え」と「中止」は何が倫理的に異なるのか

死の避けられない終末期の患者において患者本人が生命維持治療を望んでおらず、医療者も生命維持治療のメリットが乏しいと判断する場合、生命維持治療を差し控えること（以後、「差し控え」と記載）は一般に広く許容されている。例えば、全国のほとんどの緩和ケア病棟は患者に対して病状悪化時の人工呼吸管理、血液透析、心肺蘇生術などの濃厚な生命維持治療を行わないことへの合意を前提に利用を認めている。また、自宅で死を看取られるがん患者も濃厚な生命維持治療を行わずに死を迎えるのが一般的である。一方、生命維持治療の中止（以後、「中止」と記載）については「一度始めた生命維持治療はやめられない」と考え躊躇されることが多い[1]。

つまり、「中止」は「差し控え」と倫理的に異なり、してはいけない（悪い）行為であるとみなされていることになる。しかし、もし「差し控え」と「中止」が倫理的に異なる行為なのだとすると、以下に示すようないくつかの矛盾が生じる。

①佐藤さんのケースのように、基本的には死が避けられない終末期ではあるが、新たに出現した病態が回復の可能性を否定しきれない場合、いったん生命維持治療を開始してみて、その後に回復の見込みの乏しいことが明らかになった段階で治療を中止するという行為を全面的

に「悪い行為」であるとみなすべき根拠はどこにあるのか。端から回復の可能性を断念して治療を差し控えることに比べてそれほど悪い行為なのだろうか。むしろ、「疑わしきは生命の利益に」の原則に照らし合わせると、いったん治療を開始してみる方が、不確実な予断によって治療を差し控えるよりも、人道的に正しい判断といえる場合もあるのではないか。そもそも、治療一般において（例えば、抗がん剤、抗生剤など）、治療効果の有無を事前に決め難い場合、いったん治療を開始して効果を確認することは、別段、倫理的に悪い行為とはみなされていないはずであるが何が違うのだろうか。

②「差し控え」は、「自然な死を受容する」という方針のもと、苦痛を伴う生命維持治療を開始せず、そのまま自然な経過を見守る行為である。一方、「中止」は、「自然な死を受容する」という方針のもと、いったん開始した生命維持治療を中止して、そのまま自然な経過を見守る行為である。このように「差し控え」と「中止」は、いずれも「自然な死の受容」という方針に基づき、「生命維持治療を行わない」という手段によって、「死を迎えるかどうかは病気の経過次第」という結果を生じさせるという点において同じ行為である。方針（目的）も、手段も、結果も同じである2つの医療行為を、倫理的に異なる行為とみなすべきなのだろうか。

③たとえいったん、生命維持治療を中止したとしても、ふたたび治療を開始すれば生命は維持されるため、治療を中止したからといって患者が死亡するわけではない。治療の中止後そのまま治療を再開せず自然の経過を見守った結果、患者が死亡したとしたら、それは「治療を

開始せずに差し控えたから」ではないのだろうか。「差し控え」の結果、患者の死が訪れたのだとみなせばこの行為は許容されることになるのではないだろうか。

④そもそも、生命維持治療にほかならない心臓マッサージ（胸骨圧迫）を中止することは日本中の病院で日々行われている。すでに「中止」が認められている実態があるのに、なぜ人工呼吸管理の中止は認められないのか。

このように、「差し控え」と「中止」を倫理的に異なる行為であると仮定すると様々な矛盾が生じてくる。一方、逆に「2つの行為は倫理的に同質である」とみなすと、これらの矛盾は全て解消される。実際、アメリカやイギリスなどで出されている生命維持治療の差し控え・中止に関する法律、判例、ガイドラインなどを見ると、一貫して「差し控えと中止は倫理的に同質の医療行為である」と明記されている。[2] そして、生命維持治療の差し控えと中止は倫理的に同質であるとすれば、「倫理的判断の一貫性原理（2つの行為が倫理的に重要な違いがないのであれば、それら2つの行為は同様に扱わなければならない）」に基づき、「差し控え」が許容されるなら「中止」も許容され、「中止」が許容されない状況は「差し控え」も許容できない、ということが倫理的に正当化されることになる。

ただ最終的に、「差し控え」と「中止」を異なる行為とみなすか、同質の行為とみなすかは、我々の判断次第である。たとえ、「差し控え」と「中止」を倫理的に同質の行為とみなすことが合理的であったとしても、どうしてもこれら2つの医療行為が大きく異なる行為のように見えてしまうことは無視できない。不合理であったとしても、様々な心理的、感情的なバイアスの影響から逃れるのは難しいことである。では、なぜ「差し控え」と「中止」が異なって見えてしまうのか、つぎはその心理的な要因を検討してみたい。

2 なぜ、「差し控え」と「中止」は異なる行為に見えるのか

生命維持治療によって生じる利得と損失

あらゆる医療行為において、その行為を行うことの医学的妥当性は、期待しうるメリット（利得）とデメリット（損失）を比較考量して判断することになる。したがって、生命維持治療の是非を判断するにあたっても、そのメリット（生命の延長）とデメリット（治療を行うことによって生じる苦痛）を天秤にかけて比較することが必要である。「差し控え」を考慮する際には、治療を開始することによって生じる「心身の苦痛」という「損失」の方が、治療を開始することによって得られる「生命の延長」という「利得」よりも大きいと評価され、最終的に「差し控え」が医学的に妥当であると判断されることは通常の医療において珍しいことではない。

ところが、同じ状態の患者において、いったん始まった生命維持治療の中止を考慮する際には、

治療を中止することによって「生命が短縮する」という「損失」の方が、治療を中止することによって「苦痛から解放される」という「利得」より大きいと評価され、治療の中止は妥当ではないと判断する傾向がある（たとえ患者が生命維持治療を希望していなかったとしても）。当然ながら、「差し控え」でも「中止」でも、生命維持治療によって生じる「利得」と「損失」は本質的に変わるものではない。ところが、同じものを見ているはずなのに、「差し控え」のときと、「中止」のときとでは、「利得」と「損失」のどちらがより大きいかの評価がまったく逆になってしまうのである。

参照点の移動

このように生命維持治療の「利得」と「損失」の評価が逆転する現象には「参照点」の違いが大きく影響していると考えられる。我々人間は心理的に「参照点」からの変化や乖離に基づいて評価し選択を行う傾向があることが知られている。その結果、実質的に同じ選択肢であっても、「参照点」が違えば評価や選択が異なることになる。これを「**フレーミング効果**」という（詳細は第2章第2節「フレーミング効果」の項を参照のこと）。つまり、「差し控え」を検討するときの「参照点」は治療開始前の状態である一方、「中止」における「参照点」はすでに治療が開始された状態の患者である。このようにして各々の「参照点」から見た生命維持治療の見え方の違いによってその評価が異なることになるのである。このときの生命維持治療の見え方の違いについて「**損失回避バイアス**」の影響も加えて検討してみたい。

損失を回避したい（損失回避バイアス）

「損失回避バイアス」とは、利益を得るより損失を被ることを恐れるバイアスのことである（詳細は「損失回避」の項を参照のこと）。我々は「損失回避バイアス」の影響によって、各々の「参照点」から見て「損失」を与えるような変化を生じさせたくないという心理が働く。その結果、「差し控え」においては生命維持治療を「開始する」という行為によって生じる「損失」が、一方の「中止」においては生命維持治療を「中止する」という行為によって生じる「損失」が、より重視されることになる。こうして、「中止」においては「差し控え」とは逆に、「患者の死が早まること」を「避けるべき損失」と感じる心理がより強く働くことになる。しかし、もし「治療を行うことの苦痛」よりも「治療を行わないことで患者の死を早めること」の方が重大な問題なのだとすると、そもそも「差し控え」を許容することもできないはずである。

さらに、この「損失回避バイアス」から生じる人間の心理として、「**現状維持バイアス**」「**保有効果**」「**不作為バイアス**」も「差し控え」と「中止」が異なって見えることを強化している。

大きな変化を避けたい（現状維持バイアス）

「**現状維持バイアス**」とは、大きな変化を避け現状を維持しようとするバイアスのことである（詳細は「現状維持バイアス」の項参照）。つまり、「差し控え」は患者に新たな変化を生じさせず、治療を行っていない現状をそのまま維持しようとする選択なので「現状維持バイアス」に従う方向の選択であるのに対し、「中止」は治療を行っている現状からの変化を生じさせる選択なので「現状維持バイアス」に歯向かう行為となるため、「中止する」という選択は「差し控え」に比べて、選択に対する心理的な負荷が大きくなりやすいことが理解できる。

生命維持治療を手放したくない（**保有効果**）

さらに、生命維持治療の「中止」を「差し控え」より躊躇する現象は「**保有効果**」からも強化される。「保有効果」とは、すでに保有しているものを高く評価しがちなため、すでに所有している資財（例えば100万円のビンテージ・ギター）は手放そうとしないのに対して、その同じ資財を同額で入手しようとは思わないというバイアスのことである。同様に、生命維持治療に対する評価においても、すでに行われている現状においては生命維持治療を中止する（手放す）ことには躊躇があるものの、その同じ状態において生命維持治療を新たに開始（入手）しようとは思わない傾向がある。

患者の死は「選択」か「運命」か（**不作為バイアス**）

生命維持治療を中止するという選択は、「死の選択」を突き付けられる気持ちになる。一方、生命維持治療を差し控えるという選択においては、「死の選択」という心理より、「避けがたい運命として見守る」という気持ちの方が強くなりやすいのではないだろうか。無論、「差し控え」においても「中止」においても、自ら選択したのは「治療を行わない」ということであり、患者の死は「避けがたい運命（病気の自然経過）」の結果であることに変わりはない。しかし、このように患者の死が、「選択」によるものか、「運命」によるものか、異なって見える現象は、「**不作為バイアス**」も影響していると考えられる。「不作為バイアス」とは、自分が何か行動した結果悪いことが発生することの方が、自分が何もしなかったために悪いことが発生した場合よりも、「悪いことだ（損失が大きい）」と認識しやすいバイアスのことである。つまり、「差し控え」は治療を行っていない現状をそのまま見守ろうとする選択（不作為）である。そのため、自分が何か積極的に行動しているという感覚は乏しくなりがちである。その結果、患者の死が訪れたとしても、それは自分が何かを選択した結果ではなくあくまでも「運命」を見守っているにすぎないと感じやすい。一方、「中止」は治療を行っている現状からの変化を生じさせる選択なので、「中止する」という行動を起こした後に患者の死が訪れると、同じ自然な死の経過を見ているはずなのに、「本来であれば生きているはずの人が、自分の選択によって死に至った」という心理がより働きやすくなるのである。

ところでよく考えてみると、本来、「差し控え」も「中止」も医療行為における扱いとしては「治療を行わずに経過を見守る」という意味において、いずれも「不作為」と解釈できる。実際、イギリスの判例では「生命維持治療の差し控えと中止はいずれも同じ不作為であり法的に違いはない」と示されている。[3] しかし、心理的にはどうしても「差し控え」は不作為、「中止」は作為と認識されやすいのはフレーミング効果が大きく影響しているといえよう。

「差し控え」と「中止」は心理的に大きく異なる行為である

これまで見てきたように、我々が直感的に、生命維持治療の中止を差し控えと比べて躊躇しがちなのは、必ずしも合理的な根拠に基づいているわけではなく、フレーミング効果、損失回避バイアス、現状維持バイアス、保有効果、不作為バイアスといった様々な心理バイアスに影響されていることがわかる。そのため、生命維持治療の差し控えと中止は、理屈はさておき、心理的には大きく異なった行為に見えるのである。

3 生命維持治療の中止は違法行為？

確かに、生命維持治療の差し控えと中止を倫理的に同質の行為とみなすことで様々な問題が矛盾なく解決できるかもしれない。とはいっても、実際に生命維持治療を中止した結果、違法行為として訴えられることはないのだろうか。医師の中には、「生命維持治療の中止は個人的には許容できるが、実際に行うことについては訴追の恐れがあるため躊躇する」という意見は少なくない。

過去には生命維持治療を中止した医師が警察の介入を受け送検されたケースが存在する（２００４年道立羽幌病院事件、２００６年射水市民病院事件、２００７年和歌山県立医大病院事件）。これらの事件はニュースでセンセーショナルに（例えば「安楽死を実施した医師に殺人容疑」といった文面で）

取り上げられたりしたものの、最終的にはいずれも不起訴に終わっている。しかし、その顚末はほとんど取り上げられておらず人々の印象には残っていない。メディアの扱いによって人々の受け止め方は大きく異なる。例えば、羽幌病院の「事件」は、30分以上にわたって心肺停止に陥っていた90歳を超す患者において心拍は再開したものの病状の回復が見込めないため人工呼吸管理を中止したケースであった。実際のところ、この行為が「犯罪とみなすべき悪事」と広く社会から非難されたわけでもなく、司法的にも不起訴になっているにもかかわらず（というよりそもそも「安楽死」ですらないのだが）、「活字の威力」は絶大である。これら一連の出来事が一般市民だけでなく、医師に与えた影響は計り知れない。**「利用可能性ヒューリスティック」**の影響によって、多くの医師は生命維持治療の中止を「安楽死の一種である」「違法な行為である」と解釈するようになった。「利用可能性ヒューリスティック」とは、想起しやすい記憶情報を優先的に頼って判断してしまう傾向のことであり、我々人間はとりわけインパクトが大きな情報に判断が引きずられやすい傾向がある。このようにして誰が定めたわけでもない「一度始めた生命維持治療はやめられない」という不文律は「利用可能性ヒューリスティック」によって確信となっていったのである。

しかしながら、実際には、先の事件の後、生命維持治療の中止は少なからず実施されていることがわかっているが（NHKのドキュメント番組でも公表されている）[4]、この10年以上の間、生命維持治療を中止した医師が警察の介入を受けたケースは一件も報告されていない。もはや、生命維持治療を中止したからといって無条件に法的な介入を受けることを心配するのは、わずかな訴訟のリスクを過大評価し、「訴えられるかもしれないから治療を中止できない」と過度に心配している状態に陥っているといえよう。これは人間の心理としてプロスペクト理論がいうところの「**確率加重関数**」が大きく影響していることにほかならない。「確率加重関数」とは、人間の認識する確率と、実際の確率にはズレがあり、低い確率の現象については実際よりも確率を大きく見積もる傾向があるバイアスのことである（詳細は「確率加重関数」の項を参照のこと）。

ただ、「訴えられることを心配するのは杞憂である」とはいうものの、一人の医師が、必要とされる決定プロセスを経ず、独断で生命維持治療を中止しても違法性を問われないのかというと慎重にならざるを得ない。判例を振り返ると、１９９８年に起こった安楽死事件（川崎協同病院事件）における医師の一連の行為について違法性が示された判決が出された。この事件の裁判では、被告人たる医師が行った人工呼吸管理の中止と筋弛緩薬の投与によって生じた患者の死について、必要な検査等を実施せず被告人が一人で病態を判断したことから被害者は回復不可能な病状とは断定できないこと、さらに患者本人の明確な意思が不明な状況で家族に適切な情報を提供したうえでの意思の確認を行うこともしなかったことから治療中止の意思が確認できないことにより殺人罪の判決が下された。つまり、一人の医師による独断的な医学的判断と患者・家族の意思確認不足に問題があったため犯罪とみなされたのであり、治療中止そのものを全面的に違法と判断したわけではない。かといって合法とみなしうるための要件が示されたわけでもない。結局のところ、生命維持治療の中止が違法なのか合法なのか司法の判断は示されていない。この判決を行った東京高等裁判所は「治療中止の問題を解決するには、法律を制定する、あるいは、それに代わるガイドラインを策定する必要性がある。……この問題は、国を挙げて議論・検討すべきものであって、司法が抜本的な解決を図るような問題ではない」と言及している。なお、わが国において生命維持治療の差し控え・中止を法制化する動き（いわゆる尊厳死法案）はかねてからあるものの、一度として国会で議論すらされていないところを見ると、当面のあいだ法制化は期待できないだろう。

4 ガイドラインは法律の代わりになるのか

法制化が進まないのをはた目に、先の事件の影響もあり、２００７年に厚生労働省から「終末期医療の決定プロセスに関するガイドライン[5]」が出された（２０１８年３月改訂）。このガイドラインは意思決定のプロセス、とりわけ患者の意思の把握に重きを置いたものとなっている。ただ、自己決定を重視するのはもっともだとしても、生命維持治療の差し控えや中止の判断は人の生命に直結する問題であること、人間の意思は変化しやすいこと、様々なバイアスの影響を受けやすいこと、そして「自殺幇助《ほうじょ》」を犯罪としていることとの整合性などを含め、生命維持治療の是非を患者の自己決定のみに委ねて丸投げするわけにもいかない。患者の意向を最終確認する前に、医学的な妥当性の検討が「差し控え」・「中止」を正当化するうえで必要になる。治療の中止等について当ガイドラインでは、「医療・ケアチームによって、医学的妥当性と適切性を基に慎重に判断すべきである」としている。この文面から、医師一人が独断で判断せずチームで判断すべきであることは理解できるものの、中止等を許容するための具体的な要件は示されていないため、実際問題として、誰と誰によって、何を、どのように「慎重に判断」すればいいのかわからないという声も少なくない。適正な医療を実践するためには、「差し控え」や「中止」を許容するための要件、とりわけ「治療義務が限界に達していること」の判断基準を明示してほしいというのが現場の本音であろう。

本来、「差し控え」や「中止」の妥当性を法的に担保するためには実体的要件を法律で規定しておく方がいいのかもしれないが、法律がないなかではガイドラインが医学的な妥当性という形で示すよりほかない。こうした状況も踏まえて、専門家団体や医療機関などから各専門領域について生命維持治療の差し控え・中止を許容するための要件を示したガイドラインが出されている。(6)むろん、これらのガイドラインは法律に基づいたものではなく、あくまでもよい医療を実践するためのプロセスのあり方を示した指針として作られたものであるため、遵守することが直ちに医師の刑事責任を免責する法的根拠になるものではない。とはいえ、これらのガイドラインの作成にあたっては「遵守すること」と「刑事責任」との関係に大きな関心がもたれてきたことも確かである。日本老年医学会のガイドラインでは、「本ガイドライン案に則って、関係者が意思決定プロセスを進めた結果としての選択とその実行について、司法が介入することは、実際上はあり得ず、あるとすれば極めて不適切である」と主張し、賛同する法律家29名の氏名も掲載している。

現在、法律家の間での主流の意見は、医療行為の一環であるところの「差し控え」・「中止」に関して、行政及び専門団体の出すガイドラインに則って医学的に妥当だと慎重に判断された行為を、事後的に警察や裁判所が現れて犯罪として責任を問うというのは現実的には考えにくいということである。こうした背景から、法的な根拠はないとしても、ガイドラインを遵守することは医療者にとって心理的な負担を軽減させる役割を果たしているといえよう。

5 ガイドラインの行動経済学的役割

行動経済学的特性の影響やヒューリスティックス・バイアスの回避

医療現場では常に正しい判断を求められているものの、差し迫った状況において最善の選択肢を熟慮する余裕は少ない。とりわけ、生命維持治療の是非のような法的・倫理的・社会的にデリケートな問題は、エビデンスに基づく臨床的な判断に加えて、倫理的な判断、患者・家族の意向、専門家のコンセンサス、法や判例の解釈、社会的な合意など複雑な問題をあわせて考慮しながら迅速な意思決定を求められる。自ずと熟慮を重ねることには限界があるため、行動経済学的特性の影響を受けた、あるいは、**ヒューリスティックス**（**経験則**）をよりどころとした直観的判断に委ねることになりがちである。

賢人が言うところの「倫理・道徳は理屈ではない。人間としての直観こそが重要である」という直観主義も一理あるだろうが、たとえ経験豊富な医師といえどもこれだけ複雑な判断を行わなければならないとすると、行動経済学的特性の影響や**ヒューリスティックス・バイアス**を免れるのは困難である。実際、先の「川崎協同病院事件」なども経験豊富な医師が行った行為であるが、熟慮システムが十分に働かなかったことが問題の一因ともいえるだろう。このようにヒューリスティックスに潜む様々なバイアスの影響を医療者は無視できないため、あらかじめ治療方針の決定プロセスに関する指針を作っておくことで、典型的な大きな誤りを防ぐことが望まれているのである。つまり、ガイドラインが「**ナッジ**」としてうまく機能することによって、人間のもつ心理バイアスの影響を極力回避しながら、感情と理性の衝突を緩和し、法的問題のみならず、複雑で難しい倫理的問題をより合理的で迅速、公平そして円満に解決することが期待できるのである。

安易な選択肢に飛びつかないための「決め方のルール」

「ガイドラインが作られると、個々の問題をきちんと考えず、安易に生命維持治療の差し控えや中止の判断がなされるようになるのではないか」という懸念の声は少なくない。実際、日本小児科学会が出しているガイドライン(7)では「具体的な要件を示すことで安易に答えに結びつかないようにする」旨が示されており、あえて治療の中止等を許容するための要件を示すことをしていない。

確かに、人は惰性で選択する傾向があり、難しい選択を行うことが煩わしい場合にデフォルト（初期設定）を選択しがちな傾向がある（**デフォルト・バイアス**）。そのため、ガイドラインが「○○な病態の患者への生命維持治療は中止することが望ましい」といったデフォルトで要件を示していれば、その病態に該当する人たちに対して安易に治療中止が実施されるという懸念が生じるかもしれない。

しかし、国内外の生命維持治療の差し控え・中止のガイドラインを見渡してみてもそのような形で要件が示されているものはない。対象となりうる患者の要件として「回復が見込めない終末期の患者」と示されていたとしても、「回復が見込めない患者の生命維持治療は中止すべきである」と述べられているわけではない。一般の診療ガイドラインと異なり、生命維持治療の差し控え・中止に関するガイドラインは、該当する患者に対して「何を選択するべきか」という形の規範を示したものではなく、「どのように選択するべきか」という手続き的要件を示すことが中心的な役割となっている。

例えば、「回復が見込めない終末期の患者」であるということを、誰が、どのような手順で判断するべきかというプロセスのあり方を示すのである。したがって、むしろ要件が示されていない方が、「どのように話し合うかは現場の納得さえあればよい」ということになり、ヒューリスティックス・バイアスの罠に陥りやすいといえる。現場の話し合いがヒューリスティックス・バイアスに影響されすぎないようにするためにこそ、話し合うべき方向性と手順を示すための要件を設定しておく必要がある。こうして「決め方のルール」をデフォルト設定しておくことで、難しい選択に迫られたときの意思決定のプロセスをガイドラインのルールに従わせるように図られているのである。ノーベル経済学賞を受賞したハーバート・サイモンは人間のもつ合理性の限界をとらえ「手続き的合理性（合理性は選択の結果ではなく、選択の過程や方法について論じるべきだ）」を主張しているが、各ガイドラインが意思決定のプロセスを重視しているのは、まさに人間のもつ合理性の限界を踏まえて、手続き（決め方）のルールを定めることによって、より合理的かつ納得のできる選択を行えるための指針を目指しているといえよう。

濫用を防止する「歯止め」

生命維持治療の差し控えや中止が許容されると、時としてその適応が徐々に拡大され、結果として、死ぬべきでない患者が死に至らしめられるという濫用が生じること、いわゆる「滑りやすい坂道[8]」を滑り落ちることが懸念される。ナチス・ドイツの安楽死政策の例を挙げるまでもなく、人間は「滑りやすい坂道」を滑りやすい存在である。「滑りやすい坂道」を簡単に滑らないようにするためには、医療者を含む社会の判断が望ましくない方向に大きくそれてしまわないように、「滑り坂論法」に基づいて生命維持治療の差し控えや中止を全面的に禁止するということも選択肢になりうるだろうが、すでに「差し控え」は広く社会的に受け入れられていることを考えると現実的ではない。そして、「中止」のみを禁止するという方法は現実問題として先に述べたような矛盾をはらんでいる。そのため、滑り坂論法に替わって滑りやすい坂道を滑り落ちないための工夫として考えられるのが何らかの「歯止め」を用意しておくことである。ガイドラインにおける「要件設定」はまさにこの歯止めの役割を果たすものでもある。つまり、「回復の見込みのない終末期の患者」「患者の明確な意思が存在する」といった形で「差し控え」・「中止」を許容しうる患者の実体的要件を定め、これらの要件を満たさない人は、治療中止の対象にしてはならないという形で外枠を定めることによって「歯止め」となるのである。あくまでも、ガイドラインが示す実体的要件は、該当する人を治療中止に導くためのものではなく、濫用を防止するためのものであるということをあらためて銘記されたい。

医師の自由裁量を制限する「コミットメント」

医師は医療行為を行ううえでの責任者として、その決定において自由裁量によって最終的な判断をする権限をもつ。ところがガイドラインの遵守を求められることによって、そうした医師の自律（裁量権）が損なわれるのではないかという懸念があるかもしれない。その点において、そもそもガイドラインの遵守は任意であり、強制力はない。厚生労働省や各専門団体が出している生命維持治療の差し控え・中止に関するガイドラインについて遵守しなかったからといって何らペナルティは示されていない。あくまでも、ガイドラインという名の**リバタリアン・パターナリズム**を自ら選択するかどうかの問題である。

人間の性として、よくよく冷静に考えてみると選択しないようなことを、慌てていたり、思い違いをしていたり、動揺していたり、感情的になっていたり、独善的になっていたり、といった理由から熟慮を欠いてしまい、思わず選択をしてしまうことは少なくない。そこで、あらかじめガイドラインという**コミットメント**を設けることによって自由裁量の権限を縛りつけておけば、意思や判断力が弱くなったときに熟慮を欠いた選択をする可能性を減らすことができ、結果的には倫理的な問題やさらには違法性などの重大な追及を「個人として」受けるリスクを減らすことも期待しうるのである。

また、ガイドラインは個別の事情が考慮されず、ステレオ・タイプの選択を押し付けられることに抵抗を感じるかもしれない。しかし、プロセス・ガイドラインは決まった選択肢を強制するものではなく、選択の仕方を示したものなので、「個別の事情」は許容しうる範囲内で慎重に議論することが可能であり、むしろ考慮されるべきことである。ステレオ・タイプな合理性に陥って、個別性（とりわけ感情面）の配慮がないがしろにされないようにしなければならない。

医療は人を幸せにするためのものであり、幸せの多くは合理的に導かれるものではなく、感情によって導かれるものである。

（多田羅竜平）

第11章

なぜ急性期の意思決定は難しいのか

【本章のポイント】

- 循環器疾患の急性期において、治療法は「蘇生行為を行う」がデフォルトである。しかし、患者の価値観を重視して「蘇生行為を行わない」治療法を選択するという意思決定も医師は考える必要がある。
- 急性期における蘇生行為に対する意思決定は、医療従事者も患者もともに認知バイアスの影響を強く受ける。
- 医療従事者はどのような表現を用いてもある程度誘導してしまう可能性（フレーミング効果）を理解しておく必要がある。

78歳の男性が、呼吸困難を突然自覚し、救急外来に救急車で搬送された。非ST上昇型急性心筋梗塞に伴う心不全と診断された。酸素、利尿薬および強心薬の点滴という治療を現在行っている。左室駆出率が20％前後と極めて心機能が悪いため、ここから急変の可能性が高いと医師は考えた。そのため、急変時の対応について、本人および付き添いの75歳の妻、緊急で呼び出された50歳の息子と相談しているところである。

医師「急変の可能性もあり、心停止になった場合に心肺蘇生行為を行うかどうかを事前に決めておく必要があります。心肺蘇生行為というのは人工呼吸と心臓マッサージを含み……。」
妻「そんなこといきなり言われても……。」
息子「それをすれば元通りになりますか?」
医師「心停止になってしまった場合には心拍再開および社会復帰するレベルまで回復するのは厳しい可能性があります。」
本人「もう延命処置はやめてくれって言ってるんです、ハァハァ。」
妻「確かに、本人は以前からそう言っていますが、私は生きていてほしいです。」
息子「わずかな望みがあるのであればやってもらった方がいいんじゃない?」
医師「(いつも思うが、急性期にこんなこと決められるのか……。どうすれば合理的な意思決定ができるんだろうか……。」

1 循環器領域における意思決定

全ての医療行為には意思決定を伴うが、意思決定はまず第一に、医療従事者による意思決定（診断および治療適応判断）がなされて、第二に、患者の意思決定がなされることとなる。[1] 医療における意思決定を議論する場合、議論が複雑になるのを避けるため、医療従事者は完全な情報をもち極めて合理的な意思決定を行うという完璧な人間像を前提条件とすることが多い。しかし、本書においては、医療従事者そのものにも行動経済学的な意思決定バイアスがあるという想定をする点が大きく異なる。

実際にこの医療従事者と患者という2段階における行動経済学的な意思決定が複雑に絡み合う様子はこれまでの章でも触れられてきた。医療従事者と患者の意思決定で循環器領域に特徴的に出現する行動経済学の観点からみた問題の特性として次の2つのものがある。

①急性期に意思決定しなければいけないという時間的限定性

②予防を中心とした慢性期における、行動変容の難しさ

本章では、主に「急性期の意思決定」について議論し、生活習慣病における行動変容の問題に

ついてはすでに第5章で触れた行動変容に通じるところがあるため、最後に少しだけ触れておく。なぜ「急性期」について特別に議論する必要があるか？　医療従事者として、診断の正確さや治療の迅速性を求められるうえ、一定の割合で生命に直結する合併症なども起こるため患者のみならず、医療従事者にとっても心的負担が多い。これらの状況において、行動経済学的なバイアスが発生する可能性が高いからである。これまでの章における合理的意思決定に向けての話と少し趣向が違うのは、〝意思決定が合理的なのか、非合理的なのか考える間すらない〟という点である。そのような際に、医療従事者と患者・家族がどのような方法で意思決定してしまっているのか？　ということを整理する。そして、医療従事者には明日からの診療で違った視点で患者との意思決定を考える一つのきっかけとなることを期待したい。

2 急性期の意思決定：その最たるところである心肺蘇生

急性期の意思決定の典型例は、〝心肺蘇生行為（cardio-pulmonary resuscitation; CPR）〟を行うかどうか？　というものである。わかりやすく言えば、人工呼吸管理（もしくは挿管）および心臓マッサージをするかどうかという意思決定である。おそらく、蘇生行為を行うかどうかは、急性期における一番重要でかつ、難しい問題だと考えられる。人工呼吸管理と心臓マッサージという2つの行為を、医療従事者は〝延命処置〟と患者に説明することが多い。〝延命処置〟という表現を用いるのは、これらは主に心臓が止まった患者、医学用語で言えば心停止患者において行われる医療行為だからである。

蘇生行為は、実際にはBLS／ACLSといくつかのレベルに分解されるが、医療従事者においてはほぼ誰でも実施可能である。土俵で倒れた人に看護師が心肺蘇生行為を行ったことが話題となったが、行為としてはBLSであり、心肺蘇生行為となる。自動車教習所などで学習する、心臓マッサージと気道の確保（心停止時には自発的には呼吸できない）などはBasic Life Support（一次救命処置、BLS）と呼ばれる。これらに加えて薬剤や高度な気道の確保（これが気管挿管：人工呼吸というものになる）を行えるようにしたものを、Advanced Cardiovascular Life Support（二次救命処置、ACLS）と呼ぶ。ちなみに、このBLS、ACLSは医学的に普遍なものであるが、米国心臓協会が作成したガイドライン・指針にのっとって世界で5年おきに更新されている[2]。これらは、極めて普遍的なものであり、極めて細かい行動まで、明確な方法で指示されているので講習を受講している医療従事者であれば、心停止時にはすぐさま実施することが可能である（土俵での心肺蘇生行為を想像していただければわかるだろう）。つまり通常は、蘇生行為は実施することがデフォルトとなっている。蘇生行為を行うことがデフォルトとなっており、細かく行動までアルゴリズムに落とし込まれていることは、当たり前だと思われるだろうが、生命を維持するためには非常に有効である。

3 蘇生行為をしないという決定（デフォルトの変更）

実際には、病院や医療従事者では、急変の可能性が高い患者には、人工呼吸管理および心臓マッサージを合わせて〝ＣＰＲをどうするか〟を急性期の入院時に確認するようにしていることが多い。[3] せっかく生命維持のために蘇生行為がデフォルト設定になっているのに、なぜ「事前にＣＰＲを行うかどうか」を確認する必要があるのかという疑問をもつ人もいるだろう。これは時代の変化により、患者の価値観が変わってきたことが大きい。人工呼吸などで生命を維持できたとしても、意思疎通ができない、今回の病気で前までの生活を送れないような身体能力になるのであれば、生命のみを維持しても意味がないと感じる患者が多いのは容易に想像されるだろう。そういった患者の価値観も大切にするためである。蘇生行為の結果、人工呼吸器依存状態となった場合に、人工呼吸を途中で中止することがなかなか難しいことは第10章でも触れている。そのため、そのような状況を希望しない患者においては、患者本人の意識があるうちに、確認つまり「蘇生行為を行わない」意思決定をする必要がある。そのような価値観を踏まえて、ＣＰＲを行わないということを決定したときにDo Not Attempt Resuscitation（ＤＮＡＲ）と表現する。ＤＮＡＲを決定とは医療従事者と患者の間での意思決定に関する前提条件の共有の問題である。[4] ＤＮＡＲを決定することは、行動経済学の観点では、これまでの「蘇生行為を行う」というデフォルト設定を「蘇生行為を行わない」というデフォルト設定に変更したということである。

4 患者の意思決定：解決策として事前指示が可能か

蘇生行為に関する意思決定の内容に関して説明してきたが、これらを「いつ」行うかについて触れていきたい。最初の患者の例でもわかるとおり、本当に調子が悪くなった「急性期」に蘇生行為をするかどうか意思決定するのは非常に難しいことは容易に想像できる。そうした歴史の中、蘇生行為に関する意思決定を「急性期」ではなく、「事前に」決めておく方法もある。第8章でも触れたとおり、事前指示（Advance Directive; AD）や、アドバンス・ケア・プランニング（Advance Care Planning; ACP）などが提唱されている。

これらの方法は、これまでも臨床現場で用いられているが、ADもACPも実際の急性期のその瞬間になってみると意思決定が変わってしまうことが多いという点が課題である。これらの合理的ではない決定は行動経済学的に説明可能な要素が多い。例えば「最近友人が人工呼吸器依存状態になってしまった」であったり、「心臓マッサージで肋骨が骨折した」ということを聞いたことが患者の意思決定を変えてしまうというような、利用可能性ヒューリスティックはその典型である。またADやACPといった「事前」であっても、将来時点の人工呼吸依存状態の効用と現在時点の延命処置が必要な状態における効用と比較して意思決定をする場合、現在バイアスが影響を及ぼし、将来のことを常に過小に評価してしまい、合理的には決定できないことも多いだろう。

特に「急性期」の特徴として、意思決定の迅速さを求められるため、経験則や利用可能な情報で瞬時の判断をしてしまわざるを得ない（ヒューリスティックス）ことも大きく影響している。[5] 例えば、「蘇生行為を行わない」事前指示があったとしても、目の前の患者が苦しい症状などがあった場合には、家族が延命処置を希望してしまい、ADと方針が異なってしまいうることなどは、先ほど触れた現在バイアスから理解できる。「事前意思決定の時点」と「急性期」はそれぞれ「現在」が異なるので、意思決定においては反対の方向に作用する。この要素は理解しておくべきだろう。

実際には医学的にここまで明確な話だけではない。ここでは、理解しやすいように蘇生行為を行うかどうかを人工呼吸依存状態の有無と蘇生行為自体に対する効用という単純な意思決定モデルで考慮したが、実際の医療現場では人工呼吸のための挿管の失敗や、他の血行動態の問題、さらには心肺停止の原因などに大きく影響を受ける。医療は完全であるというものが患者の理想であるが、実際の医療現場で得られる情報の利用可能性の限界でそのようなことが起こるのが現実である。

患者の病態が「可逆性かどうか」ということもよく家族から聞かれることである。この質問には選択を延期したいという家族の希望が隠れている。つまり、今の意思決定が今後も影響を与えると考えたくないということである。病態の不確実性は患者・家族が考えているより実際には大きいことが多い。医療従事者と患者との間でのリスクの認知の違いである。こういった個々の因子をより細かく考えていけばいくほど、モデルは複雑化され、利用しにくくなる。本章では、こういったそのモデルの問題点全てを解説するのは限界があるため、まず単純な状況で考えてゆきたい。

ＡＤ、ＡＣＰをしていても最終的には現在の臨床現場ではその急変時にある程度医療従事者（と家族）が忖度して対応しているのが実情である。つまり、事前の意思決定はＡＤ、ＡＣＰはある程度の役には立つが、実際にはそれで全てを急性期の意思決定と同一視するわけにはいかない。かといって、急性期の意思決定は、通常のときよりも直感的に決定してしまいがちとなる[6]。理想的には、事前の意思決定と瞬間的判断を要する急性期の意思決定の特徴を理解しながら、偏りがないように医療従事者が合理的に最大限の努力をもって意思決定をサポートすることが望ましい。最終決定は「急性期」であるため、ある程度の意思決定要因のデータが収集されてきたところで、アルゴリズムなどに落とし込むことが今求められている。各施設でそのようなアルゴリズムを構築し、検証してゆく必要がある。

5 急性期の意思決定：医療従事者の気持ちが反映してしまう

患者の意思決定が非合理的になってしまうことは、これまでの章でも多々触れてきたので、ここでは、急性期における医療従事者側の意思決定における注意点についても触れておきたい。よくあるシチュエーションとしては、次の2つである。

ケース1　93歳男性で、慢性心不全、慢性腎不全で透析中。明確な事前指示は確認していないが、繰り返す入院で本人もやや疲弊している。家族は積極的な治療はあまり希望していない。本人はかなり呼吸困難が強く、酸素化も低下しており、医学的に人工呼吸管理が必要である。

ケース2　30歳女性で、既往として特記すべきことなし。数日前からの感冒症状で胃腸炎になったと昨日言っていたということ。来院当日かなり体調不良ということで来院したが、来院時血圧80／60㎜Hg、心拍数150bpm、酸素飽和度78％（100％リザーバーマスク）。家族は現在連絡がつかない。

一般的には、ケース1の場合は、担当医は「延命処置は負担をかけますので苦しさはとりますが、負担のない治療にしましょう」という形での提案、ケース2は延命処置という表現より、「急変ですので、人工呼吸で呼吸をなんとかサポートして頑張りましょう」といったように同じ医療行為に対してかなり表現を変えて提案することも多い。

日本語として曖昧な表現であるが、ケース1ではネガティブに表現し、ケース2ではポジティブに表現している。これは第2章第2節にある、フレーミング効果であると言える。医療従事者の中では、特に急性期における意思決定の過程で、ある程度医師が意思決定した方向に患者の意思決定を誘導してしまうことができるということを理解しておかなければいけない。

これらは、医療従事者と患者が意思決定をする場面（医療面接）で、第4章でも触れたパターナリズム（父権主義）に通じるところがある。文字通り、親が子供に強制力を働かせたり、国が国民にある程度強制力を働かせることに近いが、医療従事者はそれに似た〝権力〟を無意識に働かせてしまっていることに気づいておくべきである。気づかず誘導してしまうため、リバタリアン・パターナリズムの考え方に基づく適切な臨床現場での意思決定となっていないことが多い。ケース1とケース2における説明表現はどちらも誘導的なものである。もちろんこういった表現を多くの医師は、臨床倫理における無危害の原則に基づき、忖度して選択している。しかし、実際には意思決定場面での情報提供において、ある選択に対して優位性を含ませずに行うことは非常に難しい。

例えば、「30％以上の確率で死亡し、50％の確率で人工呼吸管理依存状態になります」と確率で具体的に医師に説明されても、患者・家族は理解できなくなってしまうことが多いだろう。これは主に、患者・家族側の医学的なリテラシーのレベルが低いという問題や医師と患者・家族間でのリスクの認知のギャップが存在していることから生じている。どのような表現もなんらかのフレームをもっていて、患者・家族には影響を与えてしまうことを、医療従事者は認識しておくべきである。こう考えると、医療従事者は医療面接技術、心理学、倫理学に加えて、行動経済学・言語学の素養も必要となってくる。一つだけ注意が必要で、これは第4章と同じく大量の情報では脳が処理しきれず、選択肢過剰の場合には、適切な選択が行えないという問題があるということは実際に医療従事者も知っておく必要がある。[7] 患者にはある程度シンプルな意思決定のみにまとめておくほうが、患者自身もよりよい意思決定を行いやすくなる。これは医療従事者にとってもメリットが多い。この側面からもある程度のアルゴリズムなどを用意することが期待される。

6 急性期に備える患者と医師

最後に循環器領域のもう一つの側面に触れておく。予防である。疾患になることを予防する一次予防も疾患の再発を予防する二次予防も、疾患にならないようにするために行うことを「予防」という。がんと異なり循環器領域（この場合には脳卒中も含める）では、特に動脈硬化疾患に関して20世紀半ばのフラミンガム研究をはじめとして、かなり予防についての研究が進んでいる。[8] また、意外にその予防研究の効果については、すでに非医療従事者にもよく知られている。例えば、メタボといった特殊用語や、高血圧はよくないということは今や誰でも知っているレベルにある。こういった高血圧・脂質異常症・糖尿病に加えて喫煙などの生活習慣の改善が予防となることは誰もが知っている知識ではないだろうか。

生活習慣が重要という点でこうした疾患の対策には、行動経済学的な要素が重要になる。こちらはここまで議論してきた急性期における意思決定と異なり、ワクチン接種の効果や意思決定などに非常に近い。しかし、生活習慣改善は、ワクチンのように1回投与しただけで解決するわけではなく、継続的な努力が必要となることが、両者の違いである。そして、この点が生活習慣病における大きな問題でもある。

この生活習慣病との関連は、比較的がんと議論の方向性が近いので、これまでの章を参考にしていただきたいが、例えば、喫煙を例に挙げてみよう。例としては3年前に心筋梗塞を発症した56歳の中小企業の会社社長、佐藤さんとしよう。

医師「佐藤さん、まだタバコ吸ってるんですか?」
佐藤さん「先生、タバコはやめられませんよ。」
医師「そんなこと言ってると、また心筋梗塞とか、脳梗塞になりますよ。」
佐藤さん「俺は家族とかに面倒かけるなんてありえないし、絶対ピンピンコロリがいいや。」

医師「タバコをやめた方が、脳梗塞・心筋梗塞の確率は下がりますよ。」
佐藤さん「わかってるんだけどねぇ、今全く痛くないからねぇ。」

これは医療現場ではよくある風景である。一般の読者の方でも自分のこととして、タバコをダイエットや依存性のある娯楽とみなして考えてみて頂けるだろう。世間では受動喫煙についての議論が様々行われているが、医療従事者の現場としては、一度心筋梗塞などのイベントを起こした患者の二次予防こそ、少なくとも本人にも理解して、是非禁煙してもらいたいのである。現在の楽しみと将来の健康の間の意思決定であるので、将来の健康の価値を現在どの程度重視できるかというのは、第2章で議論した時間割引の問題であり、行動経済学的には現在バイアスが発生しやすい状況である。本人が悪いと認識していながらもやめられない生活習慣については、患者には悪意はない。しかし、医療従事者側は本来〝改善可能〟である患者の行動に対して、いらだちなどの陰性の感情を起こしてしまうことがある。血圧、体重減少、喫煙など全部を考慮して、生活習慣病という表現は言い得て妙である。生活習慣の行動変容が大切なのである。

実際にこれらの行動変容にはいくつかの方法論があるが、第5章で触れたトランスセオレティカル・モデル（Trans-theoretical model）を参考にしてもらえればよいだろう(9)。

現在は日本でも減量を目的としたスポーツジムで、コミットメントをうまく利用したライザップが非常に成功しているのと同様に、生活習慣形成の行動変容には行動経済学的な考え方が有効であると考えられる。効果が期待されているのは、ナッジであり、それらをいかにこの分野の行動変容に取り組めるのか、ということを意識しながら医療従事者、患者とも考えていくことが大切である。

7 医療従事者が認識しておくべきこと

ここまで、急性期を中心とした意思決定における行動経済学の関わりと、最後に生活習慣病といった慢性期の行動変容まで幅広く触れてきた。現在バイアスの話題にも多く触れたが、意思決定は時間軸でも大きく影響を受ける。循環器領域では特に「急性期」の意思決定の難しさがあることを繰り返し述べた。医療従事者は次の2点について認識しておくべきである。

第一に、患者・家族は様々な認知バイアスのために合理的ではない選択を容易に行いがちであることを知っておく必要がある。そのため、医療従事者は、患者・家族が理解しやすい有効かつ適切な情報提供の仕方を考えるべきである。これは知識（リテラシー）の観点、情報の妥当性と情報量の観点に注意する必要があるということである。第二に、医療従事者自身も無意識に恣意的な情報提供を行っている。そのため、医療従事者は、意識的に「どのように」情報提供しているかということについては考察しておく必要がある。情報提供の方法論についても我々はまだまだ学習し続ける必要がある。

（水野篤）

第12章

なぜ医師の診療パターンに違いがあるのか

【本章のポイント】

- 医師が、合理的な判断をいつもしているとは限らない。
- 女性医師は、男性医師に比べてよりガイドラインを遵守する傾向がある。
- 女性医師が担当した患者は、男性医師の担当患者に比べて死亡率も低い。

女性医師「新しく担当になった医師の田中です。どうぞよろしくお願いいたします。」
男性患者「え、女医さんなんですか？　男性の方が安心できるのに。」
女性医師「この病気については私の専門で十分に経験がありますから、ご安心ください。今まであなたと同じ病気の患者さんを数多く治療してきましたし、最新の医学情報に基づく治療を心がけています。」
男性患者「そう言われても……。以前の担当の男性医師は、その場できぱきと治療方針を決めてくださっていて、とても頼りがいがありました。」

1 医師の判断は必ずしも合理的ではない

受験戦争に勝ち残り、医学部で多くの医学知識を勉強し、国家試験に受かってはじめて医師になれる。それに加えて厳しい研修を受けて、それでやっと一人前の医師になれる。そんな医師であればおそらくコンピューターのように冷静かつ合理的に判断し、患者に適切な医療を提供している――そんなイメージをもっている人も多いかもしれない。しかし、数多くの研究結果によると必ずしもそうでないようである。医師もやっぱり人間なので、しばしば「非合理」な判断をしてしまうのだ。

アメリカで医師の診療をもっときちんとチェックする必要があるのではないかと考えられるようになったきっかけの一つが、2003年にエリザベス・マクグリンらによって発表された一つの論文である。複数の医師が、アメリカの病院のカルテを綿密にチェックして、どれくらいの割合で適切な医療行為が患者に施されているかを調べた研究である。この研究の結果、患者が病気になって病院を受診した場合、ガイドラインで推奨されている適切な医療を受けていた患者の割合はわずか55%であった。(1) この研究結果は大きな衝撃を与えた。最近、似た研究がアメリカで行われたが、その結果はあまり変わらず、過去10年であまり状況は改善していないと考えられている。(2) さらには、日本で行われた同様の研究でも同じような結果が得られており、胃がん患者の治療において、適切な治療が提供されている確率は68%に過ぎなかった。(3) どうやら医師はコンピューターのように高い精度で最適な医療を提供しているわけではなさそうである。

最近になって医師の診療パターンには大きなばらつきがあることがよく知られるようになった。筆者らの研究でも、患者が入院したときにかかった医療費にはばらつきがあるのだが、(同じ病院内における) 医師の間でのばらつき方が、病院の間でのばらつきよりも大きいことが明らかになっている。(4) つまり、医療費が高くなるか安くなるかに関しては、どの病院にかかるかよりも、どの医師にかかるかの方が重要であるということである。しかも、医療費が高い医師 (検査などをたくさんオーダーする医師) と低い医師を比べてみたところ、患者の死亡率には差がなかった。

2 女性医師の方が患者の死亡率が低い

筆者らが行った別の研究では、内科の病気で入院になった場合、担当医（内科医）が女性医師である患者の方が、担当医が男性医師である患者よりも死亡率が低いことが明らかになっている。[5]これは、2011〜2014年にアメリカの病院に緊急入院（予定入院は除く）した65歳以上の高齢者のデータ（約130万件の入院）を解析した研究の結果である。患者の重症度や医師のその他の要因（年齢や出身医学部など）の影響を取り除いたうえで、同じ病院に勤務する男性医師と女性医師を比較した。その結果、担当医が男性医師であった患者が、入院日から30日以内に死亡する確率が11・5％であったのに対して、担当医が女性医師であった患者の死亡率は11・1％であり、統計的に有意（偶然や誤差では説明できないくらい）に低かった。

データでわかる範囲では患者の重症度の影響を取り除いたものの、取り除けない違いがあるかもしれない。その可能性を検討するため、筆者らは「ホスピタリスト」と呼ばれる内科医に注目した。ホスピタリストとはアメリカで1990年代から急速に数を増やしている比較的新しい専門科であり、外来は診ずに、入院患者のみの診療にあたる内科医のことである。ホスピタリストは一般的にシフト勤務するため、どの医師が担当医になるのかは、患者がどのタイミングで具合が悪くなって緊急入院になったかによって、偶然決まってしまう。よって、男女のホスピタリストを比較することで、よりしっかりと患者の重症度の違いによる影響を取り除くことができると考えられる。

その結果、男性のホスピタリストの患者の死亡率が11・2％であるのに対して、女性のホスピタリストの患者の死亡率は10・8％であった。やはり、女性医師の患者の方が、統計的に有意に死亡率が低いという結果が得られた。

死亡率の違いが0・4％と聞くと「あまりに小さくて誤差範囲内では?」と思われる人もいるかもしれない。しかしこの研究では100万人以上のデータを使っており、かなり正確に医師の性別による違いを評価することができた。この0・4％の差は誤差では説明できない意味のある差であると考えられた。

またこの差があまりに小さいので、臨床的に意味がある差なのかどうかという疑問もあることだろう。実はこの0・4％の死亡率の差というのは、過去10年間にアメリカの65歳以上の高齢者で認められた死亡率の低下とほぼ同じくらいなのである[6]。この期間に、新しい薬や医療技術が開発され、病院では医療安全に多くの労力が割かれた。これらをすべて合わせた改善度合いと、男女の医師の患者の死亡率の違いがほぼ同じレベルなのである。臨床的にも、決して小さな差ではないと言ってもよいだろう。

実は過去の研究から、女性医師の方が男性医師よりも、ガイドラインに沿った治療を行い[7]、より患者中心の医療を提供していると報告されている[8]。このように、医師の性別による診療パター

図12-1　男性医師と女性医師の患者の死亡率の違い

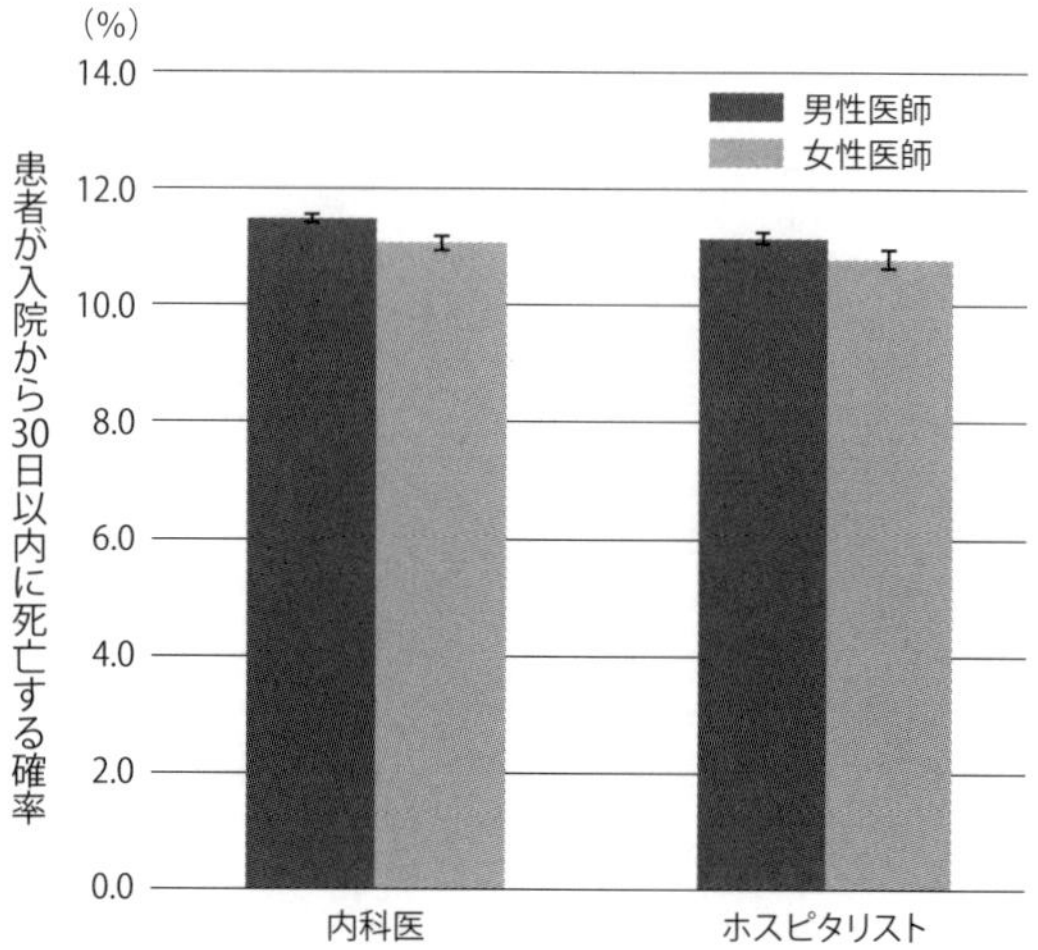

（出所）Tsugawa, 2017.

ンの違いに関してはこれまでも知られていたが、今回の筆者らの研究では、それが単なるばらつきではなく、患者の生死にまで影響を与えるような大きな問題であることが明らかになった。

しかし、そもそもなぜ男性医師と女性医師は診療パターンが違うのだろうか？　医学的な判断には科学的根拠がしっかりあるものも多く、医師の性別に左右されるわけではない。しかも、医学部や研修医のときには、医師の性別によって教育内容が変わるわけではない。よって、この男女の医師の診療パターンの違いは、もっと根本的な違いから来ている可能性が高い。

実は医学の外に目を向けてみると、興味深いことが知られている。株式などの投資のパターンを見てみると、女性の方がリスク回避的であったり、男性の方が自信過剰であったりと、男女でリスクに対する態度が違う可能性が示唆されている。[9] 日本でパチンコ店に行っても、客には男性の方が女性より多いのもこれと関係があるかもしれない。女性医師の方が、よりガイドラインに忠実な医療行為を行い、患者の話をきちんと聞くのは、女性がリスク回避型であり、医療における不確実性を低めにたもちたいという思いがあることが原因ではないかと筆者は考えている。

医療には大きな不確実性を伴う。手術を受けても確実に治るかどうかはわからないし、常に思い通りの結果にならないリスクを伴っている。このような環境下で意思決定をし続けている医師において、リスク選好によって診療パターンが変わってくるというのは自然なことである。

医師ではない一般の人においては、男女でリスク回避の傾向に差がないという研究結果と、女性の方がリスク回避型であるという研究結果が混在している。ただし、興味深いことに、男性の方がリスク回避型であるという研究結果はほぼ皆無であるので、やはりどちらかというと、女性の方がリスク回避型であると言ってよいだろう。医師においても、女性の方がリスク回避型であるということがわかれば、女性医師の方がガイドラインを遵守し、患者の話をじっくりと聞くのもしっくりくる。

3 「ナッジ」で医師の診療行動を改善させる

以前までは行動経済学は患者の行動を改善する目的で研究されていたが、ここ数年、このような医師の診療行動を改善するためにも有用なのではないかと考えられるようになってきた。

最近は医師に「ナッジ」することで、より適切な診療パターンを身につけてもらおうという動きがある。ウイルス感染である風邪には抗生剤は効かない。しかしながら、患者がしばしば希望することもあり、風邪に対して抗生剤を処方する医師も多い。この不適切な処方を減らすために、アメリカの研究者たちはいくつかのナッジを用いたランダム化比較試験を行った。電子カルテで風邪に対して抗生剤を処方するためには、その正当性をフリーテキストで説明させ、それを同僚も読めるようにしたところ（Accountable justification）、抗生剤の処方は（対照群と比べて）7・0％減った。[10] 同様に、優秀な同僚（風邪に対する抗生剤処方率が低い医師）と比べてどれくらい抗生剤を処方しているのかEメールで情報提供する（Peer comparison）ことも、不適切な抗生剤処方を5・2％減らした。日本でも医師へのナッジが用いられた例がある。厚生労働省は、ジェネリック薬品（後発薬）の使用を促進するために、2008年に医師の処方箋を後発品への代替を認めない場合に「後発薬への変更不可」欄に医師が署名する様式に変更された。それまでは新薬の使用がデフォルトであったものが、後発薬の使用がデフォルトに変更された。

図12-2　医師の風邪に対する抗生剤処方率の推移

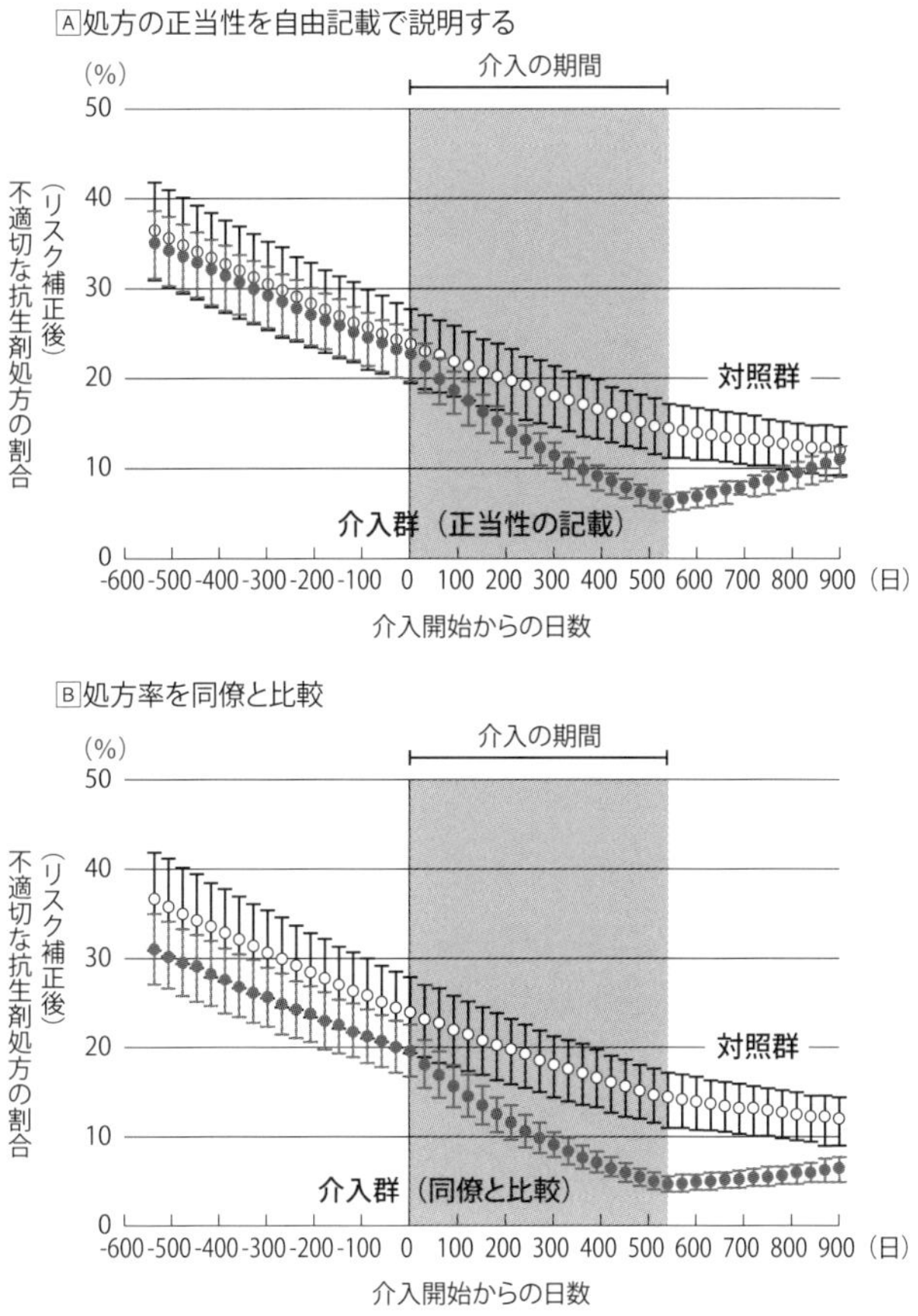

（出所）Linder, 2017.

ただし、ナッジによる介入を中止すると元通りになってしまうこともその後の研究で明らかになっているため（図12－2）、ナッジをシステムに組み込んで中長期的に効くようにする必要があるのかもしれない[11]。

医師の診療行動への行動経済学の適用は世界でもまだはじまったばかりであるので、今後の研究結果が待たれる。

（津川友介）

第13章

他人を思いやる人ほど看護師に向いているのか

【本章のポイント】

- 他人を思いやる気持ちの強い人の方が看護師に向いている、とは言えない。
- 患者の喜びを自分の喜びに感じるような看護師ほどバーンアウトしやすい。
- その特性をもつ看護師は、睡眠薬や精神安定剤・抗うつ剤を常用しやすい。

看護師A「そういえば、緩和ケア病棟担当のCさん、最近見かけないけど、どうしたの?」
看護師B「実は、メンタルがしんどくなってしまったらしくて、先月からお休みしてるんです。」
看護師A「そうなんだ……。心根の真っすぐな人だったし、緩和ケアの仕事を頑張りたいって言ってたから、本人も残念だろうね。」
看護師B「患者さんに寄り添いすぎる傾向が、ちょっと強すぎたのかも。患者さんにつられて落ち込んでしまったり、一人の患者さんに付き合ってじっくり話を聞くから、他の仕事に手が回らなかったりして。同じチームの人たちとよく揉めてたみたい。」

1 看護師の利他性

思いやりのある人の方が看護師としてふさわしい。そんな風に考える人が多いのではないだろうか? 思いやりに近い行動経済学の概念に**利他性**がある。利他性は、他人の喜びを自分の喜びのように感じたり、他人を支援する行為そのものから自分の喜びを見出したりするような性質のことだ。そのような思いやりに近い性質を強くもつ看護師の方が、様々な局面で患者の立場に立って、より親身に看護してくれるはずだ、と考えるのは自然なことだ。

看護学校のように看護師を育成する機関も、彼らは利他的であるべきだ、という価値観をもっているようだ。入学案内を取り寄せてみると、「相互尊重と利他の精神に基づいて行動する看護師を育成する」という教育方針を目にすることが多い。

しかし、冒頭の会話のように、現場の看護師からは、「利他的な人ではやっていけないと思う」という趣旨の声を聞くことが多い。彼らが就職したときに、同期に利他性の強そうな人がいたが、患者に対する思い入れが強すぎたからか疲弊してしまい、早くに辞めてしまった、と話す。

採用担当者も、患者の気持ちばかりを配慮する人と面接で出会ったら、少し注意すると言う。彼らの中には、病院のルールや看護業務の範囲をうまく説明できなかったり、たとえ患者が嫌がっても必要となる対応や措置を取れなかったりする人がいる、と指摘する。

利他的な人の方が看護師にふさわしい。本当にそうなのだろうか？　著者らの研究グループは、利他的な看護師、特に**純粋な利他性**という種類の利他性をもつ看護師が実は心理的にバーンアウトしやすいことを、看護師に対し行ったアンケート調査をデータ分析して明らかにした[1]。バーンアウトは、長期間、自分の対処能力を超えるような過度のストレスを受け続けたときに意欲などが減退し、疲れ果ててしまう症状のことを意味する。「燃え尽き症候群」とも呼ばれ、この症状が強い看護師は離職しやすいことがよく知られている。ある種類の利他性をもつ看護師が本当にバーンアウトしやすいのだとすれば、その結果は「利他的な人の方が看護師としてふさわしい」という通説に疑問符を投げかけるものだろう。

第2章で解説があったように、純粋な利他性は、行動経済学における利他的な特性の一つである。カリフォルニア大学サンディエゴ校のジェームズ・アンドレオーニは、純粋な利他性、**ウォーム・グロー**という2種類の利他性があると説明した。[2] 純粋に利他的な人とは、他人の喜びを自分の喜びとして感じ、他人の悲しみを自分の悲しみとして感じるというように、共感特性の強い人のことだ。このタイプの利他性をもつ看護師は、看護行為によって患者の苦しみが和らぐことを通して自分自身の喜びを感じる、と考えられる。一方で、ウォーム・グローをもつ人は、看護行為を行っている自分が好きというように、看護行為そのものから自分自身の喜びを見出す。このタイプの利他性をもつ看護師の喜びは、患者の状態が良くなったり悪くなったりすることから影響を受けにくい、と考えられる。

なぜ、純粋に利他的な看護師ほどバーンアウトしやすいのだろうか? 著者らは次のように解釈している。純粋に利他的な看護師は、患者の喜びを自分の喜びとして感じ、患者の悲しみを自分の悲しみとして感じてしまう。だから、患者の死や症状の悪化に直面したときに、患者の状態と連動して看護師自身のメンタリティまで悪化してしまうのではないか、という解釈である。また、海外の研究から、利他的な看護師ほど医療サービスの提供が不十分な田舎の病院に就職しやすいことがわかっている。[3] そのような労働環境が、看護師のメンタリティに影響を与えている可能性もある。

2 看護師のバーンアウト

看護師の離職率は慢性的に高く、医療現場における看護師の人手不足は社会的な課題になっている。バーンアウトは看護師の離職行動と強く関わっていることがよく知られているので、看護師のバーンアウトの程度を調べたり、バーンアウトの原因を調べたりする研究が古くから行われてきた。

あの看護師は、今どれくらいバーンアウトするリスクを抱えているのだろうか？　看護師のバーンアウトの水準を測定するときは、久保真人・田尾雅夫が日本向けに開発した「日本語版バーンアウト尺度」を使用することが多い[4]。アンケート調査に、「こんな仕事、もうやめたいと思うことがある」「われを忘れるほど、仕事に熱中することがある」のような17項目の短文を設定して、それぞれの短文に近い状況が、最近、自分自身にどれくらい頻繁に起こったかを看護師に回答してもらう。その回答をもとに、心理的な疲労感や虚脱感の深刻さに相当する「情緒的消耗感」、患者の個人差や人格を無視して機械的に対応してしまう傾向に相当する「脱人格化」、自己効力感の高さなどに相当する「個人的達成感」という3種類のバーンアウト指標を作成する。このうち、情緒的消耗感がバーンアウトの中核的な症状であり、その情緒的消耗感の高まりがきっかけとなって、脱人格化が進行して、個人的達成感が減退すると言われている[5]。

実は、過去に社会学・心理学・脳科学の分野で行われた研究から、著者らの研究結果に近い結果を見つけることができる。例えば、「仕事を通して他者を手助けしたいから」「仕事を通して他者にとってよいことをするのが重要だから」という他者配慮の動機をもって看護師として働いている人ほど、バーンアウトしやすいようだ。(6) 患者の感情の変化が自分にも伝染してしまったり、患者の苦痛を想像したりする傾向の強い看護師ほど、バーンアウトしやすいこともわかっている。(7) また、ある脳科学研究は、人の共感特性に関わる脳内活動とバーンアウトの深刻度の間には強い相関関係があることを明らかにしている。(8) これらの結果は、他人の喜びを自分の喜びとして感じる看護師ほどバーンアウトしやすい、という著者らの研究結果と共通する部分が多い。

3 看護師の利他性とバーンアウトの関係

著者らは、2016年3月9日時点で日本国内の医療機関に勤務している看護師を対象にアンケート調査を実施して、501名の回答を使用してデータ分析を行った。アンケート調査には、「日本語版バーンアウト尺度」の質問を設定した。また、行動経済学の理論に基づいた実験的な質問も設定して、その回答を使用して、看護師が純粋な利他性をもっているのか、ウォーム・グローをもっているのか、それともどちらの利他性ももたないのか、を区別した。

表13-1　利他性の割合

	看護師 N=501	一般の人たち N=2,000
純粋な利他性	27.9%	19.0%
ウォーム・グロー	52.9%	65.3%
利他性なし	19.2%	15.8%

（注）一般の人たちのデータは，佐々木らの研究チームが2016年3月にアンケート調査を実施して，取得した.
（出所）佐々木ほか（2016）を元に筆者作成.

一般の人たちに比べると、看護師の方が他人の喜びを自分の喜びとして感じるタイプの人が多いようだ。表13－1から、純粋な利他性をもつ人の占める割合は、一般の人たちよりも看護師の方で高いことがわかる。逆に、ウォーム・グローをもつ人の占める割合は看護師の方で低くなっている。

次に、純粋な利他性をもつ看護師は、どの利他性ももたない看護師に比べてバーンアウト指標が高くなることがわかる（図13－1）。利他性とバーンアウト指標の関係を他の要因が及ぼす影響を統計的に制御しながら分析してみると、純粋に利他的な看護師の間で、特に心理的な疲労感や虚脱感に相当する情緒的消耗感指標が高かった。具体的に、いずれの利他性ももたない看護師の情緒的消耗感指標が13・86だったのに対して、純粋に利他的な看護師の指標はそれよりも1・33大きく、15・19であった。ウォーム・グローをもつ看護師についても、同じような傾向があったが、純粋な利他性の結果と比べると不安定であった。

さらに、純粋に利他的な看護師はいずれの利他性ももたない

図13-1　利他性の種類がバーンアウトに及ぼす影響

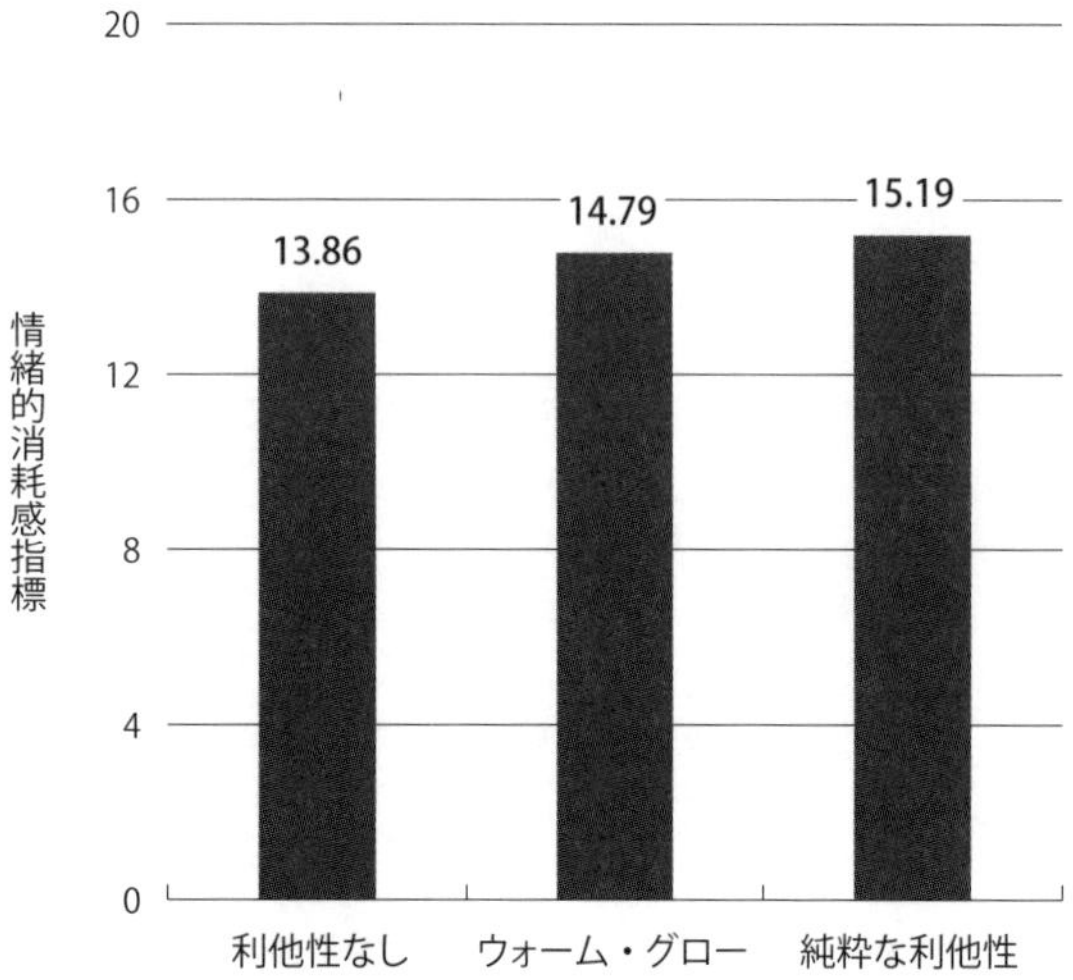

（出所）佐々木ほか（2016）を元に筆者作成.

看護師に比べ、睡眠薬や精神安定剤・抗うつ剤を常用している可能性が高い、という結果を発見して著者らは驚いた。一方で、頭痛薬や胃腸薬の常用との間には特別な関係は見つからなかった。情緒的に消耗することで、精神的に不安定になったり、うつ症状を引き起こしたりして、睡眠薬や精神安定剤・抗うつ剤の常用につながっていくのではないか、と解釈している。

4 医療現場への応用

利他的な人の方が看護師として

ふさわしいのではないか？　実は、これまでの経済学研究にも、看護師が利他的である方が少なくとも医療現場にとっては都合がよい可能性を示唆する研究がある。[9]　看護師の賃金は、同じように技能水準の高い人たちに比べると低くなっていると言われている。経済学では通常、賃金が低いとその賃金でしか働けないような、低技能の人しか働いてくれないだろう、と考える。ただし、看護師が利他性をもっていたり、使命感を感じていたりすると、医療現場で働くことにやり甲斐を感じるので、その分就業してもよいと感じる賃金の水準が下がり、看護師の低い賃金のもとでも就業して高いクオリティの看護を行ってくれるのだ、と考えられる。彼らの賃金がこれまでなかなか上がってこなかったことを考えると、私たちがお世話になっている質の高い看護サービスは、彼らが利他的であることに依存していると言えるかもしれない。

　しかし、著者らの研究結果はその状況に警鐘を鳴らすものだ。もしも純粋に利他的な看護師がバーンアウトしやすいのだとすると、彼らがバーンアウトしやすいような部署で働き続けることは、まず、看護師本人にとってはもちろん望ましいことではないし、それだけでなく、彼らを雇用する医療機関にとっても避けるべきことのはずだ。人事担当者は、看護師がどのような種類の利他性をもっているかを把握しておく必要があるだろう。また、彼らのバーンアウトのリスクに応じて、患者とコミュニケーションを取ることが少ない部署に配置したり、症状が悪化しないような患者と接する部署に配置したりする対応が求められる。さらに長期的な視座として、たとえ純粋に利他的な看護師であってもバーンアウトしないように自分自身で管理できる能力を育成するような研修やプログラムを開発して、彼らに働きかけていくことが大切だろう。

(佐々木周作)

おわりに

行動経済学を学んだ緩和治療医：アドバンス・ケア・プランニングの視点で

森田達也

Ａ「なあ、急に具合悪くなったときって、救急車呼ぶんかどうか決めとかんでええの？」
Ｂ「ちょっと、聞きにくいことなんですけど、もし通院できなくなってきたら、どうします？　つまり、入院するとか往診の先生に来てもらうとか、この辺だとホスピスもあるじゃないですか。そういうところも予約しとくかとか、そんなこと、考えたりしてます？」

Ａは筆者が家族として母を在宅介護していた父に実家に帰ったときに聞くこと、Ｂは緩和治療医という仕事がら患者さんによく聞くことである。この質問に対する回答はおおむねはかばかしくない。「そりゃええこと聞きましたわ〜」と喜んでくれる人が少ないのが、現在すぐに効果の実感できる痛みの治療との違いである。

Aへの回答「お前なあ、変な仕事しているせいか、いやなこと聞きよるなあ。そんなことまだ考えへんでええやろ。」

Bへの回答「そうねえ、早く申し込んだほうが、待っている人が多いっていうからねえ。まあ、また今度ゆっくり考えます。」（医者と患者なので丁寧に答えてくれているだけで、本音は父と同じようなものかもしれない）

医学業界では、昨今、「アドバンス・ケア・プランニング」の重要性がいわれている。もともとは、自分で意思表示できなくなったときにも希望にあった治療が受けられるようにという趣旨である。人工呼吸や心肺蘇生などいわゆる終末期の延命治療が念頭に置かれている。最近ではもう少し幅広く、医学治療のみならず人生の総括全般を指すようになっている。そうなるといわゆる「終活」に近くなるが、最期のことを考えることは結局いま何をするかを考えるということである。

自然に広がっていくものは臨床や研究の話題とはならないため、アドバンス・ケア・プランニングが議論の的になるということは、普通にしていると一向に広まらないことを意味する。社会的にはアドバンス・ケア・プランニングをすすめるための制度や法律が整備され（法律にでもかかなければ人間は自然にそんなことしないという意味でもある）、臨床では多方面介入といって患者だけ医者だけに働きかけるのではなくて、患者にも医者にも家族にも看護師にも同時に働きかけるような介入がモデル化されている。そうでもしないと自然には普及しないということである。

合理的な考えでは、「あらかじめ時間の余裕のあるときに、周囲の人も含めて考えて意見を示しておいたほうが（将来トータルでは）いい」のはあたりまえに思われる。そして、いつになってもいざというときの話にたどり着かないと、（医者は）「なんでいつになっても話し合ってくれないのだろう」ととまどい、客観的に予想される残された時間を考えてはあせりだし、そのうち怒りにも近い感情を持つことになる。話題が話題だけに、よくなりたいという希望、具合が悪くなることを考えない生き方、死の否認という説明もできなくはない。

しかし、本書が示すように、アドバンス・ケア・プランニング文脈でみられる「先延ばし」は普遍的な人間の現象である。そういわれれば、筆者も遺言はそれなりに書いてはあるが、遺言を本当に発効させるために必要な手続きは先延ばしにしたままだ。そこで、そもそも将来の意思決定は先延ばしされるものだ――といわれるとみもふたもない感じがする。ああ、そうか、だから、こんなに「不自然なこと」なんだ。

本書が明らかにしているように行動経済学の視点は、医療における意思決定にある人間そのものの持っている考え方の習性を教えてくれる。知見の多くは臨床に応用でき、現在の現象を「うまく」説明する。筆者が関心を持つのは、私たちは「ここからどこにいけばいいのか」である。アドバンス・ケア・プランニング文脈においてこれはどういう課題を内包するかを2点あげておきたい。

1点。アドバンス・ケア・プランニングではあらかじめ将来の自分が希望するであろうことを現在明示することを求める。しかし、そもそも、将来の希望を人はそれほど正確に予測できない。「寝たきりになったら延命治療は受けたくない」という希望を持つ人でも「実際に寝たきり」になってみるとそれほど自分のQOLが悪いとは思わない。これは、行動経済学ではプロジェクション・バイアスと呼ばれているものに近い。プロジェクション・バイアスとは、今現在の状況を将来に過度に投影してしまい、未来を正しく予測できないというバイアスのことである。

お腹いっぱいのときにスーパーへ晩御飯の食材を買いに行くと、少なめに買い、お腹が空いているときに買い物に行くと多く買いすぎる。買い物をしているときにお腹が空いているかどうかは、晩御飯のときにお腹が空いているかどうかとは無関係であるのに、現在の状況を将来の状況にそのまま当てはめてしまう傾向がある。

暑い日には（開閉式の）オープンカーやプール付きの家がいつもより多く売れるということを示したアメリカの研究もある。その日が暑いから、この先も暑い日がずっと続くと思い込んでしまう。アドバンス・ケア・プランニングの場合なら、今の考えが、将来も続くと考えてしまうのである。人は、今見えていないものに将来価値を見出しうる。「朝の太陽にあたるだけでこんなに気持ちがいいとは思わなかった」「お水がいっぱい飲めることがこんなにうれしいとは気づかなかった」——よく聞く声である。アドバンス・ケア・プランニングでへたにこまかく将来の選択を決めてしまうことで、「過去には希望していたけど、実はいまは希望しない」治療を受けることにもなりそうな気がする。アドバンス・ケア・プランニングは話し合いの過程であり、決めたことをそのままやることではないという優等生の回答はともかく。もし何か希望が具体的に書かれたものがあれば意思決定はかなりそれに引っ張られるに違いない。

もう1点、社会における価値と個人における価値という視点。リバタリアン・パターナリズム、ナッジによる誘導というキーワードは、社会がのぞましいとみなす方向に人の行動を導くことで幸せを構築しようという考えである。年金資産を増やすために成人してから個人型確定拠出年金iDeCoの積み立てに誘導することは社会的には善である（に違いない）。

しかし、成人で積み立てを始めた人のいくらかは30歳台で死亡する（筆者の日常で30代の「終末期がん患者」に出会うことは珍しくない）。（企業年金のない）会社員が22歳から15年間フルにiDeCoを積み立てると400万円ほどになるが、30代で死ぬならその400万円は違うことに使いたかったと筆者なら思う。しかし一度iDeCoに積み立ててしまうと現金そのものとして引き出せない。

同じように、アドバンス・ケア・プランニングがすすむことは社会全体としてはいいことだと思うが、一方で、「3日先のことも考えねえ」「俺には明日はねえ」「今日のことしか考えねえ」生き方に憧れやかっこよさも感じる。社会的にいいことと、ある個人にとっていいことが一致するとも限らないのは価値観が伴うことであるからいたしかたないが。

行動経済学はこれまでに医療が欠いていた多様な視点を提供してくれる。行動経済学とアドバンス・ケア・プランニングの将来がどのように展開していくのか、本書が臨床と研究の両面でなんらかのきっかけとなることを願う。

『医療現場の行動経済学』に至る道のり

平井 啓

平井「2014年11月に開催される日本行動医学会という学会で『がん医療における意思決定研究の必要性と可能性』というシンポジウムをやりたいのですが、行動経済学の観点から指定討論をお願いできませんか?」

大竹「いいよ。」

当時、私は大阪大学の本部の企画系の仕事をしていて、大学の業務についていろいろ相談させてもらっていた大阪大学理事・副学長だった大竹氏の理事室で、大竹氏にこの話をして、引き受けてもらったのが、本書『医療現場の行動経済学』が出版に至るそもそものきっかけであった。

このシンポジウムのハイライトは、本書の著者でもある小川朝生氏、石川善樹氏、塩﨑麻里子氏がシンポジストで、本書の内容でもあるそれぞれのトピックについて話題提供をしてもらったあとに、シンポジストの発表を聞いた大竹氏が「医療は合理性を前提としてるんですね」と言われたことが、このあとの『医療現場の行動経済学』の必要性を決定づけた一言であったと思う。このシンポジウムを聴衆としてもっとも楽しんだのは企画者の自分自身であった。

その後、大阪大学社会経済研究所の共同利用・共同研究拠点の研究助成、そして、２０１６年からはサントリー文化財団の「人文科学、社会科学に関する学際的グループ研究助成」、２０１８年からは大阪大学社会ソリューションイニシアティブ（ＳＳＩ）の支援を受けて、本書の内容に関する多角的な議論を行うことができ、これだけのボリュームの書籍をまとめることができた。特に出版のための議論を行うことに助成金を使うことを奨励していただいたサントリー文化財団には大変感謝している。

もともと本書にも記載したがん検診の受診率を向上させるという厚生労働省の研究プロジェクトに参加したところから、この行動経済学的なアプローチに急速に近づいたことになる。しかし当時は、あくまでも心理学者として医療現場における意思決定と行動変容をとらえていて、その行動経済学的なメカニズムや方法を「ある程度」理解できるようになったのは、このプロジェクトをはじめ、本書の原稿を執筆し終えたときであるように感じている。

まだまだ学ぶべきことは多いが、本書の刊行をきっかけとして、医療現場の課題解決のためにより具体的に行動経済学の考えや方法を活かすことができるように、分野を越えてさらに多くの臨床家・実践家と研究者の議論の機会を作っていきたい。

【編著者紹介】
大竹文雄（おおたけ　ふみお）
1961年京都府生まれ。1983年京都大学経済学部卒業、1985年大阪大学大学院経済学研究科博士前期課程修了。1985年大阪大学経済学部助手、同社会経済研究所教授、同大学院経済学研究科教授などを経て、2021年より大阪大学感染症総合教育研究拠点特任教授。博士（経済学）。専門は労働経済学、行動経済学。2005年日経・経済図書文化賞、2005年サントリー学芸賞、2006年エコノミスト賞（『日本の不平等』日本経済新聞社）受賞。2006年日本経済学会・石川賞、2008年日本学士院賞受賞。著書に、『経済学的思考のセンス』、『競争と公平感』、『競争社会の歩き方』（いずれも中公新書）など。

平井　啓（ひらい　けい）
1972年山口県生まれ。1997年大阪大学大学院人間科学研究科博士前期課程修了。1997年大阪大学人間科学部助手、同大型教育研究プロジェクト支援室・未来戦略機構・経営企画オフィス准教授を経て、2018年より大阪大学大学院人間科学研究科准教授。博士（人間科学）。2010年より市立岸和田市民病院指導健康心理士。専門は、健康・医療心理学、行動医学、サイコオンコロジー、行動経済学。2007年日本サイコオンコロジー学会奨励賞、2013年日本健康心理学会実践活動奨励賞を受賞。

医療現場の行動経済学
すれ違う医者と患者

2018年8月9日　第1刷発行
2025年2月19日　第10刷発行

編著者――大竹文雄・平井　啓
発行者――山田徹也
発行所――東洋経済新報社
〒103-8345　東京都中央区日本橋本石町1-2-1
電話＝東洋経済コールセンター　03(6386)1040
https://toyokeizai.net/

ＤＴＰ…………アイランドコレクション
装　丁…………橋爪朋世
印刷・製本……丸井工文社
編集担当………矢作知子
Printed in Japan　　ISBN 978-4-492-31507-1

執筆者一覧

大竹文雄（大阪大学感染症総合教育研究拠点）編著者　はじめに、第1〜3章

平井　啓（大阪大学大学院人間科学研究科）編著者　第5章1節・3節・5節、第9章、おわりに

石川善樹（Campus for H）第5章3節

上田　豊（大阪大学大学院医学系研究科）第6章

小川朝生（国立がん研究センター先端医療開発センター）第8章

江口有一郎（佐賀大学医学部附属病院肝疾患センター）第5章4節

大谷弘行（九州がんセンター緩和治療科）第1章

木村　正（大阪大学大学院医学系研究科）第6章

佐々木周作（京都大学大学院経済学研究科）第2〜3章、第13章

塩﨑麻里子（近畿大学総合社会学部）第7章

多田羅竜平（大阪市立総合医療センター緩和医療科）第10章

津川友介（カリフォルニア大学ロサンゼルス校医学部）第12章

福吉　潤（キャンサースキャン）第5章2節

堀　謙輔（関西労災病院産婦人科・緩和ケアセンター）第4章

水野　篤（聖路加国際病院循環器内科・QIセンター）第11章

森田達也（聖隷三方原病院緩和支持治療科）おわりに

八木麻未（大阪大学大学院医学系研究科）第6章

山崎吾郎（大阪大学COデザインセンター）第9章

吉田沙蘭（東北大学大学院教育学研究科）第4章

索引

ア行

カ行

サ行

タ行

ナ行

ハ行

マ行・ヤ行

ラ行・ワ行

注・参考文献

第1章

(1) Fridman I, Epstein AS, Higgins ET. Appropriate use of psychology in patient-physician communication: influencing wisely. JAMA Oncol 2015, 1(6): 725–726.

第2章

(1) Kahneman D, Tversky A. Prospect theory: an analysis of decision under risk. Econometrica 1979, 47(2): 263–292.

(2) 客観的確率と主観的確率の関係を示すものは確率加重関数と呼ばれる。図2–1のS字形の曲線である。ただし、プロスペクト理論を発展させた累積プロスペクト理論では、この主観的確率はそのまま意思決定に用いられない。まず、利得局面では最も望ましい事象に関する主観的確率（損失局面では最も望ましくない事象に関する主観的確率）をそのまま用いる。そして、つぎに望ましい事象（損失局面ではつぎに望ましくない事象）については、最も望ましいものとそのつぎに望ましいものが発生する客観的確率に対する主観的確率から、最も望ましいものが発生する客観的確率の主観的評価を引いたものを意思決定に使う。例えば、コインを投げて表が出れば2万円、裏が出れば何ももらえないという意思決定を考える。表が出るという50％の客観的確率に対する確率加重関数で示される主観的確率が0.4だとすれば、2万円もらえるという望ましい方に0.4という主観的確率を用いる。何ももらえないという状況については、表が出る可能性と裏が出るという可能性のどちらかが発生するという状況についての主観的確率から表が出るという主観的確率を引いたものになる。表か裏かのどちらかが出るのは確実なので1の客観的確率であり、そのときの主観的確率も1になる。したがって、裏が出るときの意思決定に用いるものは、1から0.4を引いた0.6になる。この場合は、意思決定に用いるウエイトは合計が1になる。しかし、利得と損失が両方含まれる事象であれば、ウエイトの合計は1にならない。詳しくは、Tversky A, Kahneman D. Advances in prospect theory: cumulative representation of uncertainty. J Risk Uncertain 1992, 5(4): 297–323.

(3)　例えば、水谷徳子，奥平寛子，木成勇介，大竹文雄．自信過剰が男性を競争させる．行動経済学，2009, 2: 60–73.

(4)　Reuben E, Rey-Biel P, Sapienza P, Zingales L. The emergence of male leadership in competitive environments. J Econ Behav Organ 2012, 83(1): 111–117.

(5)　ダニエル・カーネマン．ファスト＆スロー．村井章子訳，東京：早川書房；2012.

(6)　ものを保有する前後で、ものに対する評価が変わってしまうという特性は、伝統的経済学で強みとされた政策評価を困難にしてしまう。Aという政策とBという政策のどちらが好ましいかを事前に評価しても、実際に人々がものを手にした後での評価が異なってしまう可能性があるからだ。医療における意思決定で、治療方針を決める際の価値観と治療を行った後の価値観が変わってしまうということも生じさせる。

(7)　伝統的な経済学では、将来の満足度を現在どのように感じるかを示す際に、人間は指数割引関数を用いていると想定されてきた。つまり、$0<\delta<1$であるδを用いて、0時点でt期先の効用U_tの現在価値を$\delta^t U_t$と表して、将来の効用を指数関数で割り引くのである。このような場合には、現在バイアスは発生せず、人間は遠い将来の意思決定について、それが近づいてきても先延ばしすることはない。銀行預金の金利も住宅ローンの金利も、指数関数になっている。

現在バイアスを表す時間割引の関数としては、準双曲割引が経済分析で用いられることが多い。前述したように指数割引では、0時点でt期先の効用U_tの現在価値を$\delta^t U_t$と表すように、どの時点でも割引因子はδ^tである。一方、準双曲割引では、0時点において、0期の効用の割引因子は1、つまり、効用の現在価値はU_0であるが、1期以降の効用の割引因子は$\beta\delta^t$であり、1期以降の効用U_tの現在価値は、$\beta\delta^t U_t$と表される（ここで$0<\beta<1$）。

この準双曲関数を用いれば、将来時点の割引因子は大きく忍耐強いが、今から明日にかけては割引因子が小さくなってせっかちな選択をしてしまいがちであることを表現できる。

(8)　社会的選好の中でも自己利益と他者利益への関心をもつ選好は、他者顧慮的選好（other-regarding preferences）と呼ばれる。一方、自己利益と他者利益がどのように生じたかという過程についての関心については、過程顧慮的選好（process-regarding preferences）と呼ばれる。

(9) 社会的選好を人々がもっていることを示す有名な実験に最後通牒ゲームがある。最後通牒ゲームは、お互いに相手が誰か知らない状態でペアになった2人組につぎのゲームをしてもらう。2人のうち1人が提案者、もう1人が受諾者という役割である。提案者は、一定の金額（ここでは1,000円）を受け取り、その金額のうちいくらかを受諾者に配分する。受諾者がその配分を承諾すれば、提案者の配分どおりに提案者と受諾者に金額が渡される。しかし、受諾者が、提案者の配分提案を拒否すれば、提案者も受諾者も金額を受け取れない。もし、両者が利己的な人間であれば、提案者は1円を配分すれば、受諾者は必ずその提案を受諾するので、提案者は1円を提案するはずである。しかし、実験の多くは、提案者は30％から50％の提案をすることが多く、受諾者も30％以下の提案を拒否することを示している。
(10) Coussens S. Behaving discretely: heuristic thinking in the emergency department. 2017.
https://scholar.harvard.edu/coussens
(11) リチャード・セイラー，キャス・サンスティーン．実践 行動経済学：健康，富，幸福への聡明な選択．遠藤真美訳．東京：日経BP社；2009.

第3章

(1) Barsky RB, Juster FT, Kimball MS, Shapiro MD. Preference parameters and behavioral heterogeneity: an experimental approach in the health and retirement study. The Quarterly Journal of Economics 1997, 112(2): 537–579.
(2) Anderson LR, Mellor JM. Predicting health behaviors with an experimental measure of risk preference. Journal of Health Economics 2008, 27(5): 1260–1274.
(3) Guiso L, Paiella M. The role of risk aversion in predicting individual behaviours. CEPR Discussion Paper 2004, 4591.
(4) Hersch J, Viscusi WK. Smoking and other risky behaviors. Journal of Drug Issues 1998, 28(3): 645–661.
(5) Picone G, Sloan F, Taylor D. Effects of risk and time preference and expected longevity on demand for medical tests. Journal of Risk and Uncertainty 2004, 28(1): 39–53.
(6) Goldzahl L. Contributions of risk preference, time orientation and perceptions to breast cancer screening regularity. Social Science and Medicine 2017, 185: 147–

157.

(7) 佐々木周作，平井啓，大竹文雄．リスク選好が乳がん検診の受診行動に及ぼす影響：プログレス・レポート．行動経済学 第10回大会プロシーディングス，2016, 9: 132–135.

(8) Lawless L, Drichoutis AC, Nayga RM. Time preferences and health behaviour: a review. Agricultural and Food Economics 2013, 1(1): 17.

(9) Bradford WD. The association between individual time preferences and health maintenance habits. Medical Decision Making 2010, 30(1): 99–112.
Bradford WD, Zoller J, Silvestri GA. Estimating the effect of individual time preferences on the use of disease screening. Southern Economic Journal 2010, 76(4): 1005–1031.

(10) Van Der Pol M, Hennessy D, Manns B. The role of time and risk preferences in adherence to physician advice on health behavior change. The European Journal of Health Economics 2017, 18(3): 373–386.

(11) Kang MI, Ikeda S. Time discounting, present biases, and health-related behaviors: evidence from Japan. Economics and Human Biology 2016, 21: 122–136.

(12) Ikeda S, Kang MI, Ohtake F. Hyperbolic discounting, the sign effect, and the body mass index. Journal of Health Economics 2010, 29(2): 268–284.

(13) Kang MI, Ikeda S. Time discounting, present biases, and health-related behaviors: evidence from Japan. Economics and Human Biology 2016, 21: 122–136.

(14) Fang H, Wang Y. Estimating dynamic discrete choice models with hyperbolic discounting, with an application to mammography decisions. International Economic Review 2015, 56(2): 565–596.

(15) Bradford WD, Zoller J, Silvestri GA. Estimating the effect of individual time preferences on the use of disease screening. Southern Economic Journal 2010, 76(4): 1005–1031.

(16) Chapman GB. Short-term cost for long-term benefit: time preference and cancer control. Health Psychology 2005, 24(4 Suppl): S41–S48.

(17) Volpp KG, John LK, Troxel AB, et al. Financial incentive-based approaches for weight loss: a randomized trial. JAMA 2008, 300(22): 2631–2637.

(18) ランダム化比較試験とは、被験者を実験を行う介入群と観察のみを行う対照群のどちらかにランダムに分けて、介入群と対照群の間でアウトカムに

統計的な差があるかどうかを検証することで介入することの効果を評価する、統計的因果推論の手法の一つである。
(19) Sen AP, Sewell TB, Riley EB, et al. Financial incentives for home-based health monitoring: a randomized controlled trial. Journal of General Internal Medicine 2014, 29(5): 770–777.
(20) Bronchetti ET, Huffman DB, Magenheim E. Attention, intentions, and follow-through in preventive health behavior: field experimental evidence on flu vaccination. Journal of Economic Behavior & Organization 2015, 116: 270–291.
(21) 同上.
(22) Altmann S, Traxler C. Nudges at the dentist. European Economic Review 2014, 72: 19–38.
(23) O'Keefe DJ, Jensen JD. The relative persuasiveness of gain-framed and loss-framed messages for encouraging disease detection behaviors: a meta-analytic review. Journal of Communication 2009, 59(2): 296–316.
Gallagher KM, Updegraff JA. Health message framing effects on attitudes, intentions, and behavior: a meta-analytic review. Annals of Behavioral Medicine 2012, 43(1): 101–116.
(24) Hallsworth M, Berry D, Sanders M, et al. Correction: stating appointment costs in SMS reminders reduces missed hospital appointments: findings from two randomised controlled trials. PloS ONE 2015, 10(10).
(25) Milkman KL, Beshears J, Choi JJ, et al. Using implementation intentions prompts to enhance influenza vaccination rates. Proceedings of the National Academy of Sciences 2011, 108(26): 10415–10420.
(26) Martin SJ, Bassi S, Dunbar-Rees R. Commitments, norms and custard creams: a social influence approach to reducing did not attends (DNAs). Journal of the Royal Society of Medicine 2012, 105(3): 101–104.
(27) Johnson EJ, Goldstein D. Do defaults save lives? Science 2003, 302(5649): 1338–1339.
(28) Halpern SD, Loewenstein G, Volpp KG, et al. Default options in advance directives influence how patients set goals for end-of-life care. Health Affairs 2013, 32(2): 408–417.
(29) Galizzi MM, Miraldo M, Stavropoulou C, Van Der Pol M. Doctor-patient differ-

ences in risk and time preferences: a field experiment. Journal of Health Economics 2016, 50: 171–182.
(30) Sunstein CR. Nudges that fail. Behavioural Public Policy 2017, 1(1): 4–25.
(31) Viswanathan M, Golin CE, Jones CD, et al. Interventions to improve adherence to self-administered medications for chronic diseases in the United States: a systematic review. Annals of Internal Medicine 2012, 157(11): 785–795.
Nieuwlaat R, Wilczynski N, Navarro T, et al. Interventions for enhancing medication adherence. The Cochrane Library; 2014.
(32) Asch DA, Troxel AB, Stewart WF, et al. Effect of financial incentives to physicians, patients, or both on lipid levels: a randomized clinical trial. JAMA 2015, 314(18): 1926–1935.

第4章

(1) 英国の国民健康サービス（NHS）ホームページ（https://www.england.nhs.uk/sdm/）参照。

(2) 山内一信他．医療消費者と医師とのコミュニケーション：意識調査からみた患者満足度に関する分析．東京：医薬産業政策研究所；2005.

(3) フェンタニル 0.6mg／日→0.9mg／日→フェンタニル1.2mg／日と順次、増量した。

(4) オキシコドン 60mg／日にスイッチした結果、持続痛がNRS（Numerical Rating Scale：痛みやつらさの程度を0〜10の数字で表す評価方法）で0–1にまで制御できた。

(5) 通常の方法ではコントロールが難しい痛みではPCAポンプと呼ばれる機械を用いて、麻薬注射剤を投与する方法がある。PCAには3つの特徴がある。1つ目は持続投与量で、ボタンを押さなくても一定量の薬液が自動的に投与される仕組みである。2つ目はボタンを押したときにその都度あらかじめ設定された薬液量が投与される仕組みである。3つ目は不応期（ロックアウト）といい、ボタンを押して薬が投与された後、一定時間が経つまではボタンを何回押しても薬が投与されない、薬の過剰投与を防ぐ仕組みである。

(6) 内富庸介，藤森麻衣子．がん医療におけるコミュニケーション・スキル：悪い知らせをどう伝えるか．東京：医学書院；2007.
財団法人 医療研修推進財団 PMET．QOL向上のための多種患者支援プログ

ラムの開発研究：平成18年度 総括・分担研究報告書.
http://www.pmet.or.jp/

(7) すでに麻痺がある場合、放射線療法を行っても麻痺が改善しない可能性がある。

(8) NRS（前述）が6／10から3／10にまで軽減した。

(9) 現在、我が国で実施されている免疫療法と先進医療としては第1～第4世代までの免疫療法がある。第1世代は、天然物やその加工・抽出物、類似化合物である。第2世代は免疫関連細胞が産生するサイトカインと呼ばれる蛋白で、各種インターフェロンとインターロイキン2である。第3世代は、先進医療であり、各種活性化自己リンパ球移入療法や樹状細胞ワクチン、ペプチドワクチンがある。先進医療は国が認めた研究過程の治療であり、効果が検証されたものではない。主に患者の実費負担を得て実施される。第4世代は、ニボルマブなどの免疫チェックポイント阻害薬で、最近になり複数の薬剤が保険収載されてきている。上記の4世代の免疫療法は、標準治療ではなく代替治療といえるがさらに、複数の免疫療法クリニックより、「第5世代」の治療として、様々な免疫療法が提示されている。あくまで、「既存の免疫療法を超える」という形容をわかりやすくするために「第5世代」と銘打っている宣伝上の言葉と、現段階では評価しておいた方がよい。
日本緩和医療学会，緩和医療ガイドライン作成委員会編．がんの補完代替療法クリニカル・エビデンス2016年版．東京：金原出版；2016.

(10) ワクチン投与日と翌日に受診し、免疫賦活する必要がある。

(11) 青山拓央．時間と自由意志：自由は存在するか．東京：筑摩書房；2016.

(12) コルポスコピー診断は、浸潤がんの所見であり、狙い生検でも扁平上皮がんと診断された。内診上、腟壁や膀胱および直腸、そして基靭帯への浸潤は認めなかった。造影骨盤MRIでも、内診所見と同様で、T1b1で、CTでは、明らかな遠隔転移やリンパ節転移は認めなかった。

(13) 原発腫瘍は2.5cmで、基靭帯への浸潤はなかったが、脈管侵襲を認め、骨盤内リンパ節に1個のみ転移を認めた。

(14) 子宮頸がんIB期IIA期に対する手術療法と根治的放射線療法の成績は同等である。欧米では根治的放射線療法が選択されるが日本では、広汎子宮全摘術式を開発した歴史的経緯があり、手術療法が好まれている。そして、術後に再発リスクが中等度から高度と診断された症例には、術後放射線療法

を行うべきとされている一方、手術を行わずに放射線療法をした場合よりも、手術をした術野に対して追加で放射線療法を行うと、重篤なリンパ浮腫などの晩期合併症が増えることが指摘されており、近年では再発リスクが中等度の症例には術後放射線照射の代替として化学療法を推奨している施設も増えている。

日本婦人科腫瘍学会編．子宮頸癌治療ガイドライン2017年版．東京：金原出版；2017

(15) 同上.

(16) Kunneman M, Pieterse AH, Stiggelbout AM, et al. Treatment preferences and involvement in treatment decision making of patients with endometrial cancer and clinicians. Br J Cancer 2014, 111(4): 674–679.

(17) 同上.

(18) Gallagher KM, Updegraff JA. Health message framing effects on attitudes, intentions, and behavior: a meta-analytic review. Ann Behav Med 2012, 43(1): 101–116.

(19) Yoshida S, Hirai K, Sasaki S, Ohtake F. How does the frame of communication affect patients decision?: from behavioral economics' point of view. 19th World Congress of Psycho-Oncology Berlin 8/18; 2017.

(20) 同上.

(21) マイケル・サンデル．これからの正義の話をしよう：いまを生き延びるための哲学．鬼澤忍訳．東京：早川書房；2011.

(22) アダム・スミス．道徳感情論．高哲男訳．東京：講談社；2013.

(23) 吉田沙蘭，平井啓，佐々木周作，大竹文雄．がん医療における「正確な情報提供」を再考する：行動経済学の視点から．第30回日本サイコオンコロジー学会総会，2017.

(24) 入不二基義．あるようにあり，なるようになる：運命論の運命．東京：講談社；2015.

(25) 古田徹也．それは私がしたことなのか：行為の哲学入門．東京：新曜社；2013.

(26) 門脇俊介，野矢茂樹編・監修．自由と行為の哲学：現代哲学への招待 Anthology．東京：春秋社；2010.

(27) ジョン・スチュアート・ミル．自由論．斉藤悦則訳．東京：光文社；2012.

(28)　医療倫理の4原則
「自律的な患者の意思決定を尊重しなさい」という自律尊重原則、「患者に危害を及ぼすのを避けなさい」という無危害原則、「患者に利益をもたらしなさい」という善行原則、「利益と負担を公平に配分しなさい」という正義原則の4原則からなる。
(29)　Cass S. The ethics of nudging. Yale Journal on Regulation 2015, 32(2): 412–450.

第5章

(1)　国立がん研究センターがん情報サービス．がん検診について．
https://ganjoho.jp/public/pre_scr/screening/about_scr.html
(2)　リチャード・セイラー，キャス・サンスティーン．実践 行動経済学：健康，富，幸福への聡明な選択．遠藤真美訳．東京：日経BP社；2009.
(3)　Croyle RT, Rimer BK, Glanz K. Theory at a glance: a guide for health promotion practice. Maryland: National Cancer Institute; 2005.
(4)　Prochaska JO, DiClemente CC. Stages and processes of self-change of smoking: toward an integrative model of change. J Consult Clin Psychol 1983, 51(3): 390–395.
(5)　ナッジ：選択を禁じることも、経済的なインセンティブを大きく変えることもなく、人々の行動を予測可能な形で変える選択アーキテクチャーのあらゆる要素を意味する（リチャード・セイラー，キャス・サンスティーン，2009，p. 17）
(6)　Glanz K, Rimer BK, Lewis FM(Eds.). Health behavior and health education: theory, research, and practice. (3rd ed.) New Jersey: Wiley; 2002.（曽根智史，湯浅資之，渡部基，鳩野洋子訳．健康行動と健康教育：理論，研究，実践．東京：医学書院；2006）
(7)　がん研究振興財団．がんの統計'17.
https://ganjoho.jp/reg_stat/statistics/brochure/backnumber/2017_jp.html
(8)　国立がん研究センターがん情報サービス．がん登録・統計：がん検診受診率．2017.
https://ganjoho.jp/reg_stat/statistics/stat/screening.html
(9)　Foundation for Promotion of Cancer Research. International comparisons of can-

cer mortality and cancer screening rates. Cancer statistics in Japan; 2009.

(10) 受診率向上につながるがん検診の在り方や普及啓発の方法の開発等に関する研究班（渋谷班）. 有効ながん検診受診率向上策とは：平成20～22年度厚生労働科学研究費補助金（がん臨床研究事業）.

(11) 「実行意図」は、もともと社会心理学の分野で実証された概念で、「いつ、どこで」エッセイを書くのかについて事前に行動計画を立てるように依頼した群と、エッセイを書くのを単に依頼した群を比較したところ、前者の方が2倍の割合で実際にエッセイを書いたということが確かめられている。Gollwitzer PM, Brandstätter V. Implementation intentions and effective goal pursuit. Journal of Personality and Social Psychology 1997, 73(1): 186–199.

(12) Hirai K, Harada K, Seki A, et al. Structural equation modeling for implementation intentions, cancer worry, and stages of mammography adoption. Psycho-Oncology 2013, 22(10): 2339–2346.

(13) Harada K, Hirai K, Arai H, et al. Worry and intention among Japanese women: implications for an audience segmentation strategy to promote mammography adoption. Health Communication 2013, 28(7): 709–717.

(14) Ishikawa Y, Hirai K, Saito H, et al. Cost-effectiveness of a tailored intervention designed to increase breast cancer screening among a non-adherent population: a randomized controlled trial. BMC Public Health 2012, 12: 760.

(15) 同上.

(16) 厚生労働省. 肝炎対策の推進に関する基本的な指針（平成28年6月30日改正）.

(17) 効率的な肝炎ウイルス検査陽性者フォローアップシステムの構築のための研究（研究代表者 是永匡紹）：厚生労働科学研究費補助金（肝炎等克服政策研究事業）平成28年研究報告書.

(18) 佐賀県健康増進課：肝がん（肝疾患）対策.
https://www.pref.saga.lg.jp/kiji00334023/index.html

(19) 効率的な肝炎ウイルス検査陽性者フォローアップシステムの構築のための研究（研究代表者 是永匡紹）：厚生労働科学研究費補助金（肝炎等克服政策研究事業）平成28年研究報告書.

(20) 佐賀県健康増進課：肝がん（肝疾患）対策.
https://www.pref.saga.lg.jp/kiji00334023/index.html

(21) 効率的な肝炎ウイルス検査陽性者フォローアップシステムの構築のための研究（研究代表者 是永匡紹）：厚生労働科学研究費補助金（肝炎等克服政策研究事業）平成28年研究報告書.
(22) 効率的な肝炎ウイルス検査陽性者フォローアップシステムの構築のための研究（研究代表者 是永匡紹）：厚生労働科学研究費補助金（肝炎等克服政策研究事業）平成26年度総括・分担研究報告書，2015.
(23) 現在のC型肝炎治療の主流であり、効果も9割以上の確率で期待できる飲み薬のみの新規治療薬である「インターフェロンフリー治療薬」が開始される前には、治療のハードルも高かったことからC型肝炎ウイルス陽性者の受療率は1.3％程度であった。その後、インターフェロンフリー治療薬が開始されたことにより、ここで示した数字まで対照群の数字が上がっていた。

第6章

(1) Franco EL, Villa LL, Sobrinho JP, et al. Epidemiology of acquisition and clearance of cervical human papillomavirus infection in women from a high-risk area for cervical cancer. J Infect Dis 1999, 180(5): 1415–1423.
(2) Muñoz N, Bosch FX, Castellsagué X, et al. Against which human papillomavirus types shall we vaccinate and screen?: the international perspective. Int J Cancer 2004, 111(2): 278–285.
(3) Miura S, Matsumoto K, Oki A, et al. Do we need a different strategy for HPV screening and vaccination in East Asia? Int J Cancer 2006, 119(11): 2713–2715.
(4) 国立がん研究センターがん情報サービス．がん登録・統計.
https://ganjoho.jp/reg_stat/index.html
(5) WHO. Global advisory committee on vaccine safety statement on safety of HPV vaccines. 2015.
http://www.who.int/vaccine_safety/committee/GACVS_HPV_statement_17Dec2015.pdf
(6) Roden RBS, Stern PL. Opportunities and challenges for human papillomavirus vaccination in cancer. Nat Rev Cancer 2018, 18(4): 240–254.
Sipp D, Frazer IH, Rasko JEJ. No vacillation on HPV vaccination. Cell 2018, 172(6): 1163–1167.
(7) 第10回厚生科学審議会予防接種・ワクチン分科会副反応検討部会：平成26

年度第4回薬事・食品衛生審議会医薬品等安全対策部会安全対策調査会資料.
http://www.mhlw.go.jp/stf/shingi/0000050385.html
(8) 第32回厚生科学審議会予防接種・ワクチン分科会副反応検討部会：平成29年度第10回薬事・食品衛生審議会医薬品等安全対策部会安全対策調査会（合同開催）資料.
http://www.mhlw.go.jp/stf/shingi2/0000189287.html
(9) 第31回厚生科学審議会予防接種・ワクチン分科会副反応検討部会：平成29年度第9回薬事・食品衛生審議会医薬品等安全対策部会安全対策調査会（合同開催）資料.
http://www.mhlw.go.jp/stf/shingi2/0000186285.html
(10) 第23回厚生科学審議会予防接種・ワクチン分科会副反応検討部会：平成28年度第9回薬事・食品衛生審議会医薬品等安全対策部会安全対策調査会資料.
http://www.mhlw.go.jp/stf/shingi2/0000147015.html
第26回厚生科学審議会予防接種・ワクチン分科会副反応検討部会：平成29年度第1回薬事・食品衛生審議会医薬品等安全対策部会安全対策調査会（合同開催）資料.
http://www.mhlw.go.jp/stf/shingi2/0000161332.html
(11) Suzuki S, Hosono A. No association between HPV vaccine and reported post-vaccination symptoms in Japanese young women: results of the Nagoya study. Papillomavirus Res 2018, 5: 96–103.
(12) 日本医療研究開発機構研究費 革新的がん医療実用化研究事業「HPVワクチンの有効性と安全性の評価のための大規模疫学研究」平成27～28年度委託研究成果報告書（研究開発代表者：榎本隆之，2017年5月）.
(13) Ozawa N, Ito K, Tase T, et al. Beneficial effects of human papillomavirus vaccine for prevention of cervical abnormalities in Miyagi, Japan. Tohoku J Exp Med 2017, 243(4): 329–334.
(14) Tanaka H, Shirasawa H, Shimizu D, et al. Preventive effect of human papillomavirus vaccination on the development of uterine cervical lesions in young Japanese women. J Obstet Gynaecol Res 2017, 43(10): 1597–1601.
(15) Egawa-Takata T, Ueda Y, Morimoto A, et al. Survey of Japanese mothers of

daughters eligible for human papillomavirus vaccination on attitudes about media reports of adverse events and the suspension of governmental recommendation for vaccination. J Obstet Gynaecol Res 2015, 41(12): 1965–1971.
(16) Yagi A, Ueda Y, Egawa-Takata T, et al. Development of an efficient strategy to improve HPV immunization coverage in Japan. BMC Public Health 2016, 16: 1013–1023.
(17) Yagi A, Ueda Y, Kimura T. A behavioral economics approach to the failed HPV vaccination program in Japan. Vaccine 2017, 35(50): 6931–6933.
(18) 大垣昌夫，田中沙織．行動経済学：伝統的経済学との統合による新しい経済学を目指して．東京：有斐閣；2014.
(19) 平井啓．行動経済学×医療［第3回］参照点 がん放置理論がなぜ受け入れられるのか？ 週刊医学界新聞 第3245号，2017.

第7章

(1) 塩﨑麻里子，三條真紀子，吉田沙蘭他．がん患者遺族の終末期における治療中止の意思決定に対する後悔と心理的対処：家族は治療中止の何に，どのような理由で後悔しているのか？ Palliative Care Research 2017, 12(4): 753–760.
(2) Pardon K, Deschepper R, Vander Stichele R, et al. Preferred and actual involvement of advanced lung cancer patients and their families in end-of-life decision making: a multicenter study in 13 hospitals in Flanders, Belgium. J Pain Symptom Manage 2012, 43(3): 515–526.
(3) Schäfer C, Putnik K, Dietl B, et al. Medical decision-making of the patient in the context of the family: results of a survey. Support Care Cancer 2006, 14(9): 952–959.
Yamamoto S, Arao H, Masutani E, et al. Decision making regarding the place of end-of-life cancer care: the burden on bereaved families and related factors. J Pain Symptom Manage 2017, 53(5): 862–870.
(4) Shiozaki M, Morita T, Hirai K, et al. Why are bereaved family members dissatisfied with specialised inpatient palliative care service?: a nationwide qualitative study. Palliat Med 2005, 19(4): 319–327.
Anderson CJ. The psychology of doing nothing: forms of decision avoidance re-

sult from reason and emotion. Psychological Bulletin 2003, 129(1): 139–167.
(5) 国立社会保障・人口問題研究所．第15回出生動向基本調査2017. http://www.ipss.go.jp/ps-doukou/j/doukou15/NFS15_reportALL.pdf
(6) 厚生労働省．平成27年（2015）人口動態統計の年間推計. http://www.mhlw.go.jp/toukei/saikin/hw/jinkou/suikei15/dl/2015suikei.pdf
(7) Gilbert D. Stumbling on Happiness, New York: Knopf; 2006.
(8) 日野原重明．生きていくあなたへ：105歳 どうしても遺したかった言葉. 東京：幻冬舎；2017.
(9) Roese NJ, Summerville A. What we regret most ... and why. Personality and Social Psychology Bulletin 2005, 31(9): 1273–1285.
(10) Schäfer C, Putnik K, Dietl B, et al. Medical decision-making of the patient in the context of the family: results of a survey. Support Care Cancer 2006, 14(9): 952–959.
坂口幸弘. ホスピスで家族を亡くした遺族の心残りに関する探索的検討. 死の臨床，2008, 31(1): 74–81.
Shiozaki M, Hirai K, Dohke R, et al. Measuring the regret of bereaved family members regarding the decision to admit cancer patients to palliative care units. Psycho-Oncology 2008, 17(9): 926–931.
(11) 塩﨑麻里子，中里和弘．遺族の後悔と精神的健康の関連：行ったことに対する後悔と行わなかったことに対する後悔．社会心理学研究，2010, 25(3): 211–220.
(12) Torges CM, Stewart AJ, Nolen-Hoeksema S. Regret resolution, aging, and adapting to loss. Psychol Aging 2008, 23(1): 169–180.
(13) Connolly T, Reb J. Regret in cancer-related decisions. Health Psychology 2005, 24(4 Suppl): S29–S34.
(14) 塩﨑麻里子，三條真紀子，吉田沙蘭他．がん患者遺族の終末期における治療中止の意思決定に対する後悔と心理的対処：家族は治療中止の何に，どのような理由で後悔しているのか？　Palliative Care Research 2017, 12(4): 753–760.
(15) Gilovich T, Medvec VH. The experience of regret: what, when, and why. Psychol Rev 1995, 102(2): 379–395.
(16) ダニエル・カーネマン．ファスト＆スロー．村井章子訳．東京：早川書房；

2012.
(17) Gilovich T, Medvec VH. The experience of regret: what, when, and why. Psychol Rev 1995, 102(2): 379–395.
(18) Zeelenberg M. Emotional consequences of alternatives to reality: feeling is for doing. Behav Brain Sci 2007, 305–6: 469–470.
(19) ダニエル・カーネマン．ファスト&スロー．村井章子訳．東京：早川書房；2012.
(20) Thaler R. Toward a positive theory of consumer choice. Journal of Economic Behavior and Organization 1980, 1(1): 39–60.
(21) Landman J. Regret and elation following action and inaction. Personality and Social Psychology Bulletin 1987, 13(4): 524–536.
(22) Inman JJ, Zeelenberg M. Regret in repeat purchase versus switching decisions: the attenuating role of decision justifiability. Journal of Consumer Research 2002, 29(1): 116–128.
(23) Gilovich T, Medvec VH. The experience of regret: what, when, and why. Psychol Rev 1995, 102(2): 379–395.
(24) 塩﨑麻里子，中里和弘．遺族の後悔と精神的健康の関連：行ったことに対する後悔と行わなかったことに対する後悔．社会心理学研究，2010, 25(3): 211–220.
(25) 池田新介．自滅する選択：先延ばしで後悔しないための新しい経済学．東京：東洋経済新報社；2012.
(26) Myers DG. Social Psychology, Boston: McGraw Hill; 2005.
(27) 池田新介．自滅する選択：先延ばしで後悔しないための新しい経済学．東京：東洋経済新報社；2012.
(28) ダニエル・カーネマン．ファスト&スロー．村井章子訳．東京：早川書房；2012.

第8章

(1) 国立がん研究センターがん情報サービス．がん登録・統計：最新がん統計．https://ganjoho.jp/reg_stat/statistics/stat/summary.html
(2) 朝田隆．都市部における認知症有病率と認知症の生活機能障害への対応：総合研究報告書．厚生労働科学研究費補助金（認知症対策総合研究事業）．

2013.
(3) American life & pew internet report. Health topics. 2011.
(4) Flynn KE, Smith MA, Freese J. When do older adults turn to the internet for health information?: findings from the Wisconsin longitudinal study. Journal of General Internal Medicine 2006, 21(12): 1295–1301.
(5) Baker DW. The meaning and the measure of health literacy. Journal of General Internal Medicine 2006, 21(8): 878–883.
(6) Morrow DG, Miller LMS, Ridolfo HE, et al. Expertise and age differences in pilot decision making. Aging, Neuropsychology, and Cognition 2009, 16(1): 33–55.
(7) Reed AE, Mikels JA, Simon KI. Older adults prefer less choice than young adults. Psychology and Aging 2008, 23(3): 671–675.
(8) Sinnott JD. A model for solution of ill-structured problems: implications for everyday and abstract problem solving. In JD Sinnott (Ed.). Everyday problem solving: theory and applications (pp.72–99). New York: Praeger; 1989.
(9) Stanovich KE, West RF. Individual differences in reasoning: implications for the rationality debate? Behavioral and Brain Sciences 2000, 23(5): 645–665.
(10) Davis K, Bellini P, Hagerman C, et al. Physicians' perceptions of factors influencing the treatment decision-making process for men with low-risk prostate cancer. Urology 2017, 107: 86–95.
(11) 同上.
(12) 人生の最終段階における医療の普及・啓発の在り方に関する検討会. 参考資料4 人生の最終段階における医療に関する意識調査報告書. http://www.mhlw.go.jp/stf/shingi2/0000199004.html
(13) Carr D. Racial differences in end-of-life planning: why don't blacks and latinos prepare for the inevitable? OMEGA-Journal of Death and Dying 2011, 63(1): 1–20.
(14) Shen MJ, Nelson CJ, Peters E, et al. Decision-making processes among prostate cancer survivors with rising PSA levels: results from a qualitative analysis. Medical Decision Making 2015, 35(4): 477–486.
(15) 人生の最終段階における医療の普及・啓発の在り方に関する検討会. 参考資料4 人生の最終段階における医療に関する意識調査報告書. http://www.mhlw.go.jp/stf/shingi2/0000199004.html

第9章

(1) International Registry in Organ Donation and Transplantation. IRODaT Newsletter 2016. December 2017.
http://www.irodat.org/img/database/pdf/IRODaT%20newletter%20Final%202016.pdf

(2) マーガレット・ロック．脳死と臓器移植の医療人類学．坂川雅子訳．東京：みすず書房；2004.

(3) Johnson EJ, Goldstein DG. Do defaults save lives? Science 2003, 302(5649): 1338–1339.

(4) 同上.

(5) 内閣府大臣官房政府広報室. 平成29年度 移植医療に関する世論調査.
https://survey.gov-online.go.jp/h29/h29-ishoku/index.html

(6) 公益社団法人日本臓器移植ネットワーク．臓器提供の意思表示に関する意識調査．2016.
http://www.jotnw.or.jp/file_lib/pc/press_pdf/2016812press.pdf

(7) 行動経済学的な介入と自由の問題については、つぎの文献を参照。
キャス・サンスティーン．選択しないという選択：ビッグデータで変わる「自由」のかたち．伊達尚美訳．東京：勁草書房；2017.
若松良樹．自由放任主義の乗り越え方：自由と合理性を問い直す．東京：勁草書房；2016.

(8) The Behavioural Insights Team. Applying behavioural insights to organ donation: preliminary results from a randomised controlled trial. December 23, 2013.
http://38r8om2xjhhl25mw24492dir.wpengine.netdna-cdn.com/wp-content/uploads/2015/07/Applying_Behavioural_Insights_to_Organ_Donation_report.pdf

(9) リバタリアン・パターナリズムの考え方は、つぎの文献で提起されている。
リチャード・セイラー，キャス・サンスティーン．実践 行動経済学：健康，富，幸福への聡明な選択．遠藤真美訳．東京：日経BP社；2009.

(10) ドナー家族へのインタビューが収録されたものとして、以下の2冊を参照。
山崎吾郎．臓器移植の人類学：身体の贈与と情動の経済．京都：世界思想社；2015.
小松美彦，市野川容孝，田中智彦編．いのちの選択：今，考えたい脳死・臓器移植．東京：岩波書店；2010.

特に生体移植ドナーについては、以下を参照。
一宮茂子．移植と家族：生体肝移植ドナーのその後．東京：岩波書店；2016.
(11)　キース・E・スタノヴィッチ．現代世界における意思決定と合理性．木島泰三訳．東京：太田出版；2017，120頁.
(12)　山崎吾郎．臓器移植の人類学：身体の贈与と情動の経済．京都：世界思想社；2015.
(13)　この法律改定については、すでに様々な異論が提起されている。例えば以下の文献を参照。
シリーズ生命倫理学編集委員会編．シリーズ生命倫理学 第3巻 脳死・移植医療．東京：丸善出版；2012.
(14)　内閣府大臣官房政府広報室「平成29年度 移植医療に関する世論調査」を参照。公益社団法人日本臓器移植ネットワーク「臓器提供の意思表示に関する意識調査」においても、意思表示をしている人の割合は13.6%と大きく異ならない。
(15)　シリーズ生命倫理学編集委員会編．シリーズ生命倫理学 第3巻 脳死・移植医療．東京：丸善出版；2012.

第10章

(1)　終末期における生命維持治療の差し控え・中止に関する事情については下記の文献も参照されたい。
会田薫子．延命医療と臨床現場：人工呼吸器と胃ろうの医療倫理学．東京：東京大学出版会；2011.
田中美穂，児玉聡．終の選択：終末期医療を考える．東京：勁草書房；2017.
甲斐克則編．終末期医療と医事法：医事法講座4．東京：信山社；2013.
飯田亘之，甲斐克則編．終末期医療と生命倫理：生命倫理コロッキウム4．東京：太陽出版；2008.
(2)　McMurray RJ, Clarke OW, Barrasso JA, et al. Decisions near the end of life. JAMA 1992, 267(16): 2229–2233.
Committee on Bioethics. Guidelines on forgoing life-sustaining medical treatment. Pediatrics 1994, 93(3): 532–536.

General Medical Council. Treatment and care towards the end of life: good practice in decision making. London: GMC; 2010.
British Medical Association. Withholding and withdrawing life-prolonging medical treatment: guidance for decision making. London: BMA; 2007.
Royal College of Paediatrics and Child Health. Witholding or withdrawing life saving medical treatment in children: a framework for practice. 2nd Ed. London: Royal College of Paediatrics and Child Health; 2004.
Larcher V, Craig F, Bhogal K, et al. Making decisions to limit treatment in life-limiting and life-threatening conditions in children: a framework for practice. Arch Dis Child 2015, 100(2 Suppl): S1–S23.

(3) Airedale NHS Trust v Bland 裁判, 1993.

(4) NHK（総合）. 特報首都圏：延命医療をやめられますか. 2015年10月16日放送.
NHK（総合）. クローズアップ現代：人工呼吸器を外すとき～医療現場 新たな選択～. 2017年6月5日放送.

(5) 厚生労働省. 終末期医療の決定プロセスに関するガイドライン. 2007年5月.(2018年3月、「人生の最終段階における医療・ケアの決定プロセスに関するガイドライン」に改訂)

(6) 日本学術会議・臨床医学委員会終末期医療分科会. 対外報告：終末期医療のあり方について―亜急性型の終末期について. 2008年策定.
日本救急医学会, 日本集中治療医学会, 日本循環器学会. 救急・集中治療における終末期医療に関するガイドライン：3学会から提言. 2012年策定.
日本老年医学会. 高齢者ケアの意思決定プロセスに関するガイドライン：人工的水分・栄養補給の導入を中心として. 2012年策定.

(7) 日本小児科学会倫理委員会小児終末期医療ガイドラインワーキンググループ. 重篤な疾患を持つ子どもの医療をめぐる話し合いのガイドライン. 日本小児科学会雑誌, 2012, 116(10).

(8) 「滑りやすい坂道」
ある事柄を一旦許容するとその範囲、度合いが歯止めなく広がってしまうことを倫理学では「滑りやすい坂道（slippery slope）」とよぶ。典型例として、ナチス・ドイツによってはじめられた安楽死政策（T4作戦）が、その後政策としては中止されたものの、安楽死の運用が無秩序に広がり最終的には

何万人もの人たちが安楽死（慈悲殺）の名のもとに殺されていった歴史的な出来事があげられる。このように坂道を滑り落ちないための理屈として「滑り坂論法」がある。これは、「ある事柄（A）は道徳的には正しい。しかしAを認めると道徳的に不正なこと（B）も認めなくてはいけなくなる。したがって、Aを認めることはできない」という論法である。この「滑り坂論法」は「安楽死」や「ヒト胚の研究利用」などを許容しないための論法としてしばしば用いられる。この文脈においては「生命維持治療の中止が道徳的に正しいことはありうる。しかし一旦認めると、本来延命治療の中止が不要な人まで中止に導く可能性があるので、生命維持治療の中止を認めるわけにはいかない」というのが滑り坂論法である。

第11章

(1)　武居哲洋．集中治療医学文献レビュー：総括・文献紹介・展望と課題．東京：学研メディカル秀潤社；2012.

(2)　Link MS, Berkow LC, Kudenchuk PJ, et al. Part 7: adult advanced cardiovascular life suppor: 2015 American Heart Association guidelines update for cardiopulmonary resuscitation and emergency cardiovascular care. Circulation 2015, 132 (Suppl 2): S444–S464.

(3)　Field RA, Fritz Z, Baker A, et al. Systematic review of interventions to improve appropriate use and outcomes associated with do-not-attempt-cardiopulmonary-resuscitation decisions. Resuscitation 2014, 85(11): 1418–1431.

(4)　西村匡司，丸藤哲．Do Not Attempt Resuscitation (DNAR) 指示のあり方についての勧告．日本集中治療医学会雑誌，2017, 24(2): 208–209.

(5)　Croskerry P, Norman G. Overconfidence in clinical decision making. Am J Med 2008, 121(5 Suppl): S24–S29.

(6)　同上.

(7)　ダニエル・カーネマン．ファスト & スロー．村井章子訳．東京：早川書房；2012.

(8)　Goldstein LB, Adams R, Becker K, et al. Primary prevention of ischemic stroke. Circulation 2001, 103(1): 163–182.
Grundy SM, Balady GJ, Criqui MH, et al. Primary prevention of coronary heart disease: guidance from Framingham. Circulation 1998, 97(18): 1876–1887.

(9) Prochaska JO, Velicer WF. The transtheoretical model of health behavior change. American Journal of Health Promotion 1997, 12(1): 38–48.

第12章

(1) McGlynn EA, Asch SM, Adams J, et al. The quality of health care delivered to adults in the United States. N Engl J Med 2003, 348(26): 2635–2645.

(2) Levine DM, Linder JA, Landon BE. The quality of outpatient care delivered to adults in the United States, 2002 to 2013. JAMA Intern Med 2016, 176(12): 1778–1790.

(3) Higashi T, Nakamura F, Shimada Y, et al. Quality of gastric cancer care in designated cancer care hospitals in Japan. Int J Qual Health Care 2013, 25(4): 418–428.

(4) Tsugawa Y, Jha AK, Newhouse JP, et al. Variation in physician spending and association with patient outcomes. JAMA Intern Med 2017, 177(5): 675–682.

(5) Tsugawa Y, Jena AB, Figueroa JF, et al. Comparison of hospital mortality and readmission rates for medicare patients treated by male vs female physicians. JAMA Intern Med 2017, 177(2): 206–213.

(6) Krumholz HM, Nuti SV, Downing NS, et al. Mortality, hospitalizations, and expenditures for the medicare population aged 65 years or older, 1999–2013. JAMA 2015, 314(4): 355–365.

(7) Baumhäkel M, Müller U, Böhm M. Influence of gender of physicians and patients on guideline-recommended treatment of chronic heart failure in a cross-sectional study. Eur J Heart Fail 2009, 11(3): 299–303.

(8) Bertakis KD, Helms LJ, Callahan EJ, et al. The influence of gender on physician practice style. Med Care 1995, 33(4): 407–416.

Krupat E, Rosenkranz SL, Yeager CM, et al. The practice orientations of physicians and patients: the effect of doctor-patient congruence on satisfaction. Patient Educ Couns 2000, 39(1): 49–59.

Roter DL, Hall JA. Physician gender and patient-centered communication: a critical review of empirical research. Annu Rev Public Health 2004, 25: 497–519.

Roter DL, Hall JA, Aoki Y. Physician gender effects in medical communication: a meta-analytic review. JAMA 2002, 288(6): 756–764.

(9) Powell M, Ansic D. Gender differences in risk behaviour in financial decision-making: an experimental analysis. Journal of Economic Psychology 1997, 18(6): 605–628.

Barber BM, Odean T. Boys will be boys: gender, overconfidence, and common stock investment. The Quarterly Journal of Economics 2001, 116(1): 261–292.

Charness G, Gneezy U. Strong evidence for gender differences in risk taking. Journal of Economic Behavior & Organization 2012, 83(1): 50–58.

(10) Meeker D, Linder JA, Fox CR, et al. Effect of behavioral interventions on inappropriate antibiotic prescribing among primary care practices: a randomized clinical trial. JAMA 2016, 315(6): 562–570.

(11) Linder JA, Meeker D, Fox CR, et al. Effects of behavioral interventions on inappropriate antibiotic prescribing in primary care 12 months after stopping interventions. JAMA 2017, 318(14): 1391–1392.

第13章

(1) 佐々木周作，若野綾子，平井啓，大竹文雄．看護師の利他性と燃え尽き症候群：プログレス・レポート．行動経済学 第10回大会プロシーディングス, 2016, 9: 91–94.

(2) Andreoni J. Giving with impure altruism: applications to charity and Ricardian equivalence. Journal of Political Economy 1989, 97(6): 1447–1458.

Andreoni J. Impure altruism and donations to public goods: a theory of warm-glow giving. The Economic Journal 1990, 100(401): 464–477.

(3) Lagarde M, Blaauw D. Pro-social preferences and self-selection into jobs: evidence from South African nurses. Journal of Economic Behavior & Organization 2014, 107: 136–152.

(4) 久保真人，田尾雅夫．看護婦におけるバーンアウト：ストレスとバーンアウトとの関係．実験社会心理学研究，1994, 34(1): 33–43.

(5) 日本健康心理学会編．健康心理アセスメント概論．東京：実務教育出版；2002.

(6) Dill J, Erickson RJ, Diefendorff JM. Motivation in caring labor: implications for the well-being and employment outcomes of nurses. Social Science & Medicine 2016, 167: 99–106.

(7) Omdahl BL, O'Donnell C. Emotional contagion, empathic concern and communicative responsiveness as variables affecting nurses' stress and occupational commitment. Journal of Advanced Nursing 1999, 29(6): 1351–1359.
Abendroth M, Flannery J. Predicting the risk of compassion fatigue: a study of hospice nurses. Journal of Hospice & Palliative Nursing 2006, 8(6): 346–356.
(8) Tei S, Becker C, Kawada R, et al. Can we predict burnout severity from empathy-related brain activity? Translational Psychiatry 2014, 4(6): e393.
(9) Heyes A. The economics of vocation or 'why is a badly paid nurse a good nurse'? Journal of Health Economics 2005, 24(3): 561–569.